本书出版得到以下两项经费支持：

海南省特色优势学科（A 类省级特色重点学科）——
海南师范大学马克思主义理论学科建设经费；

海南省重点马克思主义学院——
海南师范大学马克思主义学院建设经费。

无法忘却的澄澈

刘荣 王习明 谢丹 等 / 著

青海科巴支教纪实

社会科学文献出版社

SOCIAL SCIENCES ACADEMIC PRESS (CHINA)

序

王习明

　　海南师范大学位于全国最大经济特区和全国唯一国际旅游岛——海南省的省府海口市，是海南省与教育部共建的省属重点大学，拥有 4 个一级学科博士点和 2 个省级 A 类学科（省政府确定的争创全国一流的学科），18000 名学生。

　　海南师范大学一向重视大学生的社会实践活动，着力推动大学生日常思想政治教育、社会实践活动和思政课建设深度融合，引导大学生将思想政治理论课学到的立场、观点、理论、方法运用于社会实践，正确认识中国的国情和发展大势，正确认识中国特色社会主义建设成就和社会主义初级阶段国情，正确认识时代责任和历史使命，正确认识远大抱负和脚踏实地，不断坚定中国特色社会主义道路自信、理论自信、制度自信、文化自信，在奉献社会的过程中提升自己。它每年寒暑假都要组织大量的大学生志愿者奔赴全国各地特别是贫困山区开展支教、环保、社会调研等活动。2017 年暑期的大学生"一带一路"国情考察与教育帮扶活动由海南师范大学马克思主义学院发起，得到了海南师范大学党委宣传部、团委、教务处和学工处的大力支持。

　　海南师范大学"一带一路"国情考察与教育帮扶活动的主题是"陆海相依，试飞青琼"，其目的是引导大学生以习近平总书记系列重要讲话精神和治国理政新理念新思想新战略为指导，发挥师范生的特长，利用暑期到海南、青海等地的农村支教和调研，并在支教和调研的过程中拓宽视野、了解国情、深化认识、增长才干。本次活动主要包括两个阶段：7 月 1 日至 7 月 8 日主要在海南定安、陵水等地农村支教和调研，参加的大学生有 200 多人，带队的领导是马克思主义学院党委书记黄忆军和校团委书记陈正强，指导老师有马克思主义学院辅导员谢丹、物电学院辅导员申明远等；7 月 9 日至 8 月 2 日主要在青海省化隆县支教和调研，参加的学生有 11 名，带队的领导是马克思主义学院院长王习明，指导老师为马克思主义学院副教授刘荣（见图 1）。

图1 海南师范大学"一带一路"国情考察与教育帮扶团青海队全体成员

海南师范大学"一带一路"国情考察与教育帮扶团青海队（简称"海师青海队"）在化隆的支教活动是与凯博爱心志愿联盟联合开展的，地点在化隆回族自治县金源藏族乡下科巴村。凯博爱心志愿联盟（志愿者主要来自新疆大学）是刘荣老师在新疆大学任教时与其丈夫田永清老师发起成立的公益组织，主要是组织大学生利用寒暑假到少数民族山村开展义务补课，帮助少数民族学生巩固国民基础教育规定的知识，提高汉语水平，开阔视野，确立正确的世界观和人生观，培养爱国主义的精神和融入现代社会的能力。下科巴村（见图2）是一个人口不到1000人的藏族村庄，位于化隆回族自治县县境东北部小积山深处，距省会西宁170公里，距县城60公里，距乡政府15公里，距藏传佛教后弘期的发祥地旦斗寺只有8公里。凯博爱心志愿联盟自2015年寒假开始在下科巴村开展义务补课，至今已经历了三个冬夏，办了6期补习班，参加补习的学生由60多名发展到170多名，补习年级从义务教育的

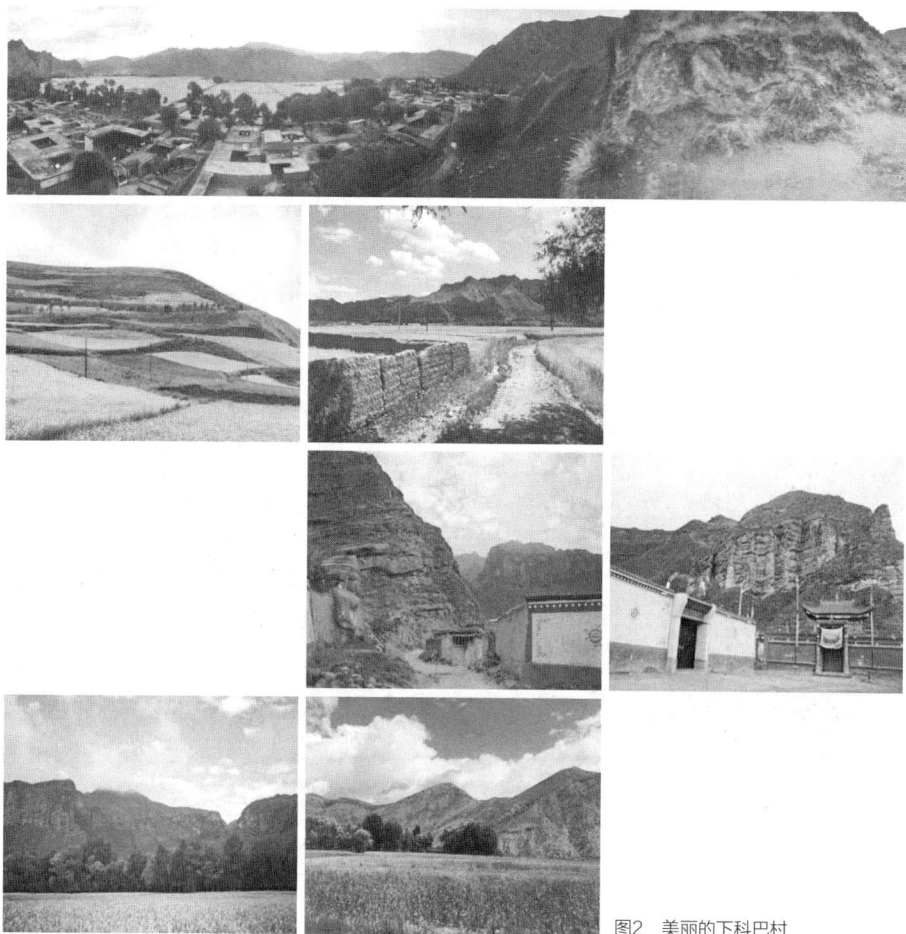

图2　美丽的下科巴村

9 个年级扩展到学前教育和高中教育。补习学生的成绩均有显著提高，其中李加东智成为化隆民族中学首位考入中央民族大学的高中毕业生。大学生志愿者也在支教的过程中丰富了人生阅历，加深了对中国国情的认识，磨炼了意志，培养了团队精神，提高了组织协调能力和社会责任感。

下科巴村 2017 年暑期补习班开始于 7 月 10 日，参加的志愿者有 24 名（大学生 21 名、教师 3 名），于 7 月 30 日傍晚举行了结业典礼（见图3）。海师青海队于 7 月 31 日撤离后，凯博爱心志愿联盟的志愿者将在田永清老师的带领下继续为下科巴村的学生补课到 8 月 7 日。

图3 下科巴村2017年暑期补习班结业典礼

海师青海队在支教过程中克服了水土不服带来的各种困难，发扬团队成员相互学习、相互帮助、共同进步的团结协作精神，每天都要通过相互批评和反复研讨不断改进教学方法和去掉自己身上的毛病（图4），每一个成员的教学能力都有很大提高，团队协作精神和组织协调能力也有很大提升。

考察当地的风土人情和经济发展水平，体验国土的辽阔、地形的复杂、山川的美丽，从而加深对中国国情的了解和坚定中国特色社会主义的信念，是海师青海队不远千里跨省开展志愿服务和社会调研的重要目的。海师青海队在出发前就通过网络和书本查阅了下科巴村的相关资料，对青海藏乡的经济文化和青海的地理风貌有了初步了解，每个队员还根据自己的兴趣选定了自己的调研题目。在支教过程中，志愿者通过观察和访谈对村民的家庭收入、受教育状况、妇女地位等进行了调查和研究。支教结束后，志愿者在老师的带领和指导下实地考察了精准扶贫的工作情况，

图4　团队在总结

访问了化隆县、平安区和海东市的相关领导（见图5、图6、图7、图8）。通过调研，志愿者既感受了中国社会主义建设的成就，坚定了"四个自信"，又认识到中国的发展不平衡，仍处于社会主义的初级阶段，增强了历史责任感。

海南师范大学与凯博爱心志愿联盟在下科巴村联合开展的暑期支教活动还加深了志愿者对"一带一路"倡议的理解。因为海南是21世纪海上丝绸之路的重要支点，新疆是丝绸之路经济带的唯一出口，海南师范大学的大学生对21世纪海上丝绸之路和海南比较了解，凯博爱心志愿联盟的志愿者（主要由新疆大学的本科生构成）对丝绸之路经济带和新疆比较了解。

海师青海队的支教和调研活动，产生了良好的社会影响。下科巴村的村民和孩子送油饼、献哈达、送金刚结，以表达对志愿者的感谢和支持。下科巴村村委会给每个志愿者颁发了奖状，化隆县团委给海师青海队授予"优秀志愿服务团队"荣誉称号。《海南日报》、《海口日报》、新华网、中国青年网、志愿海南网站、海南师范大学网站等多次从不同角度进行了报道。为了宣传志愿精神，海师青海队的支教和调研活动还被制成视频，作为志愿培训的教材。

本集主要从志愿者的角度展示海师青海队在青海支教和调研的成果。本集由心向科巴、风雨兼程、教学相长、回望此行、调研报告、媒体报道六个部分组成，是对志愿者赴青海支教和调研的心路历程记载。

图5　实地考察精准扶贫工作

图6　听化隆县副县长白浩介绍扶贫情况

图7　与平安区教育局领导合影

图8　与海东市教育局领导合影

目 录

叁 教学相长

肆 回望此行

伍　调研报告

陆　媒体报道

前　言

谢　丹

　　为深入贯彻习近平总书记讲话精神，推动"一带一路"发展新战略的落实，提升"21世纪海上丝绸之路"沿线经济与教育的水平，推动大学生日常思想政治教育、社会实践活动和思政课建设深度融合，引导青年学生正确认识中国国情与坚定四个自信，海南师范大学马克思主义学院"陆海相依，试飞青琼"一带一路国情考察与教育帮扶团跨越3300多公里，深入海南、青海的黎区藏乡进行教育扶贫与社会调研活动，该活动先后被新华网、中国青年网、海南电视台、《海南日报》等10余家媒体宣传报道，并形成调研成果20万字。在志愿服务与社会实践中，引领学生成长成才，助力民族交流融合。

一　团队基本情况

（一）人员组成

　　海南师范大学马克思主义学院学子积极响应国家号召，结合思想政治教育专业实际，特此成立"'一带一路'国情考察与教育帮扶团"。团队由马克思主义学院院长王习明教授、专业老师刘荣副教授、谢丹老师、申明远老师全程指导实践与调研活动，37名志愿者来自马克思主义学院、物理与电子工程学院以及音乐学院，文、理、艺相结合，弥补专业单一、局限等问题。

（二）实践内容与领域

　　"一带一路"国情考察与教育帮扶活动的主题是"陆海相依，试飞青琼"，其目的是引导大学生以习近平总书记系列重要讲话精神和治国理政新理念新思想新战略为指导，发挥师范生的特长，利用暑期到海南、青海等教育落后的农村支教和调研，并在支教和调研的过程中拓宽视野、了解国情、深化认识、增长才干。本次活动主要包括两个阶段：7月1日至7月8日主要在海南定安、陵水等地农村支教和调研，参加的大学生有 200 多人，带队领导为马克思主义学院党委书记黄忆军和校团委书记陈正强，指导老师有马克思主义学院辅导员谢丹、物电学院辅导员申明远等；7 月 9 日至 8 月 2 日主要在青海省化隆县支教和调研，参加的学生有 11 名，带队的领导是马克思主义学院院长王习明，指导老师为马克思主义学院副教授刘荣和辅导员谢丹老师。此次活动结合学科交叉优势，行程 3300 多公里，开展了为期一个月（7 月 1 日～8 月 3 日）的志愿服务与实践调研活动，涉及教育扶贫、基层党建、社会发展以及民族文化调研等领域与内容。

（三）实践基地

实践基地——下科巴村是一个人口不到 1000 人的藏族村庄，位于化隆回族自治县县境东北部小积山深处，距省会西宁 170 公里，距县城 60 公里，距乡政府 15 公里，距藏传佛教后弘期的发祥地旦斗寺只有 8 公里，文化底蕴深厚。实践基地——海南陵水思源实验学校是一所由海南省政府和陵水县政府出资、香港言爱基金会捐助新建的九年一贯制义务教育公办寄宿制学校，那里的孩子多数为留守儿童以及黎族学生。开展此次活动，志愿者与孩子共同成长，一起在支教的过程中丰富了人生阅历，加深了对中国国情的认识，磨炼了意志，培养了团队精神，提高了组织协调能力和社会责任感。

二　项目特色与创新

（一）立足当地需求，结合学科交叉优势，达成"两点一线"教育格局

1. 志愿服务与当地需求相结合

团队在组建之初，结合现代志愿服务精神，指导老师与海东市平安区教育局、海东市教育局、海东市团委等负责人就基础教育特别是山区农村学前教育和义务教育发展概况展开讨论。在深入了解当地学生的实际学习环境与学习情况的基础上确立支教专业与支教人员，做到定人定岗定班。同时结合自然科学、音乐、美术等学科的交叉优势，形成全新的教育格局。团队在共青团中央主办的中国青年网、《海南日报》（纸版、网络版）、南海网、志愿海南以及海南师范大学内部网站、微信平台，发表了近十篇相关报道和新闻稿件，并由指导老师王院长带领志愿者们加班熬夜，编撰成为 2 万字图文并茂的《海南师范大学 2017 年暑期大学生志愿服务青海活动简报》，作为本次活动的文字推介材料，赠送青海省团委、海东市团委、海东市教育局、平安区教育局、化隆县扶贫办、化隆县团委和海南省团委、海南省中青公益环

保志愿者协会等单位保存，促进了社会实践活动的宣传推广。

2. 注重实现多民族文化相互交融

陵水思源中学和青海科巴村小学，两所都作为少数民族学生占多数的学校，如何继承民族文化和增强民族认同感是教育中需要融会贯通的重要内容。青海科巴村小学以藏族文化为核心，而陵水思源中学则以黎苗文化为核心，志愿者针对实际情况调整教学内容，积极挖掘传统藏族文化与黎苗文化的深厚底蕴，在实现少数民族与汉族文化交流与互融的基础上增强文化认同与政治认同。促进藏区民族交往交流交融，诠释了中华民族命运共同体的内涵。志愿服务拓展的民族间帮扶关系，宣传藏区和谐稳定、民族团结、宗教和睦、民生改善、生态良好、党建加强、边疆巩固的大好局面，充分发挥了志愿活动在社会治理过程中社会整合和文化交流作用。为加强民族团结和社会稳定做出了重大贡献。

3. 课程设计遵循教育教学规律

团队因受到场地限制，志愿团队因地制宜采取复合式教学模式，每天工作时间为上午8：00—12：00，下午3：00—7：00，晚上还要为高中、初中等升学班级加课两小时。开设课程涉及国家规定的在校中小学生所有的文化课和素质教育课程。志愿团队遵循教学规律，完成了摸底—制定教学方案、教学计划—讲授—练习—测验完整教学环节，志愿者们白天上课、辅导，晚上备课、批改作业考卷、补课，没有节假日休息，在高强度的工作压力下斗志昂扬，没有任何人退缩。基于学科交叉优势，开设"第一教学课堂"（语、数、外、思想品德等课程），在常规教学课程中，不但将传统文化精髓融入教学内容，还注重将"一带一路"政策宣讲贯穿其中，激发当地小学生的理想信念教育。此外，还依据学生们的爱好，增设"第二兴趣课堂"（自然科学、美术、音乐辅导班等），打造多彩知识课堂，丰富学生的课外文化生活。

（二）把握一个主题，抓牢两个主体，实施三项举措

1. 把握一个主题，促进沿线发展与民族文化共融

以"一带一路"为主题，立足陵水思源实验初级中学和青海科巴村小学两大基地教育实情，充分挖掘地域传统与民族文化特色，传承藏、黎、苗等少数民族文化精髓的同时增进与汉文化的沟通与共荣。通过"一带一路"沿线地区经济、社会、文化等历史发展变化与特征，寻找共性，理解差异，互通有无，共同繁荣。

2. 抓牢两个主体，教育扶贫与社会调研相互促进

本次实践活动集中抓牢师生和居民两大主体，围绕主体的道德品质、文化素养、

高雅情操等开展特色活动。通过长达 30 余次的调研活动深入了解当地教育文化程度及需求。同时，根据改革开放以来地域发展的实际情况找到相应的不足与解决措施。深入研究主体的特征，了解其文化喜好，进而为主体提供更有针对性的文化服务。

3. 实施三项举措，实现文化、经济与政府同向帮扶

首先，开展文艺汇演、民族体育竞技等特色文体活动，凝聚人心、塑造中国力量。其次，发起捐赠活动，立足实际情况改善落后教育环境，发起爱心筹资，利用近万元的爱心善款捐赠电脑与图书，同时帮助学校改善校舍及网络等硬件设施。在实践过程中，得到社会各界人士普遍认可，尤其是海南师范大学为下科巴村捐赠电脑、打印机等教学设备，解决了教学设备短缺的燃眉之急。最后通过批评进步会议与结业典礼，团队成员形成相互学习、相互帮助、共同进步的团结协作精神，每天都要通过相互批评和反复研讨不断改进教学方法和去掉自己身上的毛病，每一个成员的教学能力都有很大提高，团队协作精神和组织协调能力也有很大提升。而且，该团队服务队伍加强与当地群众的沟通和交流，在交流过程中彼此借鉴，实现多元文化相互交融与经济的共同繁荣发展。

（三）加强政府在多民族地区的影响力，助力基层政权的完善

1. 宣扬志愿精神，增进多民族地区社会和谐

在实际调研与支教的过程中，志愿者不仅传达文化与知识，更加注重价值引导与文明建设。志愿服务活动属于复合型的社会实践，志愿服务作为公共服务的重要"补充"，是大学生提升自我价值的重要途径。在宣讲的过程中，我们以志愿服务精神为桥梁传递中华民族传统文化中团结互助、奋发向上的正能量。并以此为契机，宣扬志愿精神的同时拉近了民族之间的距离，并着重发挥基层政权组织在民族融合中的重要性，维护和谐，稳定发展。

2. 宣讲"一带一路"，增进四个认同

在支教与调研的过程中，注重将"一带一路"宣讲内容与沿线地区经济社会发展情况相结合，引导学生与群众在深刻理解党政战略的同时通过地域与时间两个维度了解历史发展沿革与变化，切实增进制度认同、理论认同、道路认同以及文化认同。

3. 借助精准扶贫，助力基层党建

青海科巴村与海南陵水均面临经济贫困、土壤贫瘠、人口薄弱等问题。土地资源的匮乏以及不合理的利用导致当地农民的生活水平低下，经济建设程度低。我们以实地调研的方式考察当地的风土人情和经济发展水平，体验国土的辽阔、地形的

复杂、山川的美丽，从而加深对中国国情的了解和坚定中国特色社会主义的信念，这是海师陵水队和青海队不远千里跨省开展志愿服务和社会调研的重要目的。在支教的过程中，志愿者通过观察和访谈，对村民的家庭收入、受教育状况、妇女地位等进行了调查和研究。支教结束后，志愿者在老师的带领和指导下实地考察了精准扶贫的工作情况，访问了化隆县、平安区和海东市的相关领导，通过调研，志愿者既感受了中国社会主义建设的成就，坚定了"四个自信"，又认识到中国的发展不平衡，要在精准扶贫的同时扶智扶志。同时我们还利用专业优势为基层政府提供科学建议，助理基层党建，促进社会稳定。

（四）以点带面，发挥优势，实现"1+2+3 > 6"的效果

1. 一个主题、一个团队、一个主旨

本次实践调研活动，我们紧紧围绕"一带一路"的大主题开展，注重个人成长与社会发展相结合。积极通过支教、调研与精准扶贫三方面来拉近个人与社会之间的距离，提高社会使命感。支教团队也为海南师范大学进一步跨省开展志愿服务活动积累了宝贵的经验。

2. 两个基地、两个地域、两种文化

青海科巴村与海南陵水均为少数民族聚居的地方，少数民族文化氛围浓厚且各具特色。在实践过程中，来自海南与青海两地的志愿者们积极分享经验，互通有无，了解地域文化的同时传播优秀传统汉族文化精髓。课上课下，双向结合，在课堂外，志愿者们深入农村基层，与当地群众同吃同住，学藏语、唱藏歌、跳藏舞、喝酥油茶，主动学习藏族宗教历史，融入当地群众。在课堂上通过课程教学，将党的路线、方针、政策、沿海地区各项事业的发展、中华民族传统文化和美德，传递到雪域高原学生心中；把各民族之间的友好感情，互相离不开、共同发展进步的思想和相互尊重、关心、爱护、帮助、包容的文化认同感植根到藏族少年儿童心窝里去。

3. 实现"传统 + 创新 + 新媒"，实现"32"倍增效应

本次实践活动，我们抛弃以往单一的支教模式，而是将支教、党建调研与精准扶贫相结合，多角度、深层次了解社会实际问题。同时将实际情况与相关政策相结合，在实践过程中及时找到不足，并通过网络与新媒体平台进行及时报道，以点带面，实现社会的广泛关注，共同助力少数民族地区经济、社会与教育发展。

志愿者还通过宣讲讨论、个人微博、微信朋友圈等方式，与藏族青少年深度互

动，从微观层面，生动而亲切地增进了汉藏民族之间的认识和了解，为构筑中华民族命运共同体、加强民族团结做出了贡献。

三　重要成果及社会价值

（一）深入青琼支教调研，多方助力实现"中国梦"

（1）深入海南、青海两地少数民族地区开展特色支教与调研实践，行程3300多公里，学院院长、专业老师与团委书记协同指导，历时一个月，志愿服务时长7600个小时，受益学生及家庭1200余人，深受当地政府与人民的好评，并获得了多家主流媒体的广泛关注。其中，化隆县团委副书记赵新梅代表团委对志愿团队授予表彰，并颁布了"优秀志愿服务团队"荣誉证书。同时南海网、《海南日报》、新华网等对实践情况进行了10余次报道，其中《海南日报》、《海口晚报》针对支教活动进行了专题采访和报道，获得了广泛的关注与影响。

（2）完成调研报告22篇，累计10万字。提出可行性建议，推动当地基础教育和精准扶贫发展。撰写志愿服务心得体会40篇，累计11万字，共出版青海支教成果集20万字，在弘扬"奉献、友爱、互助、进步"志愿服务精神的同时，影响与带动青年学生积极践行社会主义核心价值观，投身社会实践与服务，勇当历史责任与使命。

（二）开展多元化课堂教学，促进基层教育事业的发展

（1）开设以"第一教学课堂"为主，"第二教学课堂"为辅的多元化教学模式。在"第一教学课堂"中，将"一带一路"与课程进行紧密联系，开展主题班会，激发当地小学生的理想信念教育。

（2）依据学生们的爱好，增设"第二兴趣课堂"，打造多彩知识课堂。以"第二课堂"丰富的内容、多样的形式，改善和加强学生思想政治工作，促进学生德、智、体、美、劳全面发展。

（3）引导学生家长树立正确的教育观念，促进少数民族地区辍学率（尤其是女童）降低，促进少数民族地区基础教育水平提升。

（三）严格规范志愿服务流程，增强志愿服务沟通交流

立足当地的实际需要，在培育志愿服务精神的同时严格选拔与培训志愿者，实现"五定"——"定人、定岗、定责、定标、定时"，增强志愿服务的规范性与实效性。与此同时，不同地区、不同学校、不同学院的志愿者在共同志愿服务的过程中增进沟通与交流，彼此学习、彼此进步、彼此成长。志愿者队伍中，有不少是曾经

接受过支教服务的贫困地区的中小学生，他们从志愿者身上学到了改变自身境遇和命运的本领，更为志愿者奉献、团结、服务的精神所感动，在有条件的情况下，他们也加入到志愿者队伍，为其他需要帮助的人提供帮助。志愿者提供的无偿服务，在社会各界获得一致的赞同和认可，人们纷纷为志愿者点赞、提供精神和物质的支持。本次支教活动获得的各种捐赠、支持，都体现了志愿活动在传播社会美德和社会主义核心价值观方面取得的传播效果和教育效果。

（四）实现青年思想价值引领，勇担历史使命与责任

志愿者在实践的过程中逐渐增强自身的政治认同与文化认同，在实现自我价值的同时勇于承担历史使命与时代责任，积极践行社会主义核心价值观，共筑中国梦。本次志愿活动充分体现了志愿活动是生活化的思想政治教育方式。在支教活动中，志愿者们通过对藏区义务补课，体验了思政课教学中学到的理论知识和专业知识，教育资源源于现实生活，教育过程产生于生活实践，教育成效服务于现实生活，实现了思想政治教育方式由知识传授型向参与体验型转变，极大地发挥了社会育人、实践育人的效用。志愿服务活动也有利于弥补大学生思想政治教育与社会现实之间的隔阂，大学生通过对国情的观察和调研，活化了书本上的理论知识，实现了思政课的教学目的，也增强了自身的师范技能与社会责任感。

四　思考和建议

海南师范大学马克思主义学院"陆海相依，试飞青琼"一带一路国情考察与教育帮扶团实践活动作为三大突破（跨越青琼两省、跨越黎藏两族以及跨越两个基地）的首次尝试，在传承以往社会实践活动成功经验的基础上有了较大的创新与发展，同时影响广泛、成果显著也是意外之喜。但同时我们也看到在实践的具体过程中，对志愿服务精神的培育与宣传、社会实践与思政理论实践教学的融合等问题还需要进行进一步的探索与思考。我们将以此为起点，不忘初心，砥砺前行，继续服务学生成长成才。

壹

心向科巴

既然要去，就应该让孩子们感受到力量，给孩子们希望和爱，同时也让我感受到快乐，小小地感受一下存在的意义。尊重科巴，就像尊重自己的家乡。

我们在期待

海南师范大学 刘维军

我们是一阵雨，要给幼苗带去希望；我们是一条条支流，共同的目标就是汇成一条更大的河流。我们在期待，期待孩子们的笑容，期待我们即将到来的志愿生活。青海，一个很特别的地方，远在西北，有一个令人向往的青海湖。我们期待那里的孩子也像湖水一样清澈见底却又不乏内涵。

这个夏天，我们将化成一阵雨，去滋润青海山村孩子们的心灵。我们将组成一个数十人的团队，在海南师范大学马克思主义学院院长王习明教授和专业指导教师刘荣副教授的带领下，于7月10日至30日去青海支教。自老师提起这个志愿活动的计划起，我就对其充满兴趣，决定去了之后，我便开始全心全意投入其中了。同学们也对这个事情充满期待，大家报名都很积极。看到这个现象后，我觉得我好像没有希望去了，但还是要积极地参与，不试试怎么知道。我很幸运，最终成为志愿团队的一员。这几天，我和我的小伙伴们都开始了紧张的准备，希望能给青海的小朋友们带去更多的快乐与惊喜。对于支教，其实我还是比较陌生的，虽然以前去一所小学上过一次感觉还不错的课。但是这次支教对我来说压力很大，在准备的过程中也有很多困难。许多事情都是初次接触，需要请教老师和同学。在老师的多次指导下，我对志愿的认识更加清晰了。刘荣老师说："志愿者，因志而愿，因为对自己在社会中的作用的判断和认知，而产生服务社会的愿望和行动的决心。"因此，无论我们的能力如何，都要有一个志愿者应有的责任心和爱心。

与其说我们是去青海支教，还不如说我们是去交流学习。我们带着自己的调研任务去青海，去了解那里的风土人情。当然，在此之前我是没有接触过调研的，因此我也把这次活动当作一次成长的机会，我相信在这个活动中我们会学到很多。我们希望尽我们最大的努力给他们带去知识，也期待着能够从那里学到更多的知识。我们怀着一颗为贫困地区孩子带去希望的热心，想把自己的满腔热情用在适合的位置；想用一颗爱心，去激发孩子们对美好生活的向往；想用自己的恒心，磨炼出一个更加强大的自己。我没有非常好的能力，但我知道没有人天生就非常优秀。我想去支教，并不是说我就要给他们带去什么，这是一个互动的过程，是一个双赢的过程，是一个共同成长的过程。我可以带领他们，同样，他们也能带领我，只是方式不同罢了。学会体验生活，是我们生活的开始。因此，我们对这次青海支教充满了期待。

就像一场演讲，如果演讲者有一句话能对台下的听众有所启迪，那这场演讲就是成功的。如果有更多的话让台下的听众觉得很受用，并能因为这样一句话而改变了自己原来不合理的做法，那这个演讲者就是成功的。我们就是一个引路人，希望带领更多的人接近希望，在将来成功的人生道路上走得更远。或许我们的一句话，会使青海的小朋友做对一道题呢；或许我们的一句话，会使调皮的小朋友变得乖巧呢！

我们期待着，这次爱的远征。

科巴，我已准备好！

海南师范大学　游贤梅

科巴，一个历史悠久的藏族村落，位于青海省化隆回族自治县金源乡。海拔2900米，大山深处，佛音悠扬，这是我目前对它的了解。再过不久，我将去往这个美丽的村子，以一名支教志愿者的身份。

在我的想象中，青海一直是壮美的。不同于重庆的群山环绕、繁华热闹，也不似海南的椰风海韵、热情开放，它有着自己独特的风情，粗犷、自然、质朴。风光无限的青海令我向往，因此，收到青海支教报名通知的时候，我没有犹豫。

虽然参与积极性很高，但我在报名前也有些担忧。当知道此次支教会优先选择有才艺的低年级学生时，热情渐渐变成灰心，因为我并不符合要求。我舞台表演经验非常缺乏，只参与过集体的合唱和手语表演。不仅个人才艺难登大雅之堂，对于支教活动急需的摄影和微视频拍摄技能，我也完全不懂。对于这些，我感到很抱歉，但在相关经历方面，我又找到了自信。由于出身农村，我个性独立、自理能力强；平时经常锻炼，身体素质比较好；去年参与了暑期支教，积累了相关经验。这些都让我相信自己能较好地适应支教环境，也坚定了报名的决心。

报名以后，院里组织了一次面试。面试会上老师向我们说明了此次活动的相关情况，也给我们说了目的地的条件，希望我们考虑清楚。我这时才发现，事情可能真的没有想象得这般容易。我问自己：远走两千多公里、辗转二十多天到底为的是什么？会后写自荐书时，我想明白了这个问题。我是热衷于志愿服务活动的，因为我知道付出能让人在收获快乐的同时感受到自我价值。作为师范生，作为一名未来立志从事教育行业的大学生，我希望能在发挥专业特长的同时服务社会。而支教，恰好能实现我这一愿望。以前也参与过几次支教，但都是短期的，所以我非常期待这次较长时间的支教。即使我的力量是渺小的，也定会努力让孩子们收获知识与快乐。同时，我想给自己的成长之路再多一次经历，想为我的大学生活再增添一份回忆。读万卷书不如行万里路，我相信，这次支教也能让我获得一些受益终身的实践活动经验。

　　经过材料审核和第一轮面试，我有幸被确定为此次青海支教的志愿者。第二次面试的时候，老师又给我们介绍了科巴当地以及凯博爱心志愿者联盟的详细情况，也向我们展示了许多图片。通过微信公众平台和网络，我也了解到许多支教中的故事。神秘独特的古寺、漂亮的藏族服饰、淳朴的民风，这是属于科巴的风景。志愿者们和孩子们相处融洽，看到一张张笑脸，我的心也被触动。渐渐地，我开始期待着我们的启程。

　　我明白，这一场支教之旅需要我们有足够的毅力和能力，也需要我们做好准备。

　　首先要准备的就是《支教须知》里要求我们准备的物品了。不管是南方人还是北方人，在海南待久了都会丧失一部分对"冷"的感知能力。哈哈！这真的是我三年来的切身感悟。由于是第一次去，害怕真的如老师所说得重感冒，我决定在衣服选择上求助一下"知情人"。我外公是在青海读的大学，五十多年前他也当了一回青海人。他师院毕业后回到家乡做乡村教师，而我即将去青海支教，这让我感觉到一种使命感。按他的建议，我得把压箱底的厚外套拿出来。其他日常用品比较好准备，至于药品，我最需要的就是晕车贴了。

　　除了这些，我还需要在出发前的这段时间锻炼身体，以便更好地适应当地环境。我喜欢跑步，因为喜欢奔跑的感觉。跑步不仅能让人放松，也能增强身体素质。所以，出发前的这段时间，跑步也是我要做的。去年暑假，我参加了"三下乡"社会实践活动，收获了快乐，也积累了经验。因为有过支教经验，所以也有信心克服艰苦的条件。

　　这三年，我学习过教育学、心理学以及教学法的课程，也有过几次讲课经验。本以为备课对我来说不成问题，但事实上，这个过程比想象中难得多。我并不了解那边孩子的真实水平，而老师又再三提醒我们要降低模拟题的难度，所以怎样把题出得合适就成了我的难题。同时，支教的时间是有限的，该讲哪些内容，如何讲才能有效率，也是我不得不考虑的。好在，经过几天的努力，我终于准备好了所需的教学材料。

　　对于支教，齐全的物品与健康的身体非常重要，而一颗"完备"的心更是必不可少。此次支教可能还会面临许多困难，或气候，或居住条件，或教学任务。但我愿意学习，也愿意吃苦。我相信，在老师的指导和团队成员的互相扶持下，我们一定能很好地解决这些问题。支教是为了传递爱与梦想，能作为一名爱与梦的使者，我荣幸之至。对于支教，我已有决心、信心与爱心。在最后的准备阶段，我一定会守护住它们，然后一起出发。

科巴，听说现在的你油菜花正盛放，那一片灿烂的金黄是否也是你的呼唤？我已准备好"身"与"心"，期待在 7 月与你相遇，不负好时光！

心向科巴

海南师范大学　温小英

　　在听到老师提出要开展"一带一路"国情考察与教育帮扶活动时，我非常兴奋，心里一直有个声音在催促我一定要去报名参加这次活动，一定要抓住这次难得的机会！但同时内心对未知的科巴除了充满好奇外还有些许小小的畏惧。

　　虽然很想去，但在面试之前其实内心还是挺纠结、挺犹豫不决的。原因有很多，其一便是老师一再强调那里条件的艰苦。但后来想想，觉得那只不过是我儿时记忆中的村庄的另一个缩影，虽然那里还有很多是我这个一直生活在海南的人未曾真正体验过、未曾见识过、未曾了解过的事物。但不可否认的是科巴的某些地方、某些艰苦的条件和我记忆中的村庄还是很相似的，只是换了个地方而已，本质上还是蛮像的。于是在内心强烈渴望的声音的不断驱使下，我决定抱着试一试的心态去面试。我深知想要在层层选拔中脱颖而出很难，所以那天晚上在去面试的路上，心里把老师可能要提问到的问题都过了一遍，把要回答的内容也在心里默默地打起了草稿……到达面试地点时，看到竟然有那么多人报名，我很是惊讶和担心。惊讶的是，面对科巴这么艰苦的条件，竟然还有那么多的人去报名，那一刻突然很佩服他们的勇气和精神。但我想，鼓舞、激励他们去的原因不单单是坚强的意志、敢为人先的精神，可能更多的是他们真心想奉献自己，想尽己所能去帮助那些孩子，去为社会做点力所能及的事，为那些孩子送去温暖和关心，向社会传递爱心和正能量，以至于明知前方有苦还能勇往直前。看到大家这么积极后，我原本有些犹豫的心突然变得无比坚定！但也有些小小的担心，害怕自己不能成功入选，害怕自己去不了科巴。所幸那晚只是院长举行的一次见面会，还未开始真正的面试，院长让我们回去想想自己要去科巴支教的原因和优势。回去的路上，我一直在不断地扪心自问想去的真正原因是什么，自己又有什么拿得出手的"优势"，思量之后，我如实地把自己想去的原因和优势一一列出来。

　　之所以想去科巴支教，第一，因为自己从来没尝试过长时间长距离地支教、教学，也很少参加社会实践，尤其是在条件艰苦、贫困地区进行支教。我想借此机会去学习去体验一下教师这行业的日常工作，为自己以后从事教育行业积累经验。第二，我想跟着院长学习如何调研，了解一下我国农村地区的情况，为日后的学习研究奠定基础。第三，暑期时间比较长，我不想把时间荒废在玩手机、啃西瓜、看电视，享受所谓的"美好生活"上，想度过一个充实而有意义的假期，想利用自己有限的时间去帮助需要帮助、值得帮助的人，去尽自己的一份微薄之力，去做一点善事。第四，我觉得这是一个锻炼自己的好机会，可以培养意志力，修正自己性格上的缺陷，同时还可以培养团队精神和责任感，去传递爱心，向社会传递正能量。第五，还有一个原因是自己从小到大没出过远门，更没出过小岛，因此特别想借这次机会去看看外面的世界，去体验一下青海科巴藏区的风土人情，去体验一下我国山区少数民族的生活，领略山区草原的风光，顺便开阔一下自己的视野……至于自己有什么优势，首先我得承认自己确实才疏学浅，除了唱歌比较好一点外，对于跳舞、书法、摄影等虽然感兴趣却是一窍不通，为此我还曾向室友"求救"教我跳舞，但由于时间较紧，自己肢体语言也不是很协调，因此只能舍舞练歌了。其次，我从小就和哥哥在农村生活，独立自主性强，生活自理能力也比较强，不会给团队添麻烦。虽然不会做面食，但像洗衣做饭这些简单的活我都会，可以帮忙打下手，而且对于面食我也吃得惯，是吃货一枚，不挑食。再次，我身体素质好，爱好运动，没事的时候晚上会去跑步锻炼身体，也喜欢打篮球。意志力也很强，不怕吃苦，因此对于科巴的艰苦条件我相信自己能很快适应和克服。最后，自己有过支教的经验。因为我是学校爱协协会支教部的一名成员，每周二都会去桂林洋小学支教。我对待小孩也比较有耐心，即使想发脾气也会克制住，还是蛮喜欢和小孩玩的。我相信我能与小孩愉快相处。

　　虽然自己已经绞尽脑汁把原因和优势说明了，但我知道佼佼者肯定很多，所以在面试之后便开始了焦急的等待，期望着自己能够被幸运录取。所幸自己最后很荣幸地被录取成为这次科巴支教的一员。虽然很是兴奋，但一些必要的准备却是不能少的，为此我们做了很多准备。比如准备一些必备的药品、厚衣服、生活洗漱用品、教学用的课本、上课前的摸底试卷，提前订票、给学生准备学习文具，以及对各种可能遇到的问题进行讨论和交流等。然而，在这些准备中，让我很烧脑和担心的便是教学问题。因为不管怎么说，自己还是个学生，对教学还是觉得无从下手。所以很是担心自己要怎么教会那些一脸懵懂的孩子，要怎么讲课才能让他们觉得有趣好学而不枯燥，要怎么出题。所幸的是功夫不负有心人，在网上查了一些资料，看过一些教学视频以及慢慢研究课本后，我慢慢地有了一些信心，慢慢地知道了要怎么给孩子讲课、出试题。我深知此次任务艰巨，责任重大，自己能力也有限，但不想退缩，更不想浪费珍贵的机会，所以我会不断地摸索、不断地改进，尽自己所能助人所需。

可能前方会有意想不到的艰苦，但不是有那么一句话——吃得苦中苦，方为人上人吗？宝剑的锋是磨砺而出的，梅花的香是经历严寒而来的，自己不经历一番磨炼，怎么知道有没有意外收获呢？为此，我时常对自己说："应该试着鼓起勇气去挑战一下自己，可能亲自体验后才发现，其实别人眼中的艰难也没什么。也许你会在体验的过程中挖掘出自己的潜力呢？只有勇敢迈出第一步，才能走出并走好接下来的每一步。或许当你回过头来时，会发现，原来你已经在不知不觉中提升了自己、突破了自己呢。"机会总是留给有准备的人，我想，在思想上做足了准备，即使未知的路难走也不会那么畏惧。

因为有所期待，所以有了无尽的想象。蔚蓝的天空下有一望无际的草原，绿油油的草原上有一群绵羊，巍峨壮丽的群山傲然挺立，千年古寺里回荡着悠扬的钟声，还有弥漫着书香气息的经堂、美丽淳朴的藏民、孩子们天真无邪的笑容……光是想想，就已经沉醉其中不能自拔。

虽然盛夏的科巴会有些凉意，可是那又怎么样呢？至少我们的心是炽热的。我想，我们会把海南七月的热，化成一股暖风，暖暖地吹过科巴每个人的心头，尽量让所到之处皆倍感温暖；把海南七月的雨，化成一股暖流，流过每个人的心田，滋润那一颗颗充满希望的种子。

科巴之行，是我心之所向，亦将无悔此行。

风里雨里，科巴等你

海南师范大学　林方玉

　　希望奔跑在草原上，听耳边的呼呼风声，看一次次扬起的牧鞭。远远的斜坡上一片碧绿，大片的绵羊像云朵一样在上面缓缓前进着，弓下的脊背驮起了宁静的黄昏。走近，便会听到那温顺而腼腆的叫声，看到那温存善良的目光。这便是我梦中的青海——一个天堂一样的地方。

　　支教是什么？支教，用一段不长的时间做一件终生难忘的事。支教是一份美丽的事业，无私奉献又无比感人。我们不知不觉中感动别人，也感动自己。从小就有一个当老师的梦想，站在神圣的讲台上，向学生传授知识，表达我对知识的见解。大一上学期我们全体同学都参加了假期志愿服务活动，通过培训和亲身经历，我爱上了志愿服务，也明白志愿服务奉献、友爱、互助、团结的精神，我也正向这个目标看齐。我觉得通过这种活动，可以锻炼自己，使自己变得更好，更加适应社会的需要。我以前也参加过这样的活动，所以有一定的经验。现在终于有一个机会摆在我面前，当得知院里要组织暑假去青海省化隆县金源乡下科巴村支教时，我毫不犹豫地报名了。从小生活在岛上的我，对外面的世界一无所知。从电视、从教科书上了解到，青海海拔很高，夏天很冷，条件很艰苦，但我还是没有任何概念，所以我想出去体验一下。我向父母、朋友、同学征求意见，他们也十分支持。后来，我真的成为一名支教的队员时，才发现这件事并没有想象得那么简单，通过网上查阅资料，了解当地的实际情况，结合老师们的详细介绍和对当地的分析，我深深感受到这一项任务的艰巨。我是来自农村的学生，知道当地条件艰苦，但我适应能力、应变能力很强，性格独立。我是家里的长子，所以小学四年级就开始煮饭、烧菜，而且乐于下厨。所以我不会畏惧艰苦的条件。我身体素质很好，没有大病小感冒，环境适应能力强，我还参加过校运会跑步比赛、足球赛等。若困难摆在我们面前，我们每一个人都不会退缩，我们现在是一个集体，只要我们发挥自己的智慧，一切困难都会迎刃而解，正所谓"团结一条心，石头变成金"。从最早的支教动员大会到研讨会到出发前的注意事项介绍，每一个细节，每一个问题，我们都认真探讨，因为我们必须要对自己负责，更要对集体负责。尽管前期准备工作很烦琐，比如买机票、车票，采购药品，准备衣物、教学资料等，但大家都充满期待和热情，而且随着启程日期的到来，这一份信念正在慢慢发酵，在心里升温。

盛夏的海南依旧那么炎热，另一边的青海依旧那么清凉。我想把海南的热情，带到青海，融化那里的冰山。虽然海陆天各一方，但心彼此相连。海水那般的明净，草原那般的青翠，绘成的图案，一切都那么和谐自然。

2872公里的远方，我倾听，你们的呼唤！

去青海支教前的感受和思考

海南师范大学 曾鹏辉

听说有到青海支教、调研的暑期大学生实践活动，我很感兴趣。从小生活在南方，到目前为止，还没有去过北方，更不用说令人向往的青藏地区。雪域高山、深邃的蓝天、绿油油的青稞，成群的牛羊浮现在我的脑海，这令我无比期待一次青海之行。

据了解，此次暑期实践活动是在校团委的指导和支持下，由马克思主义学院院长王习明教授、专业老师刘荣教授带队，于全院挑选 11 名志愿者，跨越 2800 多公里去青海省化隆回族自治县金源藏乡科巴村进行为期一个月的"陆海相依，试飞青琼"一带一路国情考察与教育帮扶暑期社会实践活动。

得知这个消息后，我非常兴奋，急匆匆打电话给爸妈，说我要报名。爸妈感到很奇怪，因为我前阵子刚刚跟他们说要去陵水支教。他们问我为什么要去青海支教？有什么意义？我当时在电话里没有正面回答，只是简单地回答"我喜欢"。

其实我并没真正想过为什么要去，晚上躺在床上我认真地问自己，为什么要去？我想了想，主要有四个原因。

首先，我对去贫困地区进行支教的活动十分感兴趣。中学时期经常在电视上看到云南、贵州山区的一些孩子上学十分艰难，需要走好几个小时的山路，甚至有些地方还要滑铁索渡过湍急的河流和深深的沟壑，自带粮食和柴火。看到这些镜头的时候鼻子酸酸的，即使环境如此恶劣，也阻挡不了山区孩子那颗挚爱学习、渴望知识的心。我中学在福建厦门读书，环境、条件与山区有着天壤之别，好太多了！从那时起，我心中便萌发一颗小小的种子，就是有机会一定要去体验一下他们的生活，然后尽自己最大的能力去帮助他们，带给他们知识，开拓他们的视野。

其次，我想通过这次支教活动锻炼自己，一是提高自己吃苦耐劳的能力；二是提高学以致用的能力，将学到的知识能运用于支教实践活动；三是提高自己与不同文化习俗的人交流的能力、适应不同环境的能力；四是提高自己团队合作的能力。在高中的应试教育中，我们更多的是被老师注入，被强行地灌输知识，而不是像点亮一盏灯，学习如何运用知识。更为重要的是，我们缺少社会实践的经历。大一的我，稍显稚嫩，但正是由于稚嫩，我需要历练、打磨。读书固然重要，但实践也不可缺少，所谓"读万卷书，行万里路"。

再次，暑期漫长，我想过一个充实、有意义的暑假生活。支教时间大概20天。在这20多天里，我既能为孩子们带去知识，又能在空闲之余，在科巴这个远离城市喧嚣的小村庄里，读上几本好书，给自己"充电"，交上几位兴趣相投的益友。

最后，也是最为重要的一点，我的理想是成为一名优秀的人民教师。因此，对于大一新生的我来说，这是一个千载难逢的好机会，能让我提前体会一下当老师的感觉与乐趣，为日后的学习和发展夯实基础。

起初爸妈有点担心我的安全，建议最好不要去。虽然我独立外出能力较强，经常一个人出远门旅行，去了很多地方，例如江西、广东、上海等，大一去海南上学也是自己一个人来的，没让爸妈送。但是我从小到大都没去过西北高原地区，那边的气候比较恶劣，生活条件也很艰苦，父母怕我无法适应那边的环境而出什么意外。然而我再三坚持，父母让步了，最终答应让我去。得到父母的支持后，我便和我室友林方玉一起报名了。

报名后，学院组织了一次面试会，老师在会上简单介绍了活动的有关情况和当地的环境条件，希望我们慎重考虑。我发现现实状况并没有想象中的那么简单。我自认为在江西农村生活过，完全能够适应农村环境。但科巴的条件远不如中东部农村，厕所是公用的茅房，上完厕所要自己填灰覆盖。没有浴室，缺水，可能20多天洗不了澡。我意识到此次支教活动异常艰苦，如果抱着享受、旅游的态度，不如趁早回家！其实，困难和挑战远不止这些，但是无论什么困难，我都将用兵来将挡、水来土掩的态度去克服，没有困难的支教是不完美的。其实我认为这些困难都是"福利"。一方面，不畏艰苦、迎难而上的人是勇敢的，困难可以磨炼我的意志，培养我吃苦耐劳的能力，更是体现了勤劳勇敢的民族精神。另一方面，能让我更好地站在这些藏族地区孩子们的角度去体会他们生活、学习的艰辛和不易，他们需要得到社会的关注和帮助。因为心中对支教满腔热情，我没有退缩。

经过材料审核和第一轮面试，我有幸被选为青海支教的志愿者，我的室友也被选上了。得到通知时我和林方玉高兴地跳了起来，用力地击了个掌庆祝。其实我心里是比较没底的，因为初试时，院长笑着说："你也要去吗？你吃得了苦吗？"院长最后还是选了我，说明院长还是相信我的。最后一轮复试的时候，老师又再给我们介绍了科巴当地以及凯博爱心志愿者联盟的详细情况，也向我们展示了许多图片，强调了去之前应注意的一些事项和必要的准备。由于我7月2日至7月7日要到海南陵水黎族自治县思源中学参加大学生暑期"三下乡"支教活动，而7月8日我们就要启程前往青海，因此我必须在去陵水支教前做好一切准备。

我上网查了一下当地的气候环境，提前准备好了必要的衣物。当地气候干旱，早晚温差大，容易生病，我准备了一些感冒药，还有一些治外伤的药物。想到当地比较封闭、贫困，我尽量少带些衣服，准备了一些海南当地特色的零食，还有几本我中学读过的名著，算是当作见面礼。最为重要的就是备课了，我负责初中的英语教学，上网得知那边使用的英语课本是人教版的，我和室友坐一个多小时的公交到市区的新华书店购买了初中的英语教案，然后向海口当地同学借了3本英语教科书。我到陵水支教也是负责初中的英语教学，因此我很早就开始准备教案了。考虑到那边孩子英语基础较差，兴趣低，备课时我侧重于基础知识。上课时侧重口语，语言幽默风趣，简单明了，以提高他们的学习兴趣。

经过一个星期的精心准备，我也逐渐把精力投入陵水支教中。

7月8号下午，我们开始赴青海之行，心里十分期待！在途中我思绪万千，想象那里美丽的自然风光；想象着到科巴村，孩子们站成一排，穿着藏服欢迎我们，为我们献上哈达的情景；思考着他们会不会像陵水的学生一样在我离开的那天偷偷哭泣。

随心出发

海南师范大学　莫镕蔚

　　从老师提出要开展"一带一路"国情考察与教育帮扶活动的时候，我就在思考可以说服老师给予我机会去参加这次活动的理由了。想去的心很坚定，却也只能找到这六点理由，即：想为那些可爱的孩子做些力所能及的事；想亲身了解本国文化的多样性；升华自己的精神境界，为成为更好的自己做准备；增加社会实践经验；锻炼自己；我喜欢当志愿者，想让我所遇见的那些人在遇见我时都能拥有笑容。我还能想到的自身优势有十点，那就是：①家里比较贫穷，且在村庄里信号不好，所有的农活自己都得参与。因为家庭的原因，自己从小就很独立，能照顾自己，所以吃苦这方面对我来说根本不是问题。②因为经常受到别人的帮助，所以也特别喜欢帮助需要帮助的人。③经过多次的读书报告会，我发现自己比较擅长写生活实践方面的文章。④身体状况良好，极少生病，但备有医药箱。⑤参演过多部微电影，了解过程，且懂得基本拍摄和剪辑技能。⑥会做饭，会做馒头。⑦由于之前面试家教的原因，小学课程基本掌握。⑧认为和二十天实践得到的收获相比，回程交通费不算什么，可以自付。⑨课外阅读书籍有很多，可以捐赠。⑩明白团队合作的重要性，且一直遵守纪律。

　　申请去参加这次活动的同学有很多，同时还包括了许多学姐和学长。作为2016级的新生，虽然已经尽力在思考去支教的理由以及自身的优点了，但还是有些底气不足。等待结果的过程很难熬。但不得不说我还是很幸运的，因为面试没过多久，老师就告知我通过了。当我把这个消息告诉朋友的时候，她们都说我傻；当我第一次打电话给家人报告的时候，家人挂了我的电话；当我把这个消息告诉家教负责人的时候，他沉默了许久……你能体会到，我的难过吗？当你特别向往做一件事的时候，身边却没有人支持的失落感，你能体会到吗？但是，我并没有就此放弃，因为我有我的向往，心之所向，不会遥不可及。很幸运的是，朋友说我傻之后还是会让我照顾好自己，并且告诉我，她们的臂弯等着我归来；家人从网上了解了那边的条件之后提示我增添衣物，并让我多带些糖果过去给那些可爱的孩子们，就连家教负责人沉默之后也同意了我的决定并提醒我八月份记得上岗……大家为这次活动忙前忙后的样子，更加坚定了我的信念。

支教的地点位于青海省化隆县金源乡下科巴村，那是一个处于山峦间的贫困而又不失质朴的村落。我在网上查找了好多关于科巴村的资料，孩子们可爱的脸庞、藏民们淳朴的笑容深深地印在了我的脑海中，仿佛那是我曾到过的地方。我还看见了许许多多去过那里的志愿者在网站上留下的关于支教生活的美好记录。翻阅着一篇篇文章，我觉得那里的美好给予他们的幸福远超了我们所想象的困难。越是翻看，越是向往。

我不知道自己有没有能力给当地孩子带去知识，或是给他们带去欢笑。但我依然努力着，努力地翻看着我所教的二年级的课本，努力地划下知识点备着课。我还在网上查找适合给小学生讲的笑话。我想，哪怕他们只是接受了一点知识，笑了一两次，我所做的一切都是值得的。

老师们所说的注意事项我都一一记着，必带列表上的药品都备齐了：感冒药、晕车药、咳嗽药、创可贴、消毒水……但我希望我们所有人都完全用不上这些。我知道，作为一个土生土长的海南人，要到一个距离2000多公里的、天气多变且山山相拥的地方，要面临很多考验，但是，我坚信，梦想抵达的地方，就是天堂。

科巴，期待7月9号，我们的相聚！

支教青海、圆梦你我

海南师范大学　白惠东

6月中旬，海南师范大学马克思主义学院发起的"陆海相依，试飞青琼"一带一路国情考察与教育帮扶暑期社会实践活动在海南师范大学马克思主义学院王习明院长和刘荣老师指导下开始了周密的准备。

6月24日，王院长在桂林洋校区召开了座谈会。会上，他详细地讲解了青海省海东市化隆县金源乡科巴村的情况，热情洋溢地讲授了志愿精神。会后我积极了解并踊跃报名。

我平时比较关注青海地区，因为它和我的家乡山西同属于中西部经济欠发达、文化相对落后的地区。除此之外，民族问题和宗教问题也是我比较关注的。在报名前，我仔细阅读了一些与青海省海东市化隆县金源乡科巴村相关的资料，同时对当前国家教育扶贫政策的实施情况及效果做了一些了解。毛主席说过，没有调查，就没有发言权。我也希望能够通过实地调查，了解国家教育扶贫政策在科巴村的实施情况。

经过为期两周的层层选拔，组织方从24名学生中选出11名去支教。支教前，王院长、刘老师等组织大家开展了支教讲座会，客观地分析了科巴村的情况，对在支教过程中可能遇到的困难和问题打了"预防针"。此次支教不仅将为科巴村带去一群热血的青年志愿者，也将带去急需的电脑、打印机等设备。志愿者积极备课和准备娱乐节目，不仅要给学生们带去知识，也要给他们带去欢乐。与此同时，志愿者需要开展调研活动，每个人都有自己的调研课题，不仅要搞好教育扶贫，也要搞好调研活动。会上大家踊跃发言，热情高涨，交流会取得圆满成功。

此次活动，希望能够帮助少数民族山村学生巩固义务教育规定的知识，提高汉语水平，开阔山区学生的视野，帮助他们树立远大的人生观、世界观；给远在大山深处的学生带去希望和动力，促进其融入现代社会。同时也希望志愿者自身能度过一个更加充实、更有意义的假期，丰富人生阅历，在支教过程中磨炼意志，修正自身性格缺陷，培养团队精神和社会责任感，传播爱心、奉献热心，为祖国的基层社会治理和社会建设贡献力量。更重要的是打造教书育人的平台。通过开展社会实践活动，积极推动大学生、社会组织参与公益事业，也为凯博爱心志愿联盟社会组织的成长发展积累宝贵经验。

筑梦科巴

海南师范大学　普　云

在一次上课时，我听老师提到学院将组织志愿者到青海支教，脑海中突然有了"我要去"的想法。我还问了老师这次支教志愿者的选拔条件。在父母不知情的情况下，我报名参加了青海科巴支教之行。第一次的面试更坚定了我的决心，我每天都在看邮箱里有没有通过初试的邮件，当看到通过初试的邮件时，心里的激动之情真的难以言表。在确定成为本次志愿之行的一员后，我把这件事告诉了父母，他们并没有因为我的先斩后奏而责骂我，而是给了我很多的鼓励。这给了我七月的科巴支教之行巨大的动力。

科巴，一个海拔 2800 多米的藏族村落，我们将在那展开为期二十多天的支教活动。前期的准备工作很多，老师也给我们说了很多注意事项，衣食住行面面俱到。我们需要准备很多东西：课本、试卷、教案、调研方案等。这所有的一切只是为了让那些藏族的孩子有所收获，让我们不虚此行。

看到过老师分享的这样一段话："对于那群孩子，我们只是过客，短短几天的支教，我们没有给他们太多的知识，我们只是用自己的无知，毁灭了老师在他们心中不可动摇的高大形象。"尽管这段话有些偏激，但不无道理。在二十天中，我们能给那里的藏族孩子带去什么？我们会不会也成为毁坏他们心中老师高大形象的那个人？想到这些，心中有点沉重，我们能做什么？作为一个志愿者，我们能做的就是把自己有限的知识尽自己最大的努力教授给每一个孩子，让他们感受到我们的认真负责，用自己的实际行动让每一个孩子知道知识的可贵。

不知科巴是怎样的，不知我们此次的支教之行会发生什么有趣的事，不知自己的付出是否对他们有帮助；期待与藏族孩子们相遇，期待这二十天的相处，期待与他们碰撞出火花。科巴，我们来了！

把未知变成脚下的路

海南师范大学　苏丽霞

我想要去那靠近蓝天的地方，去感受截然不同的环境和风土人情。趁着我青春正好的年纪去挑战自己、奉献自己。我心里一直有一个执念，就是"到孩子需要的地方"。他们都是山区里的孩子，教育、视野可能不够先进和开阔，二十天的时间也许不能改变那边的环境，但我希望能让他们感受到大山外的世界，激励他们奋发向上。我在摄影方面还算突出，自己有相机。定安支教期间的新闻稿，以及院青协参加比赛所选用的图片几乎都出自我。除此之外，我还会制作视频，以及进行视频和图片的后期处理。我为学院社会主义核心价值观主题的微电影设计过分镜，参与过拍摄。我在仔细读过了文件里的各项内容后，决定报名去青海的支教。那边处于青藏高原地区，海拔 2900 米，高原反应、温差大、缺水、生活条件艰苦，这些问题我都已经考虑清楚并做足了思想准备。我希望能为团队、为那里的孩子奉献出自己的一点力量！

从班级"青海支教"的报名通知，再到后来团队的第一次见面会，这个过程中间有太多的惊喜和紧张。在收到录取结果的时候，我整个人仿佛松了一口气。而与录取结果一并而来的，就是许多摆在此行前头的困难因素。从未见识过的人文地理环境、迥异的生活和饮食习惯，一个我只在媒体中领略过的地域，还有未知的挑战在等着我。

几天前，看了一篇学姐分享的文章，也就是刘荣老师分享给大家的文章——《叔叔阿姨，暑假请不要来我们这里支教了》。文章批评了暑期支教志愿活动中存在的一些不好的现象，但我认为文中有些观点还是过于绝对。支教志愿者对于支教对象——孩子们而言，也就相当于一个老师的存在。所谓"为人师表"，我们在进行支教服务的同时应该要注意展现作为老师所应具有的基本素质。而文章过于否定了大学生的支教活动和支教活动对于支教对象的影响。比如此次青海支教活动，在我们之前就已经有好几批的志愿者在寒暑假给科巴村的学生补课，在今年的高考中科巴村也第一次出了六个成绩优异的学生，我觉得这其中有志愿者的影响。像科巴村，一个远离城市的藏族村落，他们的现代化水平和教育水平不如城市。我们去的这二十几天，或许根本不足以弥补他们这一学期落下来的理论知识。但我认为一批又一批的志愿者，源源不断地带去新知识、开阔新视野，能够激发起孩子们对知识的渴望。这也就要求作为支教志愿者的我，在进行支教前要了解、熟悉自己所教授的课程。但我担心，自己能不能与三年级的小朋友用普通话进行很好的沟通交流，也担心自己的教学能力、水平能否胜任……

跨越 2000 多公里，从小岛到高原，科巴，于我而言绝对是未知的挑战。我不知道我能否真正地给科巴的孩子们带去些什么，我也不知道我第一次离家那么远，到海拔 2900 米的地方能否很快地适应。但我希望，在通过这次青海之行奉献自己微薄力量的同时，自我素养也能得到提升。

从海之南到世界屋脊、从未知到已知、从向往到前行，把未知变成脚下的路！

不忘初心，方得始终

海南师范大学　王婧娴

　　我是来自 2015 级思想政治教育一班的王婧娴，对于这次学院组织的"三下乡"大学生暑假实践活动之青海支教，我满怀热忱，非常渴望能够有机会成为本次活动的一分子。首先，我想参加本次活动的原因是我想过一个有意义的暑假，为他人为社会去做一些事情，出去见见世面增长见识。作为一个没去过北方的南方人，对未知的地方充满了好奇。去青海支教对我来说最大的意义不是给那里带去巨大的改变，教会孩子们知识，抑或是成为他们"灵魂的工程师"。二十天，这样不长也不短的时间里，能做的确实比较有限。但我们可以成为一盏灯，照亮那里孩子们前行的道路，给他们带去新鲜的不一样的事物。我想把除了知识以外的更多道理通过支教这样一种方式，潜移默化地传递给孩子们。同时，我也想去学习他们身上不一样的东西，领略不同民族不同地区的差异，大家互相交流互相学习。

　　其次，我想把这次支教作为暑期的实践调研项目，并且为今后毕业论文的写作累积素材。现在我的学术研究水平比较有限，我想通过这次的青海支教项目，从真实的实践中去体会，去学习，去总结，去探索。我想增强自己的能力，开阔眼界，充实经历，使自己能够独立做好一次调研。

　　最后，去西部支教是我从高中开始就很憧憬的一件事情。我曾经在电视上看见过满是黄沙的土地和充满童真的孩子笑脸，这是我心底的一个执念，我想为他们做些什么，哪怕是微不足道的事情。

　　对于此次活动的要求，我具有以下条件。

　　一、我的家在湖南省安化县，一个国家级贫困县。我是从农村、从大山里长大的孩子，因此不畏惧吃苦，也能够吃苦。

　　二、从小到大无重病记录，身体素质良好。并且去之前会做充分功课，备足药品，不给组织和团体添麻烦。

三、遵守纪律，服从管理。不擅自单独行动，遵守支教手册上的内容。

四、既能够独立工作，不事事处处向他人寻求帮忙，能够自己解决的问题不去麻烦他人。同时能够积极参与团队协作，分工配合，与团队成员积极交流。

五、具备的才艺。

1. 有一定的写作功底和写作水平，定期读书写读书笔记，阅读广泛，假设要拍摄微电影能够想剧情，写文案。和摄影有过合作，有为他人拍摄的作品配文案的经历。

2. 有过多次带班教学的经历。大一在我校爱心协会任职"新媒部"干事，有与协会一起参加桂林洋中心小学教学以及拍照的经历。大二是我院"竹蜻蜓"志愿活动的志愿者，作为心理老师的助手协助课堂教学与活动。寒假期间在本地补习机构负责过初中数学的教学，带班进行辅导学习。有绘画功底，大一在宣传部任职，能够画宣传板和黑板画。

3. 儿童节期间和志愿者们一起为桂林洋农场小学的孩子们进行过表演。

去青海是深思熟虑而又重大的一个决定。报名之前我就已经和父母商量好了，也做了很多功课。能成为此次青海之行的一分子是我的幸运，同时更多地也意味着从此以后要有更多的责任和担当。要思考去怎样的地方，需要做什么事情，该做哪些准备。首先是做好思想准备，此行是有任务的不是去旅游的，要充分融入当地并且对当地环境的基本条件有充分的认知，遵守组织纪律，注意安全。其次是准备好防寒衣物和可能需要的药品。再次要出好摸底试卷，准备好教材和所需要的学习资料等。在考试完的这几天开会内容中老师已经交代得十分详细。对我启发最大的是老师一再强调的"公益心"和"志愿精神"，为什么我们这个团队要不远千里为一群素未谋面的孩子们上课，是什么让大山那头和大海彼岸连接在了一起。

心之所向，是趋近于那片远处的大海中，跌入其中，消融其中，获得全然的究竟。高原的孩子没有见过大海，我们也未曾去过高原。去青海支教，不是我们一厢情愿地去奉献爱心，挥洒青春激情的自我满足，而是去彼此磨合，相互促进。20 天的时间对于生活在那里十多年的孩子们来说能够改变和影响的太有限了。如果成不了掌握方向的舵手，那就当一盏将光芒照进心灵的指引灯塔。我们要做到的是放低姿态去融入当地生活，尽心称职地为孩子们上课，以我们作为"外来者"的身份开拓他们的视野，点燃他们的动力和希望，同时作为一名马克思主义者帮助孩子们树立正确的三观和远大理想。青海之行，除了我们能为他们做什么，更重要的意义是在为他人服务时提升自我。助人自助，以苦为乐，体会别人给的快乐，别单单成为一个精致的利己主义者。同时作为珍贵的经历，对山与海之间的国情社情做实地调研，提升自己的思想水平。带着这样的心情与愿望，不知道抵达青海后我们能够收获怎样的感动或面临怎样的困难。但愿无悔此行，全力而为。

志愿青海　心系科巴

海南师范大学　黄黎敏

　　"是什么样的原因让你决定去青海科巴支教的呢？"这个问题老师在问，而我也在一遍遍地思考。为了开阔眼界？为了志愿时数？为了丰富阅历？如果是这样，我完全可以选择一个更加舒适安逸的环境收获这一切。那这趟跋山涉水究竟是为了什么呢？

　　我想，这是一种信念——对志愿的热衷与向往。"罗马不是一天建成的"，对志愿的感情也是一样。大学之前从来没接触过志愿活动。到了大学，小到整理资料室，大到去小学支教和陪伴自闭症儿童。两年的志愿，让我有很多感触。

　　志愿，是一种积极处世、热爱生活的态度；是一种乐于奉献、舍己为人的精神；是一种胸怀天下、大爱无疆的情怀。当穿上蓝色马甲的那一刻，我所做的一切就不能只为了"小我"，而要作为"大我"时刻摆正自己的位置，对得起"志愿者"这个光荣的称号。

　　对于志愿者没有个人目的没有功利心，一心只为服务与奉献的这种说法，我不大赞同。我所理解的"志愿者"，是能完美调节"小我"与"大我"之间的关系、乐于以志愿活动带给双方精神价值的人。志愿活动如何能越办越好、如何逐步提升志愿者的思想境界和修养、如何能让志愿活动发挥其更深的作用真正影响到被志愿者……这些才是真正的志愿者所关注的重点。"赠人玫瑰，手留余香"是志愿者的真实写照。

　　知道自己有幸和大家一起去青海后，我的内心其实像是打翻了五味瓶。除了激动兴奋，我还感受到了沉甸甸的责任和些许落寞。科巴的条件艰苦是老师从始至终在强调的，我也做好了吃苦的心理准备。陌生且艰苦的环境下，我们要支教还要调研，老师给予了我们厚望，院里也无条件大力支持。正因为这样，要想圆满完成任务，我们必须要付出更多努力，唯愿不辜负这一切。作为 2015 级思政 2 班的一根

"独苗"，没有熟悉的小伙伴，也没有较多的时间让我们磨合，必须要进行自我调整，尽早与同学们打成一片。

其实我的初衷，就是想尽我所能来帮助这些藏区的孩子们，让爱与关心给他们的内心留下温暖的记忆，哪怕是一瞬间的触动。我知道作用微乎其微，但我也想一试。想看看他们的学习环境，切实了解我国西部地区的教育情况，真正明白未来的自己作为一名教师的意义。想提前感受一下严谨的科学研究，学习相关的调研经验，为日后的独立科研打好基础，也可以从中挖掘科研项目新思路。

尽管知道这一路下来，磕磕绊绊总是在所难免。可我坚信"好事多磨"，所有的困难与挫折在我们这个团结有爱的大家庭面前都会土崩瓦解，所有的不快与难过在我们这个和谐欢乐的大家庭里都会烟消云散。科巴的条件是很艰苦，未知的一切是很可怕，那又怎样？只要我们志愿的心一直跳动着，志愿的热血一直沸腾着，一切都不是问题。我相信这次的千里迢迢一定会让我有别样的收获，让我在未来的日子，每当想起都会异常怀念。而那些弥足珍贵的东西——恩师们语重心长的点拨、伙伴们同甘共苦携手互助、孩子们天真无邪又渴望知识的眼神、村民们对我们工作的支持和信任……将会一直陪伴着我，让我受益终生。

科巴，我们10号见。

志愿科巴

海南师范大学   刘维军

我知晓王习明老师要去青海支教的事是在本学期初的一次交流会上，他当时问我是否想去，那时我是想假期去杭州的，所以就犹豫着拒绝了。后面我不断地想着这个事情，就向爸爸和身边的同学征求意见。爸爸当然是很赞同了，他让我自己拿主意，身边的同学也很支持。于是再三考虑下，于另一次交流会上向王老师提出了想去青海支教的想法。因为人数有严格的限制，并不是报了名就可以去的，所以我很担心不会被选上。但是我很幸运，经过两轮面试，我终于成为青海支教团队的一员。

其实最初我对这个事情是很迷茫的，因为我不知道该怎么做，也不知道如果我真的站在面对十几个或者更多学生的讲台上还能否说得出话来。但是促使我报名的，又恰恰是这个原因。我是个乐于观察新世界的人，不是爱猎奇，但是爱游山玩水；我也是个很害怕说话的人，面对很多人通常会说不出来话。所以我最初的目的是增长见识和通过参加活动来弥补自己的缺陷。

当一个人开始走进一个事业时，才真正开始了解这个事业。"志愿者"对我而言是比较陌生的，深入接触开始于大学。我对支教很感兴趣，不仅仅因为我是一名师范类学生，更多的是我对老师这个角色充满敬意。但是当我加入这个活动并为之准备的时候，发现"志愿者"不是一个简单的词。做一个合格的、负责任的志愿者，并不是那么容易。带队的刘荣老师给我们看过一篇文章，我感触很深。有些支教志愿者，竟然破坏了老师在小孩子心里高大的形象，这是谁之过？出发前，老师们强调再三的就是纪律，好的纪律才能有好的团队。以身作则，维护好老师的荣誉，或许某个孩子的目标就是成为一个老师，而我们不能去毁了这个孩子的梦想。刘老师说："志愿者，因志而愿，因为对自己在社会中的作用的判断和认知，而产生服务社会的愿望和行动的决心。"因此，无论我们的能力如何，都要有一个志愿者应有的责任心和爱心。

我虽然是甘肃人，距离青海很近，但我还是要尽可能地去了解当地的风土人情，特别是宗教信仰和民俗。通过老师和网络，我了解到科巴村的民俗和我家那里是差不多的，就是信仰上有点区别。老师说当地信仰佛教的人比较多，而且有一座千年古寺——旦斗寺，位于青海省东部丹霞如火的小积石山中，背靠湟水南山，面朝黄河，经过九曲九峡的黄河在旦斗寺的凝视中奔下青藏高原。我对这个很感兴趣，查阅了相关资料，看了一些佛学典籍和期刊，以做到尊重当地信仰。然后就是当地的学生，这个是在网上搜不到的，所以只能由老师讲解。刘荣老师对科巴比较熟悉，我们对那的了解大多都是从她那里获得的。她给我们讲了很多关于那里学生的事，所谓"知己知彼，百战不殆"，这样我就能更好地开展一些活动了，如备课、教学等。老师也对我们讲了很多当地的民风，家长对孩子的教育也越来越重视。这些不禁让我有点想家了，和我家那里一样，家长们都开始重视孩子的教育了，这应该是值得我们开心的事。

我们在支教的同时也要去调研，我初步设计的调研题目是科巴村接受志愿服务以来的变化。这几年每年都有志愿者奔赴科巴村开展志愿服务活动，刘荣老师组织成立的凯博爱心联盟是对科巴很有影响力的志愿服务团队。2015 年至今，凯博爱心联盟利用寒暑假，组织成员赴青海省化隆县金源藏族乡科巴村共完成五期义务支教任务，给孩子们带去了宝贵的知识。我们虽然是后面去的，但是我相信在我们团队的共同努力下，一定会做出很好的成绩。我也很乐意将这几年科巴村的变化做一个总结，以便我们总结经验，弥补不足。

通过这些天的准备，我不仅对志愿者有了新的认识，也增长了不少这方面的知识，这是一个自身的成长。我们虽然是去帮助那些孩子，但我们又何尝不是去学习的？刘老师说志愿者的行动是公益的、无偿的，不追求对个人的短期利益回报，而要将个人的人生价值升华到更多人的共同发展和利益上。我想既然要去，就应该让孩子们感受到力量，给孩子们希望和爱，同时也让我感受到快乐，小小地感受一下存在的意义。尊重科巴，就像尊重自己的家乡。

贰

风雨兼程

上课时他们特别积极，积极抢答、积极做题，孩子们着实特别可爱，他们的笑脸永远充满着稚气。我想，我爱上了他们天真的笑容，仿佛那是年少的自己。

风雨兼程科巴路

海南师范大学 刘维军

早上迷迷糊糊地起来就踏上了去青海的路，第一次感受到天空的美。我们乘坐的是由三亚凤凰国际机场飞往青海西宁的飞机，途中经停四川绵阳机场。早上十点钟左右，我们到了绵阳机场，大家下了飞机休息了一会儿后又登机了，大概中午十二点到达了青海西宁。

下飞机后阿卡（青海藏民对僧人的称呼）师傅来接我们。他普通话说得很好，待人也很和蔼，接到我们后大家还一起拍了照片。把行李放好之后，阿卡师傅和多杰大哥（科巴村的藏民，不到30岁）带我们去找田永清老师。田永清老师是我们的指导老师，支教这段时间他负责我们的生活和支教活动。田老师在海东市给我们采购生活用品，他很细心，什么都准备好了。碰面后，田老师还请我们吃了兰州牛肉面。我感觉是家乡的味道，所以吃得很快，也很香。饭后大家又启程了，我觉得这是我们风雨兼程的开始，因为这段路上有风有雨，而我们风雨无阻。

走到化隆县的时候下雨了，但是一会儿就没了，可能是阵雨吧。车在高速路上很快地走着，两边是绿油油的麦田和黄灿灿的油菜花。由于这里地势比较高，所以农作物种得迟，收得也迟。听爸爸说家里已经在收割小麦了，所以我很苦恼不能为爸爸分担家务。我的同学们大多都是南方人，见到小麦和油菜花都很惊喜，他们都眺望着窗外，瞌睡和劳累早已被抛到九霄云外了。我也眺望着窗外，但我的感受却和他们完全不一样，写这里的每一个事物，都和写我的家乡一样。看着风吹麦浪的景象，我脑海里也浮现了以前我站在我家麦田旁边看着一层层麦浪，呼吸着夹杂小麦和杂草味道的空气的景象。那时我还是个懵懂无知的少年，而如今，我在另一个地方看着和家乡一样的风景。我目不转睛地看着外面，我的心情是复杂的，不知道从什么时候开始我对家乡有了如此复杂且说不清的感觉。车驶进了化隆县，阿卡师傅和多杰大哥给车加了油。然而天气给了我们一个下马威，竟然下雨了。温度骤然下降，可以说快到海南冬天下雨时候的温度了。我们的衣服都在箱子里，没法取出来，所以大家都很冷，躲在车里不敢下来。

车子走在化隆县的大山里，无所畏惧，和我们志愿者的心一样。雨又开始下了，而且越下越大，我们坐着车在九曲十八弯的山路上盘旋着。同学们都是有说有笑，看着这么神奇的大西北，他们不时会哼歌一曲。而我，看见这些，继续回忆着我的从前。以前，我很喜欢游山玩水，和旧友一起骑着摩托车去爬很高的山。路就像眼前的这条，一边是山谷，一边是山崖。那时候我们带上一个大西瓜和一些零食，累了或热了，就把西瓜在地上摔一下，然后用手掰开分给大家一起吃。回家后我还会写一两首小诗来赞颂一下友情和祖国的大好河山，那时候我们好像豪情万丈的侠客，放荡不羁，但是现在，我已经无法再用文字"捉弄"生活了。他们继续看着神奇的西北风光，看着满山的牛羊，我也看着，思索着这里和我家乡的不同。同学们没见过这么多羊，所以很是惊奇，可以说我也很惊奇吧，因为我也没有见过这么一大群羊一起在山坡上自由地奔跑和生活。牛在山坡上悠闲地吃草，同学们竟然戏称它们是"水牛"。我们都在猜想着什么时候能到科巴，但是翻过了一座又一座大山，我们还是没到科巴。雨下得越来越大，大雨把淤泥冲得满路都是，车子走起来很困难。但是我们怎么会怕呢？我们反而是越挫越勇，面对大风暴雨，我们风雨无阻。途中还发生了一个小插曲，有一辆车陷进淤泥里了，造成了道路阻塞，所以我们的车在那里停了一会。过了一会儿，道路畅通了，我们继续赶路，但是不知道那辆小车从淤泥里出来了没有。终于又下山了，阿卡师傅和多杰大哥把车停在了一户人家大门口。我们都以为到了，其实不是，那是他们要洗车。我们都下车了，但是几个南方的同学受不了这个温度，所以都跑到车里了。这时，我们已经到化隆县金源乡好一会儿了。这里都是藏民，所以衣服和汉族人有很大区别，妇女都穿着长袍，特别好看。

路渐渐变得平坦了，雨也停了，只偶尔落下几滴。车依然在沿着河的路上颠簸着，垂柳分布在河的两边，随着风摇来摇去。我不知道河叫什么名字，由于它的水是黄色的，我还以为是黄河的源头呢，但是后来田老师说不是。在这里我们才真正地感受到水的伟大。河的周围植被还多一点，树比较大，但是放眼四周，一片荒凉。很容易就能分辨出山的哪面是迎风坡，哪面是背风坡，因为迎风坡有很多比较高的草，而背风坡都快接近寸草不生了。车子驶过了一座桥，但是桥下并没有水，然后我们就看到了"下科巴村"的字样。我们终于到了，大家都很兴奋。科巴村四面环山，有一条河在谷间流过。

我们到了阿卡师傅的大哥家里，大家休息了一会儿后就把行李放到了屋内。由于我们第一天来，所以饭是由阿卡师傅大哥的家人做的，后面就由田老师掌勺，同学们轮流帮厨。阿姨和姐姐第一天给我们做了面片，还有饼，在我们西北叫馍馍。第一天大家好像都有点不习惯，天气有点冷，饭也吃不惯，而且很怕生。吃完饭后田老师就给我们分了宿舍，我们男生就住在阿卡师傅的大哥家，女生住在阿卡师傅的弟弟家。然后老师就给我们开了一个小会，说明了我们该注意的事项。夏季青海太阳落山比较晚，七点半左右太阳还未落山，大概八点天才会黑。由于大家都累了好几天了，所以早早地就睡下了。

这是我们大家第一次来到这个山村，风雨兼程，风雨无阻。我们共同期待着美好的明天。

科巴村的"妇女聚会"

海南师范大学　刘维军

这几天有点累，所以昨天晚上很早就睡着了。今天早上起来感觉还不错，只是有点无聊，因为科巴村的学生还没放假，所以没有学生来上课。我们几个一起打了会儿篮球，然后就一堆一堆地聊起天了。田老师说下午会带我们去参加一个聚会，然后到当地学校去看一下。中午的时候田老师给我们分好了班级。当地有个讲经堂，小学和学前班就在那里上课，初中在阿卡师傅的弟弟家上课，由于高中学生还未放假，所以就没安排。

大概十二点二十分，田老师和多杰大哥就带我们去参加聚会。田老师说去河边，要带着碗，我心里有点小乐意了，还以为我们是要去河边边玩边吃。我们一直向河边走，十分钟后，我看见了一个五颜六色的像蒙古包一样的屋子，屋子旁边站满了穿着华丽衣服的妇女。聚会场所并不是在河边柳树下，而是在河边一块平坦的地里，地里还有几头懒懒散散的牛在吃草。河里的水很浑浊，我以为是黄河的源头，其实不是的，它只是当地的一条河而已。我们走进了那块地，屋里的人都出来迎接，非常热情地请我们进屋。当踏进屋里时大家惊呆了，里面有中年人和老年人，但都是女人。然后映入眼帘的就是满桌子的水果和零食了：西瓜、葡萄、饼干、甜瓜、瓜子等。她们还准备了奶茶，这里的奶茶不是商店里买的那种，而是当地人用茶水和牛奶混合而成的一种饮料，喝起来味微苦，还伴着牛奶的味道。她们非常热情，许多人腾出地方来给我们坐。大家都被这种场景所吸引，因为太美了，太自由了。我们吃着甜甜的西瓜和葡萄，感受到当地人无比的热情。多杰大哥告诉我说，西瓜和李子等都是从甘肃买的。我也很开心，我很高兴能在青海吃到家乡的水果。

我们正在享受着美味的食物，屋外突然唱起了藏语歌，虽然我不知道在唱什么，但是很好听。多杰大哥说阿姨和姐姐们在给我们唱歌。她们能歌善舞，载着优美的舞步。随后唱着美妙歌曲的一个阿姨进来了。她手里捧着一条哈达，唱着歌缓缓地走向了田老师，然后把哈达戴在了他脖子上。大家都被阿姨的歌声征服了，全神贯注地欣赏着她的歌曲，连吃到嘴里的西瓜都不知道嚼了。阿姨们做了萝卜炖粉条给我们吃，就是萝卜和粉条一起炖的菜，吃起来甜甜的，很可口。当然了，阿姨和姐姐们这么热情，我们也应该表示一下，所以我们志愿者中的彝族同学用彝语给大家唱了一首敬酒歌。我们都很喜欢吃北方的水果，因为北方水果很甜，糖分很多。之后阿姨姐姐们又给我们跳了一支舞，真的是太美了，既有古代舞蹈的羞涩，也有现代舞蹈的欢快。

这样的聚会是本地特有的一种女人间的娱乐方式，每年两到三次，只有已婚女人参加。在这一天，妇女们不用做任何家务，她们打扮得漂漂亮亮的，从早上出去，晚上玩儿尽兴了才回家。这种聚会我不知道在我国其他地方有没有，但是能在科巴见到如此美妙的活动是非常荣幸的事情，至少可以看到这里女人的自由和快乐。

科巴村与"佛"结缘

海南师范大学　白惠东

　　窗外下着淅淅沥沥的小雨，我们开车在泥泞的路上行驶着，弯弯曲曲的道路犹如一条长龙，牵引着我们驶向心中的彼岸——化隆县金源藏族乡科巴村。沿途经过绿油油的小麦田、青稞田，可以看到漫山遍野金灿灿的油菜花，还有成群的牛羊，或低头觅食，或悠然漫步，置身其中的我们，仿佛是畅游在山水画中，心旷神怡。不知不觉中，车子就驶入了科巴村，我们受到了村民们的热烈欢迎。村民塔叶师傅和索南大伯还为我们献上了哈达，并与我们合影留念。

　　索南大伯每天早上都会早早起床打扫卫生、收拾庭院，然后就围着一个小建筑转圈，手不停地转动着念珠，嘴里念着我听不懂的经。我对此疑惑不解，便向大伯请教，才知他原来是在祈福。大嫂有时间会去后院的佛堂叩拜，这也是向佛祈福的一种方式。据说一个人一生中需要向佛叩拜十万次。

　　有一次，我与村里一个高中学生交谈。他说他家每年去旦斗寺四五次，每次见了活佛都会请求活佛摸顶赐福。我感到好奇，就问他："活佛摸顶赐福真的有用吗？"

　　他说："有用。"

　　我说："什么时候去得多呀？"

　　他说："六月份较多。"

　　"为什么呀？"我脱口问道。

　　他害羞地说道："快考试啦，求佛保佑。"我心想或许信仰会给人一种力量，能够增强人的自信心，发挥人自身最大的潜力。

　　有一天，有许多阿卡师傅在操场打球。我就与其中一个阿卡师傅闲聊，问他："为什么去做阿卡呀？"

　　他说："小时候家里让的。"

"你想还俗吗？"我问道。

"不想，因为自己不会做农活，还需要娶媳妇、养家，负担很重。"他答道。

旦斗寺的阿卡师傅有 90 人左右，已经达到寺庙历史上师傅最多的水平。当地藏族村民对活佛、阿卡师傅特别尊敬。在科巴村，阿卡师傅还俗的例子还是极少的，或许那个阿卡师傅的顾虑也正是他们的顾虑所在。听学生说，以前有三个男孩的藏族村民家庭，必定有一个出家当阿卡。现在全凭个人意愿，可以选择去或者不去，但是未满十八岁的孩子的决定受家庭影响较大。

科巴村有三座木质结构的、金碧辉煌的讲经堂。其中一个较小的经堂的建造经费就是由塔叶师傅化缘而来的，有一座新的经堂正准备开建。

据我调查发现，一个藏族村民家庭去旦斗寺一年一般有四五次，多的有十多次。每次需要贡献香油、油饼等礼品，每次开销一二百元。宗教祭祀支出占一个藏族村民家庭支出份额较多，每年至少支出 2000 元，如果有婚礼、丧葬会更多。例如，有一家村民办理丧葬事宜，需要请四五十个阿卡师傅去念经三天，每天要支付每个阿卡师傅 100 多元。

"菩提本无树，明镜亦非台。本来无一物，何处惹尘埃！"科巴村的每个人都与佛结缘。无论是在家还是在外面打工，都会用自己的方式去祈福。

科巴有梦，有谁来圆

海南师范大学　莫镕蔚

2017 年 7 月 8 日，我们终于开始了前往科巴的行程。

和院长、老师以及同学们多次商讨行程注意事项后，我们终于开始了支教生活。从海南到青海西宁需要坐大概三天的火车，由于支教心切，我们便选择了飞机。8 日的晚上 6 点一直到 9 日晚上的 7 点，我们一直在路上。在飞机上俯视下的青海，有着绵延不断的大山，有的成片俯视似绿海，有的却如荒芜的沙漠一般让人惊叹。出了西宁的机场，作为生活在海南平原地区的孩子，见到大山时是无比激动的。阿卡师傅带我们走上了赶往科巴的路。眼前的大山从光秃秃到绿油油再到光秃秃，色彩不断交替着。从西宁到科巴，要经历将近 7 个小时的路程，其中有 6 个小时，我们要翻越一座一座大山，"之"字形的山路就这么呈现在我的面前。课本学得再多，也不如亲眼一见来得深刻。很不幸，我们到化隆县的时候下了大雨，气温骤降，穿着短袖的我们冻得直搓手。山路变得泥泞不堪。更可怕的是，在山路的边沿却只有极少数地段有小段的水泥护栏。我想，幸亏阿卡师傅车技好。山路上见到有翻车的，有陷在泥土中或熄火在积水深处的车辆。可是，他们脸上呈现的淡定表情，似乎在告诉我，这些他们早就见惯了。出发前查看了一下卫星地图，发现青海的大多数地区都位于山谷之中。初见金源乡，是在翻越最后一座大山下山时。我通过车窗望着处在山谷之中的金源乡，房子连成片，看似一个世外桃源。可是下到乡里时所有的梦境都在瞬间破灭了，路还是要么坑坑洼洼，要么尘土飞扬……在科巴的这 5 天里，科巴——这个我理想中的"世外桃源"渐渐变成了我心中的痛。

科巴，位于青海省化隆县回族自治区金源乡，平均海拔 2100 米，一个处在大山深处的小村落，260 户人家，2000 多人，分为上科巴村和下科巴村。这里的房屋构造普遍都是类似于四合院的环形木板房（见图 1）。院落中央一般会建有一个香塔，旁边还会竖立一根类似于"牙旗"的经幡，主家每天早晚都会在香塔焚烧些酥油、

图1　木板房

面粉、药草，以祈求家庭和村落的幸福平安。东家爷爷说，像"牙旗"一样的旗帜叫作幡，幡上印有经文，因此也叫经幡，有着祈求平安吉祥的意思。而香塔就像我们汉族的香炉一样，但香塔烧的不是香，它不仅能表示对神灵的尊重，还能起到消毒杀菌的作用（见图2）。

图2　香塔和经幡

在科巴村充满尘土的道路上观望，你会发现几乎家家户户的土堆墙上都有相似的符号。东家爷爷说，那是藏传佛教的经文符号，是用来避邪的（见图3）。除了住人的屋了，你还会发现许多土垒的小屋子，里面存储着杂物。在土垒屋子上还有很多小麦秸秆堆（见图4）。厕所都在道路的旁边和庭院的外边，所有的路人和邻居都可以使用。一般都是一间约1平方米大小的小屋，一个铁门，屋里边一个坑，边上

图3 土墙上经文符号

图4 土垒房和小麦秸秆堆

一小堆土、一把铲子（见图5）。很多户人家房顶上都安装了太阳能热水器，村民说是政府安的。可是，科巴村一年四季少雨，生活用水只能依靠大山留下的雨水，聚集到山上一个小型水库里，然后通过管道传输到家家户户。好一点的人家会有一个水窖，他们会把水存储在水窖中，然后再灌入一个白色的塑料桶里面（见图6）。男生住的主家没有水窖，地势又比较高，只能用一个白色的塑料水桶，去地势比较低的人家取水。你在每个藏民家庭都可以看到一个类似于卫星天线的东西，那是烧水用的太阳能热水器，在它的反光面上有很多正方形的小镜片，它利用了凹面镜聚光原理聚合太阳光线来加热水壶（见图7）。

图5 厕所

图6 塑料水桶

图7　太阳能热水壶

　　我住的房屋和讲经堂（藏语叫"玛尼康"）门口附近都有一个小卖部，很多学生会拿着自己的小零食进进出出，垃圾也因此遍地可见。里面的东西，有很多是过期的。前几天，我们的一个同学就买了一瓶过期近一年的饮料，没开瓶就扔了。小孩子好像没有看保质期的意识，只是见自己喜欢的小零食就买，买来就立即用脏兮兮的小手抓起来放进嘴里。你能想象这个画面有多让人难受吗？这里离乡里也比较远，更别说县里了。大山深处的小卖部，物品难以更新。在村落里，每天都会有那么一次听到大老远就传来的"卖菜咯"的声音，那是一辆小三轮车，车上会有一些水果和蔬菜，我想这里大多数人的菜食都来自那辆小三轮车。东家大叔说，这里种的粮食作物大多数都是小麦，还有少许人家种了少许的青稞。我在翻山的过程中，发现了成片的青稞和小麦。可是，东家大叔却说，这点粮食不能维持基本生活。所以很多人都出去外面打工了。

　　在村子里，最常见的就是老奶奶、老爷爷或者小孩子。曾经我问过十个二年级学生一个问题："你们之中有谁是有爸爸妈妈在身边陪着的？请举一下手。"答案出乎我的意料，没有一个人举手。他们好一点的就是和爷爷奶奶一起，要么就只是和爷爷或者奶奶，要么就和哥哥或姐姐，或和别的亲属在一起生活。因为生活环境所迫，很多爸爸妈妈只能放下孩子，自己出去外面挣钱贴补家用。我深知没有父母陪在身边的孩子的内心是多么孤独和脆弱。可是，好像这个悲伤已成为习惯。家家都这样，小朋友是不是就不悲伤了呢？会这样吗？

我们学前班到四年级还有六年级教书的地点在一个不大的房屋环绕的讲经堂里面，两间房子一共四个班，边沿走廊还有两个班。在男生宿舍有一个班，女生宿舍有初中到高中，都在走廊上（见图8）。学生或是席地而坐，或是拿着从家里带来的木凳或木头墩子（见图9）。小黑板很少，所以很多老师都只能在地板上或是墙上画画擦擦（见图10）。我教的是二年级，一共十个学生，两张小长椅当课桌，学生席地而坐。没有黑板的时候，我只能念题后再一个一个地看他们记的问题对不对，解题过程也是一个一个地讲解。口说他们很难理解！与我所接触到和看到的不同的是，虽然这边孩子的基础很差，但是上课时他们特别积极，积极抢答、积极做题，孩子们着实特别可爱，他们的笑脸永远充满稚气。我想，我爱上了他们天真的笑容，仿佛那是年少的自己。但是，看见他们的小手，黑乎乎的，布满了泥土，他们却还是满不在乎地含着小指头时，我就很烦心和无奈。每次做完试卷，原本洁白的卷子上沾满了灰色的印记（见图11）。有很多孩子家比较远，中午只能待在讲经堂，吃着从家里带来的小片馍（见图12）。洗手洗脸对他们来说似乎是奢侈的，晚上7点钟放学后他们还得赶近一个小时的路才能回到只有爷爷或奶奶的家里。在这里，我深刻领会到了那个故事的含义。

图8 走廊教学

图9 木凳或木头墩子

图10　墙上的画画擦擦

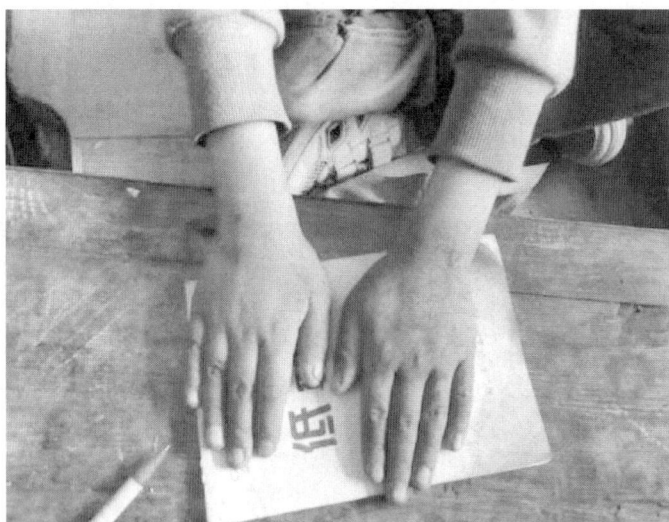

图11　孩子的手

孙子问奶奶："大山的那边是什么？"

奶奶回答道："大山的那边还是山。"

这里的孩子有些可能永远也不会走出这一座座大山。大山环绕的天空很美，但

图12 中午待在经堂的学生

是天空下的科巴却是另一番光景。我不知道我能带给这个大山深处的村庄一些什么改变，但是我会尽自己最大的努力引领这些大山里的孩子走进知识的海洋。

科巴有大梦，而我们只是圆其小梦的一小支志愿者团队。

前往下科巴村

海南师范大学　王婧娴

凌晨三点半。

此时三亚街头只有路灯亮着，大多数人还沉浸在美好的睡梦中。但我们一行人都已经起床洗漱完毕，收拾好行囊，准备出发去赶最早的一班飞机，向我们此次梦的目的地青海出发。

五个小时的空中旅途，飞机在磅礴的云海中遨游。蓝天之下，通过小小的窗口透进来的是从未见过的，与南方截然不同的风景。只在地理书和照片中见过的，沟壑纵横，千奇百壮的地表。与海南生机盎然的翠绿和一望无际的汪洋蔚蓝不同，这里的大地是裸露着的，散发着苍凉与悲壮的豪情。焦黄色和棕红色的土壤曲折蜿蜒，中间交错着更加弯曲的黄色河流。飞机在曹家堡机场降落，我们脚踏在青海省西宁市的土地上，在这将近 3000 米的青藏高原。初来西北，和预想的惊喜、好奇不同的是一种不真实感，感觉如梦境一般，凌晨的时候我还在中国最南端的城市，现在我就到了青海。我即将在这里和团队一起展开 20 多天的支教生活，总觉得是不可思议的事情，但它确确实实地发生了。

一出机场，阿卡师傅和多杰大哥就为我们一行人献上哈达。在弯腰接受这双手捧上的洁白如雪的哈达时，心里突然觉得庄严和严肃起来。我千里迢迢来这里，不是作为一个轻飘飘的游客，而是有责任、有任务的志愿者。受到的这条哈达和礼遇，不仅意味着当地村民对我们的殷切希望，而且代表着我们作为志愿者的形象和责任。

在平安驿站和带队的田老师会合之后再到金源乡下科巴村，有四五个小时的车程，这也是我 20 年来坐过最颠簸的一段路，车外就是万丈深渊。刚下过雨，土路变得很泥泞像黄色的小溪。还有各种角度诡异的急转弯，接近垂直的角度。但路上的风景也是美不胜收，山上面的植被像是薄薄的一层绿色的毛毯披在棕红色的土壤上一样，仿佛一阵风吹过来就会飘走，还有层叠的梯田，尚未成熟的小麦和青稞，偶尔穿插着耀眼的亮黄色的油菜花，远远地看着就像是画上去的色块一般。第一次见到那么多的牛和羊，山腰上星星点点的白色和星星一样。沿路人家的房屋都是砖红色低矮的四合院，门上有精致的花纹和文字，五颜六色的小彩旗在风中飘扬着，还有金顶红墙的寺庙，女性戴着鲜艳的头巾，扎着乌黑发亮的辫子，腰后别有精美的刺绣长带。这里的天离得很近，与海南天空蓝得不同，更为空旷和明净。

　　进村之后，田老师和当地住家一起准备晚饭，腌咸菜。初次见到拇指那么宽的面块，还有盘子那么大的白馍。晚上八九点太阳还没有落山。白昼时间很长，将近十点才天黑，奔波劳碌的第一天就这样过去了。

叁

教学相长

如果有更多的话让台下的听众觉得很受用，并能因为这样一句话而改变了自己原来不合理的做法，那这个演讲者就是成功的。我们就是一个引路人，希望带领着更多的人接近希望，在将来成功的人生道路上走得更远。

情在科巴

海南师范大学　温小英

7月9日早上七点半，我们从三亚凤凰机场出发，飞往四川绵阳机场。在飞行的过程中，我第一次领略到从空中俯瞰大地的那种美妙与震撼，第一次感受到了别人那句戏谑性的话"你是不是要上天，和太阳肩并肩？"虽然并没有真的和太阳肩并肩，但这种靠近太阳的心情却是难以言喻的……然而美景总是不胜收，时间在飞快地流逝，没多久就听到乘务员甜美的声音在耳边回响："亲爱的旅客，飞机即将在四川绵阳机场降落，请您关上窗帘，系好安全带……"在四川绵阳机场短暂停歇后，我们乘机前往青海省西宁机场。从四川飞往青海的风景一直在不断地变幻，原本绿油油的小山丘慢慢地变成了巍峨的群山！那一刻突然觉得大自然很奇妙，但也为光秃秃的大山感到些许小可惜。

当我们到达西宁机场时已经差不多十二点了，一下飞机便感觉到了高原上七月份的一丝凉意和干燥，而每个人的困意也随着天气的寒袭以及阿卡师傅和多杰大哥的到来而驱散。阿卡师傅和多杰大哥接了我们之后便带我们前往海东市平安区与田老师会合。两点左右，我们终于在海东市平安区小峡镇石家营村的某个面馆里吃上了来到青海后的第一顿饭——牛肉面。虽然对于来自南方的我来说，这顿饭吃得有些"小艰难"，但已经饥肠辘辘的我觉得能吃上一顿即使不是很美味的饭已经算不错了，更何况想在这里吃上一顿米饭是特别难的，但幸好配有一碗茶刚好能解掉面汤的咸与辣。这里的一切对于一个常年生活在海南小岛上的我来说都是很新奇的。这里有太多我未曾见过、体验过的风土人情……比如海东市的建筑风格与海南就有天壤之别，而公路的两边不是柳树便是海棠树。当然，还有一种不知名很像松树的树。

前往科巴村的沿途风景很壮观。一眼望去全是山，巍峨挺立，但很多山都是光秃秃的没有一点生气，仅有几处的山绿草如茵、枝繁叶茂。这一路，真的特别艰辛、坎坷和遥远。从海东市化隆县到科巴村的路不但崎岖，且路的两边很多是没有护栏的，一不小心就有可能坠下山坡。在车上的我们却好似坐过山车一般，不过多亏阿卡师傅对路形比较熟悉，车技又好，就免了很多颠簸之苦。中途由于下起了雨，气温骤降，每个人都在瑟瑟发抖。在前往科巴的途中，雨水冲刷了路两边的土山，路上堆满了泥浆，有些车甚至翻倒了。我们还算幸运，只是陷在了泥浆里，但为了能在天黑之前赶回村里，车上的男生冒着雨、踩着泥浆将汽车一点一点地从泥浆里推出。当我们翻过重重大山，到达科巴村时已经六点多了，但科巴天依旧很亮，直到九点左右天才全黑。就这样，我们从海南穿越了琼州海峡，跨越了琼川青三省，历经了一天半的时间，舟车劳顿，来到了远在 3000 公里外的科巴村……

现在已是我们在科巴的第 13 天了，在这 13 天中我们见闻了不少，也收获不少。犹然记得第一天上课时的情景。面对一群天真又顽皮的孩子，每个人内心或许都有些期许、无奈和迷茫。尽管在正式教学前各个老师都传授了方法技巧，但接受了"言传"的我们第一次教学时并没有很好地践行。而是每天都在比较"仁慈"地与一些调皮的学生做"斗争"，一天下来不但自己身心疲惫而且班级也没管好。我教的一年级更是不让人省心，有些纪律、规矩一而再再而三地跟他们强调却总是被当耳边风，总是一而再再而三地"不小心触犯"。田老师的观察总是很敏锐，光旁听一小会儿便洞察出我们在教学中存在的不足和问题。于是，他便利用集中吃饭的时间，在饭桌上给我们指点迷津。我们也总能在饭桌上吸收不少"营养"。在老师的教诲下，我们认真反思并严厉地去贯彻落实，现在才稍有成效……

在任教的这些天中，自己慢慢地懂得了当老师的不易，真正明白了教师这个行业并没有看起来那么轻松。只有切身体会过，才能明白什么是真正的"感同身受"，才能理解老师身上肩负的重大责任。在这些天中，我也懂得了老师在课堂教学上不但要负责教学，还必须要让自己尽量以一种轻松愉快活泼的方式讲课，才能吸引学生的注意力！而我让印象深刻的便是支教老师尚海伦的深情演绎！她的讲课不但生动活泼，整个人也充满了激情活力，单是一个"小动作"，一句鼓励的话，一句温柔的话语，一个时而严厉时而温柔的眼神就能牢牢抓住那些调皮捣蛋学生的心，吸引学生们的注意力，维持了课堂的秩序，可以说差不多主宰了整个课堂！而反观自己，却没能真正做到如此。

来到这里近半个月了，支教进行到了中期。这期间我还是受益良多的，不但教学上有了点小进步，为人处事上也学到了不少。但路漫漫其修远兮，吾将上下而求索，我会慢慢地将自己所学到的、所看到的和所听到的知识在生活中加以实践。

　　在科巴的日子，有感动，有沮丧，但每天早上起来都能吃上主家为我们准备的简单而富有爱心的早餐时，顿时觉得一股暖意流入心窝；每天和一群活泼可爱充满朝气的孩子朝夕相处时，觉得自己仿佛也回到了童年；当有幸与部分支教老师在科巴河边一边享受美味佳肴一边感受大自然的美时，顿时觉得生活不仅有诗还有向往的远方；当有幸与院长一同爬了人生第一次山，第一次处在高处时，真真切切地体会到了"会当凌绝顶，一览众山小"的意境……

　　虽然在科巴的日子大多数都稍显平淡，但我已对这儿有说不出的情愫。

支教心路历程

海南师范大学　温小英

其实接手一年级初期，我心里一直没底、没信心且并不认为自己能够教好、教会他们。我甚至害怕站在课堂上时或是面对他们的不安分时，自己会 hold 不住他们，并总是担心会不会被他们气得束手无策。因为我知道对于一群才八九岁的学生来说，玩儿心很重，跟他们讲过多的大道理是没多大用的，这个年纪的他们可能还不会理解。后来田老师也跟我们说，对于低年级的学生先把规则、纪律定好，先让他们学会遵守纪律，维持好课堂纪律了再慢慢地教学。所以刚开始接手一年级时，我没打算正式开始师者的传道授业解惑模式，而是先和同学们相互了解、熟悉，然后再把各项要求说明。

后来二年级的学生也陆陆续续地来上学了。而由于没有多余的场地，我们一年级的学生和二年级的学生就只能在同一间房里上课。这也是"噩梦"的开始。人多以后，学生更难管了，尤其是和二年级的学生在同一屋里上课以后，世界开始不安宁了，很多一年级的同学的注意力开始往二年级那边跑，总是听着听着就忍不住看看二年级的学生在上什么课、二年级的老师又为何发火了，二年级的学生一吵他们也跟着凑热闹……他们走神、开小差时，我会提醒、会走到课桌前敲一下，有时候索性直接拿粉笔丢过去，严肃地警告。我知道再这样下去估计两个班都会"炸"起来，那么谁都别想好好上课了。后来我索性让一年级的学生搬到屋外一个空旷之处，给彼此一个良好的上课环境。搬到屋外关上门后，瞬间觉得世界清静了许多。但一波刚平一波又起，没多久一大波学前班的学生不断袭来。他们开始与我们分割场地，并且开启了"闹翻天"的模式，对此我表示很是头疼和无奈。我们班的学生也跟着"为非作歹"，不让人省心。每次课上到一半，总会听到"老师，他刚刚打我；老师，他骂我；老师，他拿我东西；老师，她刚刚偷吃东西……"一开始我还会耐心地询问原因，做出比较合理的处罚和耐心引导，但久而久之，自己的耐心也慢慢地被消磨殆尽。但没有好的课堂秩序是很难保证教学质量的。就这样，我一而再再而三地被激怒后，便不再是一开始的警告、没收零食那么简单了，而是直接当着学生的面把零食扔到垃圾桶并罚他们站。我把那几个坐在一起爱捣乱的男生分开和女生坐，并且再一次义正辞严地把在课堂上要遵守的纪律重申一遍。其实我并不是真的想对学生发火，也不想对他们要求那么严厉，但没有规矩不成方圆，没有良好的课堂秩序很难教学，不树立好威信不会得到学生的尊敬。所以那次发火之后，学生确实收敛了许多，尤其是那几个上课爱捣乱、开小差的男生，自从分开和女生坐后明显地安分了许多，东西也不敢再随便拿出来吃了。但我知道自己可能有些过火了，吓到了学生。于是课后我便找了他们谈了一下心，说明自己发火的原因并且希望他们以后能够好好地表现，还告诉他们："其实老师还是很喜欢你们的，要是你们再乖点老师会更喜欢的。"顺便再聊聊理想、家庭等。事实证明这个方法还是有点效果的。

新疆大学的学生来了之后我便轻松了许多，不再一个人备两门课、一人教八节课，不再一个人管这群闹腾的学生。我与搭档尚海伦学姐商量好后，她负责教语文，我负责教数学，我的负担因此减轻了许多，后面便有很多时间去备课了。首先，我没有按照课本的章节来，因为尚海伦学姐没来之前我已经给他们做过数学和语文的摸底试卷了。所以我就先挑学生掌握得不好的那一个模块去讲。比如对于图形的认识、图形的名称、图形的分类等，很多同学会认图形并且会写出图形的名称，但有一部分学生却不会写图形的名称。于是我便在课堂上手把手地教他们写，并且让他们照着我教的方法回去把图形的名称抄个十遍。在教他们认图形时我会结合现实生活中大家熟悉的事物来举例，比如黑板是什么图形，我们吃的馍是圆形还是球状，粉笔盒是什么图形等，通过这些实例来诠释后，同学们对图形有了更加清晰地认识。他们会认之后，我便开始让他们试着写出图形的名称，等学生们完全会认、会写后，我便让他们试着画出各个图形。因为我知道我们班的小孩特别喜欢画画，所以我便腾出一节课让他们把所学的图形学会了再随心所欲地画。这样他们既把自己所学的学牢了又能做自己喜欢的事，一举两得。其实在尚海伦没来之前我们班副课就只有美术课，我原本也想让他们去上体育课，但是人太多，孩子又太皮，我一个人管不来，所以为了安全起见，体育课一般就让他们画画了，所幸孩子们也很喜欢。在大家差不多都会画了后我便进入下一个环节，就是让他们自己去分类，算是一种巩固吧。在接下来的某些课中，我会时不时地回顾一下以前所学的内容。

每讲完一个模块后，我并不急着教新内容。田老师说过要追求质量而不是数量。所以每教完一个模块，我会出一些家庭作业让他们回去练习，然后再出试题在课堂上检测他们掌握的情况。因为和尚海伦学姐分工后，对于语文我就没怎么过问了。但因为我是班主任，所以差不多每堂课我都要在场辅助，维持课堂秩序，有时候也会去其他班学习一下如何上课和管理班级。尚海伦学姐来了之后，课堂的纪律比以前好了很多，尤其是有个小男孩，以前每次上课总是他话最多，每次都很激动地站起来说："老师，我我我。"整个课堂上就他声音最大最吵。每次我们都说上课要安静地举手示意，不能在下面吵。而他也只是当时听了，过后又会再犯。后来尚海伦学姐故意无视他，只叫那些安静举手的学生。当时看到他由激动慢慢地变得有些颓丧地坐下时，我既想笑，又有些心疼。我们不想抹杀孩子的激情与热情，但是同时又必须让他们知道，不按要求来是不行的。后来尚海伦学姐问他："你知道老师为什么没叫你吗？因为老师说过要安静举手示意，不能在下面吵。所以老师刚刚没叫你。你下次还要这样吵吗？"他很老实地说了声："不会了。"之后他上语文课都特别乖。但后来我却发现没多久他又"原形毕露"了，尤其是在我的课上！因为之前我每次上课都特别严肃，所以我这次不想再这么严肃地训学生了，而是采取比较温和的方式。当我看到他又开始吵闹时，我没有生气地训他，而是停下来静静地看着他，然后旁敲侧击地说："有人又开始吵了呢。"然后他突然就安静了。然后我笑了笑问他："你还要吵吗？"他摇了摇头。我又接着问："那万一你又按捺不住吵了呢，怎么办？你自己说怎么办好不好？"然而我得到的只是无声地回答。后来我开玩笑地对他说："那你看这样好不好，以后你要是再吵呢，老师就拿胶布封住你嘴巴？正好老师带了胶布呢。"他淡淡一笑回了声："好。"后来他虽然偶尔还会说一点，但都是说完之后自己马上意识到错了就赶紧闭嘴，或只是小声地说几句，不再影响课堂纪律。

　　其实教了那么多天，我并没真的想体罚他们，但课堂纪律一直都是最让我们头疼的事，我们一开始都是严厉地训斥，但这不是我们所愿意看到的。所以后来跟尚海伦学姐商讨后，我们改变了策略，觉得还是确立奖罚制度好，对于凡是不遵守课堂纪律的，我们都采取扣分模式，分数最低者得不到奖品，并且还要受批评，并且给表现好的前六名给予奖励。这个制度我们一直认真严格地执行，一直持续到我们要走的那天，很多同学也因此进步了许多，开始有要遵守纪律、规则的意识了。对于学生们能有所进步，我是很欣慰的，但我更希望在没有奖励的情况下他们能做得更好。同时我觉得我们在教学时除了看重学生对知识的把握外，应该也要关注他们在其他方面的成长，比如一个良好习惯的养成。副课也是必不可少的，像体育、美术、音乐等这些孩子们比较喜欢的科目，应该注重培养他们的兴趣爱好，做到劳逸结合。

在最后的那几天，我没有再教新的内容，而是将之前所授的内容用通俗易懂的方式全部复习一遍，然后出题检测，查补缺漏。在查补缺漏中，像图形的认识、加减法混合运算、找规律、100以上数的认识、乘法口诀的背诵等这些内容他们都掌握得很不错，但对于人民币的认识这一模块却有很多人没掌握好。我一直以为对于人民币他们应该是很熟悉敏感的，但后来我发现我高估了他们。比如我一直在问的一个问题：2元可以换多少张5角？答案五花八门，只有个别学生说是4张。后来我想可能是我问得太术语化了，于是我又换了一种通俗易懂的方式问他们两块钱可以换多少张五毛呢？我满怀期待地以为这下他们该听懂会做了，但得到的还是一样让人无奈的答案。虽然很生气很无奈，但我想可能是我自身的原因，对学生的定位还不够准。为此我甚至跑去小卖部换了好几张5角，让他们数数多少张5角加起来刚好等于2元。终于功夫不负有心人，当我拿赤裸裸的钱给他们瞧时，问他们是否会了时，听到他们都说懂了，我才放心在此问题上又延伸扩展了一下。我想，既然担负起了这个支教责任，就该尽心尽力地把它做好。在期末的考试中，他们也都考得很不错。后面的那些天，我也没有再那么严肃地对学生，一来是因为他们确实乖了许多，自己不忍心再责备。二来我不想在最后要走的时候还给他们留下一个严肃的印象，我想和他们愉快相处度过仅剩的几天。三来，自己也确实感觉有些力不从心了，感觉自己的激情与热情快消耗殆尽了。但也并不代表自己就放任他们，还是会强打起精神把自己该做的做完，陪他们走完接下来的路。

回顾这些天的支教生活，自己有收获，有感动，有反思。觉得自己无论是身体上还是心理上，经过这二十来天的磨炼，自己变得比以往自信和强大了许多，不再像以前那么胆小、脆弱和容易因气候的改变而生病了；也觉得自己开始愿意主动私底下和人交流，尤其是跟小孩子。其实我是急性子之人，没多大的耐心。但跟小孩子相处久后慢慢地学会了忍耐和克制，虽然偶尔还是会假装一脸严肃地发脾气。二十天的支教，也让我学会了坚持。其实一开始挺担心自己会坚持不到最后一天，因为以前只是去支教半天我都觉得好漫长好艰辛，可是这二十天的支教我硬是咬着牙坚持了下来。而这二十天的支教，自己也从各位老师身上学习了不少教学经验，掌握了一些教学方法和技巧。我想，我所学到的这些知识会慢慢地被运用于实践中。很感谢我所遇到的良师益友，他们让我在成长的道路上能更好地前行了。

点点滴滴 筑梦科巴

海南师范大学 黄黎敏

7月9日

出发前一晚的我，在床上翻来覆去，久久不能入眠。想到第二天就能见到如诗如画的风景，就能见到与我并肩作战的小伙伴们，就能见到天真无邪拥有最纯净笑容的孩子们，觉得自己很幸福，忍不住在被窝里笑出了声。时间啊，希望你过得快一点，再快一点。

当听到乘务员"我们的飞机正在下降，请各位乘客检查安全带是否系紧……"的通知时，我打开了遮阳板，俯瞰着眼前的一切。只是一瞬，便被这从未见过的景致深深吸引。那沟壑纵横、没有过多植被覆盖的山丘，因风化形成的地貌成为这里一道靓丽且独特的风景线。见惯了家乡"小江南"的山清水秀，适应了海南的海风椰林，当见到大西北这片旷野的辽阔，怎能不为之着迷呢？

盼星星盼月亮，终于和大部队会合了。也成功和田老师、阿卡师傅"会师"，午饭过后就开始赶路。沿途风光无限美好，心情也愉悦万分。

"一山有四季，十里不同天"，说得一点也不假。刚刚还是阳光明媚，再转到山的那边马上又是另一番景象，倾盆大雨，气温骤降。这让我感受到了大自然的神奇魔力，也感受到了人类在大自然面前的虚无与渺小。这不禁让我想到庄子的《逍遥游》：寄蜉蝣于天地，渺沧海之一粟。所以我们还是要学会尊重自然、热爱自然、与自然为友，只有这样才能奏响人与自然的和谐乐章。

经过四个多小时的颠簸，我们终于到了科巴村。热情好客的村民为我们献上了倾注着他们满满祝福的哈达，虽然没有过多的交流，但我已经从他们看我们的眼神中感受到了那份真诚——对我们一行人到来的欢迎和尊重。眼睛是纯洁心灵的镜子，它流露出的东西是不会骗人的。我被他们感动了，又一次坚定了不辜负的决心。

其实这里的条件远没有我们想象的那么艰苦，因为来之前做好了最坏的打算，所以面前的一切对我来说都是他们的用心良苦，是他们馈赠的礼物：热乎乎的饭菜、新鲜的蔬菜、暖和的被褥……他们提供给了我们一切他们所能提供的东西，真的很感谢也很感动。我们被这样照顾着，还有什么理由不全心全意为这里的孩子们服务呢？我们应该坚守一条：只要他们要，只要我们有，尽心尽力，毫无保留。

最让我感动的，是阿卡师傅的爸爸——一个在村里有威望的老爷爷。田老师每次来，老爷爷都要跟他约定，希望他能带着小老师们坚持支教十年。田老师说，老爷爷说自己已经快八十了，或许看不到支教十年，所以他恳请田教师一定要坚持。是怎样的心境让一个年过七旬的老人一遍又一遍地重复着同样的期盼呢？田老师说，老人家经历得太多，看着时代的不断发展与变化，深知教育对于孩子们和整个村子的重要性。是啊，没有教育，没有知识，大山里的孩子们就永远出不去，这个村子也就只能落寞，无法发展。我们承担着教育孩子们的责任，也承载着村民们对我们的期望，而正好，我们心中志愿的热血滚烫。

支教十年，十年期许。我愿意发光发热，在这里奉献属于我的一份力量。

7月10日

今天有幸参加了村民们的聚会，是那种在帐篷里载歌载舞的茶话会。之所以说有幸，是因为多杰大哥说这个聚会每年的时间不固定，是根据村里人共同的空余时间定的，一共六天。刚走近帐篷，就看见一群穿着华丽的藏族服饰的小姐姐们手捧哈达载歌载舞。一进帐篷，她们就热情地招呼我们入座，还给我们拿各种好吃的食物。她们给我们献唱，用歌声表达对我们的欢迎。小姐姐们的歌声婉转悠扬，看着她们沉浸在自己的小世界里，仿佛在诉说属于她们自己的美好故事，我也不禁沉醉。田老师说其实不太想带我们来，怕因为不了解人家的风土人情，犯了忌讳。但是面对多杰大哥的再三邀请，实在是盛情难却。因为下午还有别的安排，所以我们就早早离开了。但是他们的聚会仍在继续，欢声笑语还在旷野上回荡。我想，能这样近距离走进他们的生活，感悟这里的风土人情，对未来与他们更融洽地相处和调研任务的顺利开展应该都会有一定的帮助。感恩！

7月11日

新疆大学的学弟说，田老师对我们特别好，因为平时在学校对他们说话时田老师总是板着脸。我心里美滋滋的，毕竟我们马克思主义学院的学生是乖巧的。

今天是第一天正式上课，号称"孩子王"的我担任了学前班班主任一职。对于带孩子，我总是自称有很多的经验和新奇点子，但是我们一代代领导人说的没错：将理论与实践相结合，一切从实际出发。毕竟是小孩子，不吃我这套也正常，所以我必须得另谋他法。值得庆幸的是，我成功地引起了他们的注意，他们还算喜欢我，比较听话。我们一般是认一会儿数字、汉字，念一会儿顺口溜，再玩儿一会儿游戏。田老师来听了课，也进行了点拨。"学前班的孩子，更需要的是给他们立规矩，让他们在快乐的玩耍中培养良好的习惯。"的确如此，学前班的小孩子对知识的掌握能力肯定是非常欠缺的，但是习惯不一样，良好的习惯是要从小培养的，就像习大大说的，"要从娃娃抓起"。孩子们是祖国的未来，是社会主义的建设者和接班人，所以我们要特别关注他们的成长。我们志愿者历经千辛万苦来到这里，不是想让他们在短短的二十天内掌握多少知识，而是想帮他们养成良好的学习习惯。让他们在我们的带动下能够热爱学习，在我们走后能够一直坚持学习，这便是我们来到这里的初衷。

好习惯的养成很难，不过一旦养成就能终身受益。我们肩负的责任重大，只有不忘初心，才能方得始终。所以加油吧，少年们。

7月12日

这是带小孩子们的第二天，虽然嗓子已经冒烟，但是我担任幼儿园园长的热情丝毫不减。孩子终究是孩子，他们上课时还是渴望被老师表扬，下课时还是需要陪伴玩耍。他们中间有些孩子的眼神里闪烁着渴望知识和信任的纯洁目光，我能看得到。小一点的孩子虽然不识字，但能跟着一起念，这也让我觉得很欣慰。对我来说，他们愿意开口本身就是一种肯定，并且我也认为跟读对他们的普通话学习会有一定的帮助。今天还被爷爷感谢和表扬了，说我教得好，很开心，但我明白自己仍有很多不足，需要去改进。之后田老师又给我提了一些教学上的意见和建议，令我受益匪浅。

态度决定一切，细节决定成败。我一定会秉持着我作为一名志愿者教师的端正态度来教好孩子们，我一定会从细节上来严格要求自己和把控好孩子们的行为，以身作则，给他们做好榜样，改掉他们的坏毛病，帮助他们养成良好的生活和学习习惯。

晚上我们开了联欢会，会上我们一齐放飞自我，欢笑不断；会后田老师分享了自己的教学经验，语重心长。他告诉我们，教学好坏的关键在于老师，所以一旦有问题就一定要自我反省，找自身的原因。要仔细反思到底是教学方法有问题，还是教学定位不准确。作为一个志愿者老师，要认清自己，要知道自己肩负什么责任。我们不是作为一名学校教师来给孩子们上课，而是要查漏补缺，所以要紧扣考点和重难点，让同学们对知识是真正掌握而不是口头上的"懂了""明白了"。

同时，我们也迎来了 2017 年夏季凯博爱心社《开讲了》的第一讲。主讲人田老师给我们上了生动的第一课——《现代科学技术和哲学的关系》。虽然这些知识对我们文科生来说很陌生也很遥远，但道理我们还是能听明白的，并且对于未知的世界也十分感兴趣。

"存在即合理"，世间万物都有它存在的合理性，都有规律可循。佛教主张上善若水，就是告诉我们要像水一样去适应变化，去遵循规律，也只有这样才能达到"至善"的境界。

《开讲了》第一课，是我们 2017 年暑假科巴支教的良好开端。良好的开端是成功的一半，我坚信未来会越来越好。

7 月 13 日

田老师针对我们教学中存在的问题进行了点评，提出了两个不到位、两个定位不准和三个第一。两个不到位——教学分段不到位和教学方法不到位；两个定位不准——对学生定位不准和自身定位不准；三个第一——教学质量要第一，教学秩序要第一，教学方法第一。点评后田老师对我进行了专门指导。老师说的对，学前班的基础为零甚至为负，所以一定要掌握对方法，不要一次给他们讲太多，不求数量只求质量。要及时温习巩固所学知识，将一个知识点吃透后才能再讲新的，确保能学的孩子真正掌握知识。学前班最考验老师的能力，所以一定要抓住孩子们的注意力，在有效的注意时间内尽可能让他们掌握教的内容。

"循序渐进，步步为营，稳扎稳打"，这十二个字掷地有声，这也将成为我以后在学前班教学的宗旨。

7 月 14 日

今天吃饭的时候，听田老师讲了一个真实的故事，一个他亲眼见到的 20 世纪八九十年代的故事。在他当新疆大学物理系辅导员的时候，适逢刚开学，他在门口接新生。迎面走来一对母子，令他印象深刻。风尘仆仆的两人，高挑健壮的儿子拿着一个手提包，而略显佝偻的母亲却扛着被褥等较重的行李，步履也因此愈发地蹒跚。孩子对此不以为然认为一切都理所应当，母亲也觉得这是对孩子爱的体现。田老师说他当时看到这一幕心里很悲愤，我们听了也很愤慨。虽然现在的我们也没有独立，但至少不会像这样"作践"自己的母亲。诚然，自私自利和溺爱无论在哪个时代都是通病，但受过教育的我们，怎么能以父爱、母爱之名来绑架父母，即使很多父母是心甘情愿。我们已经成年，年少的不懂事可以理解和原谅，但是装不懂事一而再再而三地如此就一定不能纵容。

我们要学会感恩。"树欲静而风不止，子欲养而亲不在"，所以我们要及时感恩，时刻感恩。父母从来不曾亏欠我们，是他们给了我们生命，让我们有睁眼看大千世界的机会。我们生在世，是父母的负累，因此赡养父母是我们义不容辞的责任。

父爱如山，担起整个家，让我们有安全感；母爱如海，温柔情意真，让我们时刻被爱包裹。

感动常在，感恩一生。

7月15日

这些天，我一直在不断地思考着同一个问题，这里的孩子们到底为什么在大热的夏天，不选择待在凉快的家里，舒舒服服地坐着、躺着，吃着水果喝着奶茶，而是选择在并不宽敞明亮的讲经堂里，蹲在甚至是趴在地上，相信我们与我们待在一起呢？

对于我所教的学前班的小朋友，我心里很明白，他们有些是被迫来到这里的。毕竟第一天开课，看着那些家长把他们拖着拽着拉到我面前时，他们哭着、叫喊着。很多孩子真的小得可怜，那个年龄的他们其实不适合来到学校。

但也不全是这样，那些有自己较为独立思维的相对高年级的孩子就显得成熟了很多。据了解，还会有县城里的孩子专门跑回老家就为了抓住这来之不易的补课机会。我想，如果说小一点的孩子不懂事，那么当他们慢慢长大，逐渐懂得了学习的重要性和必要性，知道了父母赚钱的辛苦与不易，那么对现实的无奈和对未来前景的渴望就将转化为他们拼搏进取的不竭动力。他们会深知，只有学习才能帮他们汲取更多的知识，只有学习才能帮他们走出大山，只有学习才能帮他们寻求更好的教育机会，只有学习才能帮他们最终拥有更美好的未来……所以他们才会如此努力。

　　因此，我也要在有限的时间里挥洒志愿的汗水，将它转换为知识、温暖和爱，来浇灌这些大山里淳朴可爱、天真烂漫的孩子们。

7 月 16 日

　　今天，刘维军同学在他们班同学的违纪事件中深受启发，提出了"班主任责任制"的设想，在我们大家的民主投票中顺利通过。之所以会有班主任责任制一说，是因为新疆大学的小伙伴一来，我们重新排了任课表，基本上保证了每个年级至少有一个新疆大学和一个海南师范大学的老师。所以需要一个老师来充当班主任这一角色，作为班里各种事务的主要负责人。因为海南师范大学的同学比新疆大学的同学先到一周，对孩子们更熟悉更了解一些，所以主要都是海南师范大学的同学担任班主任。

　　"班主任"三个字，不只是一个称号，它还意味着我们肩负了更重大的责任。我们不再只是任课老师，我们不能仅仅把眼光停留在自己的课堂，我们需要时刻关注孩子们的动向，我们需要花更多的心思去更深入地了解孩子们；我们需要在出现各种问题、发生各种突发事件后敢于担当，及时解决问题。

　　我们可能不再有那么多的休息时间，因为要继续待在教室，守着他们；我们可能会很累很疲惫，因为孩子很多也很调皮，总是有太多太多的心怎么也操不完；我们可能会被孩子们埋怨，因为我们恨铁不成钢，对他们要求很高，太希望他们能听话、能好好学习。

　　我知道这一切的一切都很难，毕竟我们也没有什么经验。但是我们决不畏惧，因为这是我们的选择，心之所向所以心甘情愿、无怨无悔。

7 月 17 日

　　因为这次我们一行人跋山涉水奔赴青海，不仅仅要支教，还要调研。而我们并没有什么调研经验，十分茫然。因此，王院长针对"如何进行调研"这一问题给我们开了专题讲座。

　　王院长告诉我们，调研其实并不难，要从日常生活入手，去观察去感悟。在这一过程中，积累能力和提高思政修养能力。

　　发现问题，分析问题，最后解决问题。但是前提尤为重要，就是要有一双发现问题的眼睛。在发现问题后，要学会用心比较、细心观察，只有这样才能弄清楚状况，厘清关系后还要积累大量素材，有前人的理论基础、文献综述，还要有自己实地的考察与访谈记录。最后在前面的铺垫下，分析提炼，得出结论谈自己的看法和体会。

支教教师的身份，决定着我们主要是与学生和家长接触，所以我们可以针对出发前个人选择的课题，在与学生和家长的交谈过程中，获取相关的有用信息并进行有效记录。

这个简便的调研方法对于初出茅庐的我们来说的确十分适用。很容易理解，便于上手。"适合的才是最好的"，这话说得一点没错。相信找对了方法，之后的工作就会轻松明朗很多。

7月18日

吃完晚饭，我们又开始了每日一会。听王院长说起了今天去听游贤梅学姐的课，学姐因为紧张讲错了题的事。人无完人啊，犯错误总是在所难免的，所以三位老师并没有批评学姐，而是安慰她鼓励她，希望她日后好好准备，吸取经验教训。但我却发现，学姐很自责，我感觉她给自己的压力太大。

了解到了整件事情之后，对于学姐解决问题的方式和态度，我很赞同，更心生敬意，也因此，心里默默把她当成了我教学上的榜样。

犯错误的人很多，敢于直面错误的人却很少，而能够勇于指出错误并改正错误的人更是寥寥无几。而学姐，就是这寥寥无几中的一个。人们都说，"90后"的孩子心高气傲，只听得进赞美，容不得半点批评。虽然学姐也进行了自我拉扯，内心在一番挣扎后才做出了要当着学生们的面及时承认错误并改正错误的决定。但是这真的已经非常难能可贵了，因为她心里有学为人师的准则和原则，以之为量尺，丈量着自己的教学行为。我认为，她是一个有原则且自律的人。

"自省"，说着容易做着太难。很多人都只会批评，而不会也不愿自我批评。学姐却在这次的教学风波后长时间处于内疚自责中，并进行了自我检讨和深刻反省。其实我觉得学姐的话真的说得很重，但是我也明显从中看出了那种对孩子们诚挚的歉意与发自内心的愧疚，而这些，都源自学姐强烈的责任感，作为教师对自己的高标准严要求。言玉梅老师上课时曾给我们讲过，很多老师对于自己的错误都会尽力遮掩，并且不以为然，不认为这会对孩子们造成什么影响。而学姐对这一切却想得很明白。她说，"教师是学生的榜样，只有自己治学严谨，学生也才能养成认真的学习习惯"。

感谢游学姐，给我上了一节生动的师德课。

7月19日

今天下午因为受邀，去了村里一家为去世的爷爷举行葬礼的人家吃饭。葬礼对于我来说其实很陌生，记事以来的确还没有去过举办葬礼的地方。藏族的习俗跟汉族还是有差别的，全村的人都要去，上至耄耋之年的老人，下至牙牙学语的小孩。

和平日里我们的餐饭差不多。村民不停地给我们添饭添茶，生怕我们吃不饱。院子里还有一群老奶奶在转伞，他们说那是祈福伞，是为了祝愿去世的老人在另一个世界能一切安好，也祝愿家里的人都能吉祥安康。

这里的习俗我们不懂，但是我知道入乡随俗这个道理。对于别的民族的风俗习惯，我们应该去尊重去理解去包容。

7月20日

今天的例会内容很深刻，对我的触动也很大。就老师们提出的那些值得作为志愿教师的我们好好反思的问题，我想谈谈我的看法。

(1) 作为志愿者的我们要改变也不要改变大山里的孩子们。要改变的，是他们的学习态度，"态度决定成败"，端正的态度才能助力成长；是他们的学习习惯，好的习惯虽难养成，却可以受益终身；是他们的陈旧观念，要让他们长见识拓眼界，有走出大山的动力；是他们的自卑心理，让他们知道通过努力学习也能和城里的孩子一样，有更好的生活……而我们不要改变的，是他们单纯朴实的性格，是他们澄澈的眼神，是他们天真无邪的笑容……

(2) 美丽的大山，成为孩子们迈向城市、走向美好未来的障碍，所以我们要肩负起作为支教教师的责任，成为照亮他们通往美好未来路上的灯塔；成为铺垫他们美好未来路上的垫脚石；成为连接他们与美好未来的桥梁和纽带。为学生们负责，为家长们负责，为所教的知识负责。无愧于自己的教学，无愧于学院对我们的期望，无愧于孩子们想要走出大山的愿望……不忘初心，继续前行。毕竟我们承载着太多太多的期盼。

(3) 作为志愿者的我们，刚开始激情满满，但是请老师们不要担心。不要怕我们会像蜡烛，终有燃尽之时；不要怕我们会像园丁，灌溉的水总会穷尽；不要怕我们会像灵魂工程师，好高骛远不脚踏实地。我们是太阳，光芒万丈后仍会化作柔和的光，时刻伴他们左右。

（4）支教，不是给予，不是施舍，而是收获。我们教学相长，彼此都进步着，成长着。都在为共同的目标做着最大的努力。

7月21日

我们因志而愿，为同一个愿望天南地北地走到了一起。我们是个有组织、有纪律的集体，但同样我们也是个有爱有温暖的大家庭。志愿者和志愿组织是什么样的关系呢？志愿组织中成员之间的关系又是怎样的呢？

个人与集体的关系。就像一根手指和一个拳头的关系，也像一根筷子和一把筷子的关系。个人的成长与进步依靠整个集体的向心力，集体的发展也需要个人力量的迸发。所以个人离不开集体，集体也离不开个人。那集体中的每一分子，都有责任和义务为集体的发展做出最大的努力和贡献，我们只有心往一处想，劲往一处使，形成合力，才能让集体更好更快地发展，一切都是相互的，个人也能从中收获很多作为个体无法得到的东西。

而在一个有良好氛围的集体中，各成员也能更好更快地进步。大家相互交流、相互合作、相互帮助、相互启发。

何其所幸，能在20岁的美好年华里，无愧于自己，无愧于青春，过了个有意义的暑假，也感谢能够遇见一群最可爱的你们。

科巴村的教学及反思

海南师范大学   刘维军

我时刻对自己说："既然选择了教师这个职业，我就一定要把它干好，我要把它当作我的事业和生命而不是职业。"现在，我作为一名支教教师来到青海省化隆县科巴村为孩子们上课，我想我一定要不负此行，在自身得到成长的同时要把更多的爱给可爱的孩子们。

由于新疆大学的同学 7 月 15 日才到，所以在这之前由我们海南师范大学的教师给孩子们上课。我的第一次课是在 7 月 11 日。我给初中上课，由于初中只有我和曾鹏辉两个教师，所以每天都很累。每天早上八点半开始上课，十二点放学，下午三点上课，七点放学。这期间我和鹏辉轮流着上，本来准备我教语文，他教英语，但是怕同学们太烦了，所以我们得变着花样给他们上课。这样一来我们就把语文、数学、英语、历史、地理这些课都给他们上了，而且有时候我们会讲小故事让他们娱乐一下，以免他们厌恶学习。我上课喜欢用讲故事的方式来激发他们的兴趣，同时用这个方法使他们注意力集中，所以我上课会用更多浅显易懂的话来帮助他们理解。比如说《桃花源记》这篇文章，用讲故事的方式给同学们讲述了陶渊明的理想社会，既让同学们理解陶渊明为何写这篇文章，又让他们了解了文章中的知识点。而且，我喜欢用身边的事物作为例子来辅助教学，把知识点和身边的事物相联系可以让理论化的知识变得具体。比如，我会用科巴村的山水、花草来给他们造比喻句、拟人句等。我觉得语文就在我们身边，只不过我们没有能力去发现它，没有用心去观察它。经过这些天的学习，我自己的教学能力也有显著提升，至少解决了自己遇事紧张的问题。

通过几天的交流，我们发现这里的孩子基础很差，学习态度不够端正，还有就是他们的家境很不错。我来科巴之前应老师要求给初中三个年级分别准备了摸底试卷，题很简单，而且数量也比较少。但是三个年级考试成绩都不是很理想，特别是初一。后来我总结这次考试的时候发现，初一的同学除了基础差之外，他们根本没把考试当回事。有一次我问一名初一的女生为什么不写作文，她给我的回答竟然是她不想写，因为她觉得这不是正式考试。我又问了初一其他同学，理由竟然都是这样，所以我重点给他做思想工作，让他们明白人生的任何一次无论大小的考试都是重要的。对于初中三个年级，我最欣赏的是初二的四位女生，她们虽然基础较差，但是她们知道学习，态度是比较好的。她们的名字分别叫拉毛才让、拉毛卓玛、完么吉还有李毛才让，她们比个别初三的同学基础都要好，而且她们对待学习的态度也很好。因为她们明年夏季就要中考了，所以我很关注她们，会时常问一下她们的学习情况。有一天下午我给她们讲卷子，讲得比较细。其他班下课后我问她们是否需要下课，她们说不需要，所以我就一直讲着。就这样，中途我问了好几次，她们都异口同声地说："不累，继续讲吧。"我虽然很渴，但是看见她们认真的表情，我深深地感受到她们对知识的渴望，所以我一直讲着，直到把卷子讲完。讲完后她们和我在一起聊天，给我唱藏语歌，我很感动，我也把刚学的几首歌唱给她们听，这是我第一次在这么多人面前毫无顾虑地唱歌。我从她们的身上感受到了学生对知识的渴望和她们对教师的感激，所以我也将不遗余力地指导她们学习。初三年级有十多个人。为什么不是准确数字呢？因为初三年级有几个偶尔会来，但是过几天就不来了，过几天又来一个或两个新面孔。初三年级基础相比其他年级还算不错，但不知道是什么原因，他们学习积极性不高，我想可能是中考刚结束想轻松一下吧。

我一直认为基础差没有关系，学习态度差、不想学习才是求学路上的大敌，所以如何改变他们冥顽不化的不学习的态度才是我们作为志愿者教师的首要任务。如果一个孩子从心里不想学习，那么我们是无法让这个孩子走上好学的道路的。其次，这些孩子的家境都还不错。为什么这样说呢？这些孩子的衣着大多是名牌，比如阿迪达斯、乔丹、耐克等，特别是男孩；再者就是他们用的一些通信工具大都是OPPO、苹果等，虽然科巴村通信不是很好。科巴孩子们的娱乐方式主要集中在篮球上面，他们对篮球可以说是达到痴迷的程度。有一次我到小学那里去看他们的教学情况，发现门口有一群小孩子，他们男男女女围在一起。我上去看了看，发现他们竟然围在一起拿着手机看球赛。我们住的地方外面有个小小的篮球场，每天下午都会有许多小孩来这里打篮球，大多数是小学和初中的。为什么我会提到他们的家境呢？因为他们的家境与自身的学习能力和学习态度相比反差太大了。按常理说有钱人家的孩子都应该是有良好的家庭教育的，而且孩子的理想应该是存在的。但是他们很奇怪，我问过初一孩子的理想，除了两个女生说她们想当老师和医生外，其他人都不知道自己想干什么。科巴男孩子的梦想大多是打球，但是他们如果没有良好的教育，就算有再好的球技也是走不出去的。所以这里需要的不是物质扶贫，而是教育扶贫，是精神扶贫和观念扶贫，只有让孩子们的观念由不想读书变为乐于读书，才能彻底改变他们人生的轨迹。

首先，家庭是孩子的第一所学校，学生的许多习惯都是在家里养成的。父母是孩子的第一任老师，俗话说有其父必有其子，这句话不是谬论，父母对孩子一生的发展的确是有非常重要的影响。众所周知的《傅雷家书》就是例子，傅雷通过多种方式，让每个孩子都走上了一条值得走的路。我很喜欢里面的一句话，就是"一个人唯有敢于正视现实，正视错误，用理智分析，彻底感悟，才不至于被回忆侵蚀"。这句话是傅雷1954年写给儿子傅聪的，他给儿子强调了回忆对人一生的重要意义，让儿子正视过去的成功与失败。我想我们的家长虽然没有像傅雷一样的功绩和能力，但家长始终是孩子的榜样，家长不正确引导孩子又要谁来引导呢？我经常跟孩子们说："当我们在努力地走向罗马的时候，有些孩子已经在罗马了。"人与人之间是有差距的，我们的家庭为什么不推孩子一把，让孩子尽快步入学习的正轨呢？

其次，学校的教育对孩子的成长、成才起到很重要的作用，百年大计，教育为本。科巴村甚至是化隆县的教育还是比较落后的，一次初一的同学让我给他们讲历史，我问他们上到哪里了，他们的回答让我有点惊讶。他们说没有人教他们历史。我从初中就很喜欢学习文史知识，所以到高中后我毫不犹豫地选择了文科。我不敢想象如果以前我在这里读书，现在还会不会有站在这里给他们讲课的我，或许我会一事无成。我们的教育应该是全面的，应该善于发现并发展孩子们的长处。对于教育者而言，我们应该让学生明白是为谁而学习，而不应该使学生误以为是为家长而学习，为老师而学习。所以不管是家庭、学校还是我们这些支教教师都不能让学生有一种惰性，应该让学生清晰地认识到是为自己而学习，是为了自己的将来而学习。而我们有的老师靠给孩子礼物来哄着他们听话，一旦少了礼物或者遇到不给礼物的老师，他们就会不听话，因此孩子们认为不听话就会给礼物或者孩子们直接认为他们是为老师而学。这是非常危险的，因此引导孩子们树立正确的价值观非常之重要。要是没有树立正确的价值观，那么培养的学生会是怎样的呢？结果我无法想象。

通过在这里十来天的学习、生活与教学，我收获了很多，也发现了很多。首先我觉得这里的教育观念真的应该改进一下，要是一直这样，我不知道到何年何月才能让这个地区的教育达到一个现代化的水平。教育扶贫是精准扶贫的重要内容，个别地区该如何利用好这个政策，对于本地区的文化发展来说至关重要。对于教育比较落后的地区，还是应该各方共同发力，以正确的方式来引导孩子们认识到学习的作用和教育的意义。教育扶贫是彻底脱贫的重要推动力，而且习近平总书记说过，扶贫必先扶智。在一个地区发展的过程中，我们应该看到教育对发展的重要意义，让孩子们接受良好的教育，是扶贫发展和开发的重要任务。只有让孩子从小认识到知识的重要性，认识到知识对自身未来发展的作用，才能从根本上阻断教育落后的现象。与物质生活比较短缺而且文化教育水平比较落后的地方相比，物质生活相对富足但是文化教育水平比较落后的地方是更难提升教育水平的。因为物质条件比较富裕，孩子从小就不缺吃穿，加上教育自身比较薄弱，所以孩子们从小就在脑子里种下了文化知识不一定能改变人的思想。他们认为自己不读书或者少读书并不影响他们过安逸的生活，因此我觉得如何改变他们的这种思想和风气，将是我国教育工作者的一个重要突破方向。"授之以鱼，不如授之以渔"，在教育扶贫的过程中，应该更加重视观念扶贫和思想扶贫。只有精神和物质共同发展，科技和文化一起进步，才能让我们的社会发展得更加和谐。

教学实践中的磨砺与成长

海南师范大学　刘维军

支教生活已经过去十几天了，我也完全适应了这里的生活，早上起得比以前早了。至于教学方面，我想说在学习中得到了成长，在教学过程中发现了精彩。

自从新疆大学的小伙伴来了之后，我就由每天八节课变为每天两节课了，还是教语文，因此有了比较多的空闲时间。在这些空闲时间里，除了看书写教案外，剩下的时间我会去其他班级学习其他任课教师的教学方法和技巧，在这个过程中我获得了许多，也成长了许多。另外，我有幸成为初二和初三年级的班主任，所以我也在努力地学习班主任艺术，学着如何才能更加全面地服务学生。

在上课之余，我每天都会抽出时间去小学上课的地方学习教学经验。小学上课地点在下科巴村讲经堂，那里都是小学生，在管理方面比较困难，而且学生的基础普遍较差，所以教学方面的难度也是比较大的。但是在困难越大的地方，往往得到的锻炼也越多，硬骨头都啃下来了，还怕软的吗？小学教学一方面在学生的管理方面比较困难。小学生年龄比较小，自控能力较差，而且自主学习的意识比较薄弱，所以对于管理者而言，让孩子遵守纪律成为一个首要的任务。另一方面，我们还要在维护秩序的同时教给他们知识，不能只是做一名"安保人员"，而这也给支教教师提出了更高的要求。我们要学会用多种方式教给孩子们知识，而不能干巴巴地给孩子们灌输知识。让孩子们主动接受知识，让孩子们乐在其中，让孩子们快乐地学习成长，是我们所有支教教师的心愿和目标。小学一年级语文教师尚海伦学姐的教学方式受到广泛好评，她来自广东，从事过幼儿教育，对小孩子的教学是比较熟悉的。除了正常的上课规范外，她会有一句让孩子们很快进入安静状态的话。当她看到孩子们不在状态时，她会说："小手放腿上。"孩子们会在迅速把手放腿上的同时异口同声地说："我就放腿上。"孩子们有较强的好胜心，他们会比谁的手先放好，所以这个方法对于一年级的小朋友来说还是比较管用的。另外，她上课比较有趣，能以幽默的话语吸引学生，而且恰到好处。因此尚海伦学姐的课成为我们支教教师的示范课，从她的身上我们可以学到很多上课的技巧，如上课时恰当的语言、丰富的表情、恰到好处的手语姿态等。当然，对于特定的一种规范，学生总会有适应的时候。如尚海伦学姐的那句话，当"我就放腿上"这句话成为一个下意识的语言的时候，孩子们虽然嘴里喊着"我就放腿上"，但是他们的手依然在干着自己的各种事情。所以教学内容和方式需要创新，当教师感到孩子们不在状态时，应该找一个新的方式让他们重新进入状态。正如田永清老师说的，我们讲课时要"眼观六路，耳听八方"。我们不能抹杀任何一个同学的积极性，也不能忽视任何一个同学的需求。我也有幸给小学四年级上过两节课，虽然只有两节课，但是我感受到一定的压力。因为上课时需要有持续不断的高潮和精彩片段，稍不注意，孩子们的思绪就会跑到其他让他们感兴趣的事情上，让他们再回到课堂上就比较困难了。所以这两节课对我来说也很有启迪意义，看别人上课和自己亲自站在讲台上是两种截然不同的感觉。俗话说，"台上一分钟，台下十年功"。我们想要拥有一身令人叹服的讲课能力，就必须经过不断地学习、反思、创新和总结。

初中的学生比小学要自觉一点，至少他们已经认识到了学习的重要性。所以我们的主要任务并不在于维护秩序和陪他们玩耍，而是应该让他们学习到更多的知识。对于教师来说，应该有一个系统的教学方法，也就是有一个适合科巴村孩子的教学方案。对于这个阶段来说，我们首先要认清学生们的情况。看看他们到底处于哪个阶段，基础是差还是好，要因材施教。如果我们错误地评断了学生的情况，就会出现学生听不懂或觉得太无聊的情况。作为支教教师，讲的内容要符合学生，我们是为学生服务，不能出现不对口的情况。对他们进行摸底考试就是出于这个目的。我们需要根据学生自身的情况，制定合乎情理的教学计划。由于缺少黑板，我们一开始就把初二和初三的同学放在一个班教学，所以这个班的教学是很不容易的。因为他们相差一个年级，教的内容对初三年级来说是复习，但是对于初二年级来说又是很陌生的，所以这对教学内容难易的把握提出了很大的挑战。语文这个学科对基础有很大的要求，所以在这方面表现得不是特别突出，但是也应该把两个年级都照顾到。一般来说我会把初二和初三的课程轮着上，比如今天讲初二的课文，明天或许会讲一篇初三的课文，兼顾复习和预习。而且我会把初二没学过的课程讲仔细点，让初二的同学多认识和熟悉一下自己将要学习的课程。科巴村的孩子基础普遍比较差，而且青海省的汉语考试也比较重基础，因此我在制定计划的时候注重对基础的强化，就算是进度慢一点也没关系，因为地基不好，建的房子也不会长久。不管是什么学科，没有良好的基础，想要更好的发展一般是不太可能的。

"千里之行，始于足下"，第一步都没走好，以后的路也不会一帆风顺，所以必须让同学们知道基础的重要性。对于这个问题，我是深有感触的。我在初中就出现了严重的偏科，非常不喜欢学习英语，理由就是我身为中国人干吗学别国语言，于是后来一直是英语拖我的后腿。到了高中以后我才渐渐明白过来，文化是没有错的，是我自己的胸怀太窄了。我在写教案时会把自己放在学生的位置上，我经常会想，如果我是一名初中生，而且基础较差，我会需要一名怎样的老师。科巴村属于藏族村，汉语普遍较差，字词就成了学习语文的一大障碍。学习语文不仅要会写，还要会读。会写不会读，就会成为哑巴语言。初二、初三年级会在早上八点到八点半早读，这可以让学生的语感得到强化。课后作业也比较重视字词练习，如认真地抄一首古诗词。作业虽少，但是如果学生认真做了，时间一长，他们写的字一定会得到较大改善。当然，说初中教学的重点是强化知识学习，并不是让他们一味地枯燥学习，而是应该找一个他们乐于接受的方式。每一个同学都想听风趣幽默的老师讲课，每一个同学都想听通俗易懂的话语。如何让自己的课充满幽默又不失秩序，如何让自己的课通俗易懂而又知识点全面，成为支教教师面临的重要问题，也对支教教师提出了很大的挑战，对于我这样比较呆板内向的人来说更是一大困难。起初，我苦于自己没有幽默感，也不会讲笑话。后来经过锻炼，也渐渐地会讲一些小笑话了，这是我非常高兴的事。

7月19日我和王老师调研的时候得知上科巴村也有一批支教团队，因此有了7月21日我和游贤梅学姐去上科巴村调研的事情。正好21日田老师要去买菜，所以我和学姐就乘着去乡里买菜的车去了上科巴村，好不容易才找到补习地点。在王老师的引导下，我和学姐开始了调研和学习。获取经验教训和做事方法的方式有很多，有直接获得的方法，如通过自身实践来获取；还有间接获得的方法，如通过读书或学习别人的经验教训获得。但是，不管是何种方式，我们都要认清自己的优点与不足，从而取长补短、取其精华、弃其糟粕。和上科巴的志愿者见面后，我发现了一个问题：他们没有一个严格的组织，完全是自主组织教学。而且志愿者的层次差距比较大，有正要上高一的，也有正要上大学的，也有在读大学生。

对于学生的管理，我认为它是一门非常深的学问，让学生听你一时的话比较容易，但是让学生一直听你的话就很困难了。我一直认为我的管理能力是很差的，不仅是因为我内向的性格，也因为我从来没有从事过管理类职务，如班长等。但是这些天的锻炼让我受益匪浅，我学到了很多和同学们打交道的方法。首先，也是最重要的，就是我们要正确地认识自己。时刻都记得自己是一名志愿者，同时也是一名学生，我们同他们一样也是来学习的。只有这样，我们才能以正确的心态去认识他们，以正确的方式去接触他们。再者，我们要正确认识学生，正所谓"知己知彼，百战不殆"。只有我们正确恰当地认识他们，才能以恰当的方式与他们相处。这个也是田永清老师常说的两个"定位"，即要对自己有正确的定位，也要对学生有正确的定位。支教教师如何在学生中建立威信也是一个很大的问题，一个能在学生中站稳脚跟的教师肯定是受学生尊敬的，只有学生发自内心地尊敬教师，才有可能听从老师的安排，才能遵守纪律。

教书育人是一个神圣的工作，教师也是一个很高尚的职业，同时，教学也是一门很大的学问。我很庆幸在还没系统地学教学方法之前就先实践了我的教学观念，虽然开始时困难重重，连站在同学面前都有点害羞，但是经过很多天的历练，这种情况基本上不会再出现了。

现在我觉得自己成长最大的地方就是能站在许多人面前落落大方地说话了，以前我认为只要好好学习别人说话的技巧就好了，现在我发现再怎么学习别人的说话技巧，到自己说时还是会不知所措。就像数学题一样，只看不练是永远不会得高分的，只有自己做了，才会知道自己哪一步不会做。十几天过去了，我们的支教活动也即将接近尾声，看着与我们一起成长的孩子，我心里有太多不舍。我时常想，我仅仅是一名志愿者，能带给他们的并不多，但我希望的是能够通过我们每一个人的努力，让他们养成良好的学习习惯，不管是在学校还是家里，都能主动拿起书来看看。

我很荣幸能够加入一个有组织、有纪律的志愿团体，并以此来实现我们共同的目标。同时，我也更希望我们能在共同的努力下做出骄人的成绩，培养出更多有目标、有理想的好同学。

相拥逐梦，梦约科巴

海南师范大学　普　云

随着中国经济与教育的快速发展，学生的综合素质和全面发展显得愈加重要，国家越来越注重对大学生了解国情、深入社会、接受锻炼能力的培养。为深入贯彻习总书记讲话精神，推动"一带一路"倡议的落实，提升"21世纪海上丝绸之路"沿线经济与教育水平，结合自身所学专业，在青海省化隆回族自治县金源藏族乡科巴村和海南省陵水县思源实验初级中学分别设立支教调研服务基地。7月8日，"陆海相依，试飞青琼"一带一路国情考察与教育帮扶暑期社会实践团队之青海支教团开启了一次意义非凡的征程。

七月起航的梦，清真宁静的寺庙，漫天飞扬的黄土，飘扬的经幡……志愿者们满怀热情与憧憬不远万里来到这淳朴自然的科巴村。和最美的风景为伴，和最善良的孩子为伴，远离尘世的喧嚣，接受自然的洗礼，到与世无争的地方去体会为人师表的快乐，去体会教学的本质，让那些孩子走出深山，放眼外面的世界，去开启一段从未体验过的人生，在这短短二十天相处中师生们都获益良多。

每一个真实的现在，都是曾经幻想的未来。课上循循善诱地教书，课下嬉戏打闹成一片，以自身行动赢得了孩子们的爱戴。下午上体育课，学生们会蜂拥到身边；亦不再害羞，会大声唱歌给老师听。坐在青海的阳光下写教案的时候，还有很多调皮的男孩子透过门缝大声叫："老师好！普老师好！"短短几日，所授的知识实在有限，当孩子们可以亲密无间地用小手搂住志愿者的腰扮演"鸡宝宝"的时候，他们内心深处的软弱可以从此少那么一点点，他们对自己的未来可以更加自信一些。同时，那登山至顶的兴奋、山间小花的美丽、午夜星空的璀璨，以及在这片土地、这些日子里产生的太多细小却真实划过心间的美好情感，都将被铭刻在心，深深珍藏。

遵循教育教学规律，正确处理学生学习与因材施教的关系，是素质教育向教师提出的重要任务之一。在这方面，曾鹏辉在教学上值得大家学习，在了解到学生们英语学习情况后，为他们制定了高效的学习方法，他凭借自己的英语特长和幽默风趣的语言让学生们在英语课程学习上取得了显著的效果，并且深受他们的喜爱。科巴村小学的日日夜夜，志愿者们的心被爱盛满。第一次觉得如此强大，相信可以燃起这些孩子的希望之火；也第一次觉得是如此渺小，感到无力改变他们的人生。但是，志愿者们会尽其所能去做，做好能做的每一件事。上帝说，爱是恒久忍耐，又有恩慈。孩子们，谢谢你们的恩慈。

圆梦科巴

海南师范大学 普 云

2000多公里，从海口到三亚、从青海西宁再到青海海东，最后驱车五个小时我们终于来到了科巴村，也就是我们此次支教之行的目的地。刚下飞机，来接我们的是阿卡师傅和多杰大哥，两个人都会说普通话，而且说得很好，为人也很随和。驱车行驶在高速公路上，一望无际的黄土，随着车辆的行驶，映入眼帘的便是一排排的绿树。因为之前刘荣老师给我们做了前期的思想工作，所以到了科巴村看着眼前荒凉的一切也就觉得自然了。随着时间的推移，相比第一天的不适，后来适应了许多。"早啊，拉莫吉。"这句话一直萦绕在脑海，它是早上多杰大哥对我说的第一句话，在去买菜的路上，同行的小伙伴对多杰大哥说他也想要一个藏族名字，多杰大哥说这是要看缘分的，他说我很像他的弟弟，所以给我取了一个名字，在青海他是我的家人，在这里他的家也是我的家。这些话真的让我很感动，在一个陌生的地方，一个第一次与我打交道的人对我说出了这样的话，我的心情真的无法言语。来到了集镇上，我们进入商店，藏族姐姐很热情，对我们是笑脸相迎，那种淳朴的笑容真的倍感亲切，过了一会儿又送西瓜又送桃子，感觉不像是第一次见面，而是认识了很久的熟人。回到科巴村，我们在一片空旷的草地上参加了当地村民的聚会，藏族姐姐、阿姨真的非常热情，唱着藏族歌曲，虽然听不懂在唱什么，但是那优美动听的旋律一直萦绕在耳边，作为远道而来的客人我也唱了一首彝族的敬酒歌作为回礼，虽然彼此听不懂在唱什么，但他们都在开心地鼓掌，这种跨越民族的交流、跨越语言的交流真的让人难以忘怀。一切准备就绪，我们开始正式上课了，这里的孩子没有正式的教室，一到六年级都在讲经堂上课，这里没有桌子、没有椅子，甚至连块像样的黑板也没有，不过科巴村的孩子没有因为艰苦的条件而退缩，他们渴望知识，喜欢学习。看到他们认真学习的样子，看到他们渴望知识的样子，真的十分开心！

与他们的相处中了解到他们其实是想学习的、是喜欢学习的，但是因为种种原因他们不能去好好学习。可能我们短短这些天的支教并不能让他们的成绩有一个质的飞跃，这也不是我们此次支教的核心目的。我们进行支教是为了培养他们的学习兴趣，让他们懂得学习的重要性，让他们知道学习是为了自己，只有自己想学才能学得更好。面对不同的学生，与不同的同学相处，我们需要更多的宽容和退让，在一个集体生活中我们需要不断去打磨自己的棱角，这是一个相互学习的过程，面对这群新鲜血液，我们不断学习、不断进步，通过此次支教我们更清楚地知道身为一名师范生在今后学习和工作中应有的重点和关注点。感谢此次的青海支教行，因为它触动着我，让我难以忘怀！

山，雪域，与世隔绝。神秘的语言，高亢的歌声，在碧空下猎猎作响的经幡，那是圣域之地。暑期"三下乡"社会实践活动，是对当代五四青年开创的"走向社会，深入志愿"光荣传统的新延续，是教育同生产实践相结合在新时期的具体表现，是青年学生将自身价值与祖国命运紧密相连的重要环节。我们付诸实践，筑梦未来，一直在行动！

离别的日子总是来得很快，快到让我们觉得仿佛昨天才开始支教。二十天，与科巴村的学生一天天熟悉，与他们一天天成长。感谢这来之不易的机会，让我跨越千山万水来到这里，让我能够为这里的孩子做些力所能及的事，让我在这儿留下自己的足迹。我们因志而愿，我们心手相牵！

分段教学，寓教于乐

海南师范大学　曾鹏辉

我们团队 7 月 9 日傍晚 6 点到达科巴村，短暂整理歇息后，第二天便开始教学工作。从 7 月 10 日至 7 月 15 日，由于新疆大学的志愿者团队还没来，我和刘维军肩负重任，挑起初中教学的大梁。在这次教学中，我负责初二、初三的英语，刘维军负责语文。

第一天早上上课，同学们表现得出奇地好，上课坐得直，眼睛一直盯着我和黑板，回答问题也十分积极，根本没有来之前刘荣老师说的调皮、懒散的现象。可能是由于新鲜感，同学们对我们比较感兴趣。因为以前都是来自新疆大学的老师，而这次来的是他们从未听说的海师大的老师。

不过好景不长，第二天上课表现得与第一天截然不同。上课很多同学低着头"神游"，还有的四处张望，注意力不集中；我背朝他们写字时也有很多人在底下窃窃私语。我感觉不对头，我想可能是一天上太多节英语、语文，学生感到疲倦了，兴趣也不高，因此注意力不集中。于是我下课后问他们："一天四节英语课是不是很累，很无聊啊？"同学们异口同声地回答："是。"我认识到问题的严重性。晚饭之后，我问刘维军上课时有没有同样的情况，他说有。我跟他说："学生一天四节语文、四节英语真的吃不消，搁谁谁也疲乏，我们也是过来人，深知主课老师把体育课、音乐课'抢来'上主课，原本一天两节课英语变成三节课甚至四节课的痛苦。不如明天起，我们给他们增加一些其他像历史、地理等富有故事性、趣味的科目。然后设一节讲座课，专门讲我们在高中和大学的生活，不仅能让学生放松，还能激发他们对高中、大学的向往和憧憬，在一定程度上调动学习的积极性。语文和英语一天控制在两节课，上课时采用分段教学，把一节课分成三个部分。第一个部分讲趣味性的故事或做知识引导，把学生的注意力吸引住。然后第二部分趁学生注意力集中，把重点知识灌输给他们。讲课时最好采用简单、直白的语言，让学生听得懂。

第三部分与学生互动，归纳总结，了解学生掌握的情况。这样，学生就不会感到疲乏，而且在快乐中学习知识，会更加的有效果。"刘维军思考了会儿说："我觉得这个主意不错，明天我们就这么干。"

第三天我们就实施我们新的教学方法。我发现学生在学习历史、地理等科目中积极性、互动性很高。在听我们讲高中、大学生活时，学生一个个眼神充满渴望和向往，时不时就问我很多问题，"大学图书馆是不是很大？""大学里是不是有很多外国人"……我也很开心，把我所了解的都告诉他们。我告诉他们大学会有国际的交换生，有外国朋友，如果要想和他们交流、做朋友的话肯定要会英语，不然人家不会理你的，而且大学有四级考试，非英语专业的要是大学里没过四级，是拿不到毕业证的，所以啊，英语真的要学好……

在下一节英语课中，同学们个个抬头挺胸，目视黑板，时不时地做着笔记。我提问时，举手的多了，积极性明显提高了。我心中暗喜，实践证明，新的教学方法很受学生欢迎喜爱。在后面的日子里，我和刘都采取这样的教学方式，屡试不爽，学生的成绩也在逐渐提高。刚来摸底考试时，英语分数基本上在 10 ～ 25 分这个区间。到二十天后的结业考试，有大概 50% 的学生及格，两名同学达到优秀。

我想，教育并不是注满一桶水，而是点亮一盏灯。满堂灌的教学模式已无法满足现代化素质教育的要求。只有改革创新教学模式，去适应学生学习需求，教育的真正意义才能实现。

为人师表，知行合一

海南师范大学　曾鹏辉

一天上午，第一节下课后，我想找刘维军讨论问题。他不在，于是我问一个男生："刘老师去哪了？""老师去泡妞了。"他回答说。我没太在意，只觉得有些搞笑，就和他在那嘻嘻哈哈。田老师在房间听到了，挥手示意让我进去。田老师严厉地说："你怎么不严肃地批评他，还和他嘻嘻哈哈？你是老师，老师得有老师的样子，你好好去想想。"我当时也没在意那么多，就回答说："好的，老师，我知道了。"

后来，我反思到，老师自古以来在学生眼中的地位是很高的，很受学生的尊敬和崇拜。老师的一言一行必然会给学生造成潜移默化的影响。我当时不仅没有立马严厉制止、批评教育那个学生，反而和他嘻嘻哈哈。那么他在潜意识里会认为，我说老师去泡妞没问题啊，老师也没批评我，还和我在那笑，无形中就给学生树立了一种错误的价值观，可以拿老师随便开玩笑。以后说不定就开更大、更不尊重老师的玩笑。这危害性是很大的。对学生来说，无意中给他灌输了一种"师生无别"的思想，不利于培养他正确的思想道德观念。对我来说，自己也没有做到为人师表，没给学生起到正面的榜样形象。对教师职业来说，有损教师教书育人的美好形象。

当天晚饭后的交流会上，我向老师和志愿者分享了这个故事。为什么呢？一方面向大家承认错误，反思自我。另一方面给志愿者老师提个醒。为人师，一定要注意自己的言行举止，特别是我们师范类的学生，将来大部分要当老师。无论何时何地，在学生面前一定要是个正面形象，向学生展示积极向上、健康得体的面貌，引导学生养成正确的价值取向。

幸亏田老师批评指正，我才意识到这个问题。作为一名师范生，有朝一日会成为一名光荣的教师，我将用一生来体会、践行这八个字——"为人师表，知行合一"。

角色定位，因材施教

海南师范大学　曾鹏辉

　　一天上午的课上，来自新疆大学的志愿者老师突然很大声地训斥班上的学生。我在隔壁上英语课，闻讯立马赶去。原来班上大部分同学的数学作业都是抄的，还有部分学生没有完成。我感到有些不可思议，连我平时觉得最乖的那四个八年级的女生都抄作业。于是把八年级那四个女生叫到一边，问她们怎么回事。她们几个觉得有些不好意思，低着头不肯说话。我告诉她们不必紧张，我没有批评的意思，就想了解一下到底是怎么回事。她们才点了点头答应。她们说："昨天数学作业太难了，老师课堂上没讲过，都不会，但是不写的话肯定会被老师骂的，所以就用手机上网搜索了答案。"我让她们把昨天的题拿过来，仔细看了看，题目对于她们来说，的确是超纲了，我都要思考一会儿才能写出来。

　　了解事情真相后，觉得她们还是比较委屈的，就对她们说："老师把你们叫过来其实并没有批评你们的意思，你们四个在我心中是非常优秀的，很勤奋刻苦，是认真乖巧的女生。我内心很喜欢你们，这次数学作业真的很难，连我也要花点时间，这个不是你们的错，是你们数学老师没有定位好，不了解你们学习的情况。以后你们确实思考了不会写的作业就大方地和老师说，别去抄，抄作业不是一个好学生该做的事情，而且要是养成这个坏习惯，就不好了。你们要是以后数学不会，尽管来问我，虽然我教英语，只带了你们五天数学课。"在这我要说明一下，在新疆大学的志愿者没来之前，数学课是我代的，因此我对学生的状况有一个很好的了解。新疆大学的志愿者才来第二天，对学生的状况不清楚，而且那天的作业是新老师布置给学生的第一次作业。另外我必须自我检讨一下，当时并没有立刻向新老师做好对接工作，没有把学生的学习状况第一时间反馈给新的老师。突然这四个女生的眼泪就掉了下来，我心里非常感动，我想不能再讲下去了，因为她们落泪说明这次的教育绝对是成功的。然后我当场给她们讲完那几道数学题，然后让她们重写。让我高兴的是，她们都能很好地写出来。

更让我感到欣慰的是，第二天下午放学后，我在住的主家院里打篮球，刘维军跑过来跟我说八年级那四个女生在外面等我，想问我数学题。我马上把球扔了，跑出去坐在小马路边上给她们讲解应用题。她们真的非常聪明，我只要稍微点拨一下她们就明白了。会了之后她们内心的成就感展现在笑容上，很有礼貌地对我说："谢谢老师，老师再见。"

晚上交流会上我就和所有的同学、老师还有王院长分享了这个故事。我认为教育批评是很有学问的，批评要有，一定要适当，更要方法得当，否则适得其反。对于不同的学生采取的教育方式是不同的，必须因材施教，就比如这四个优秀的女生，没必要对她们严厉批评，因为她们很懂事。相反要让她们知道自己在老师心里很优秀，这会激发她们刻苦努力，不让老师失望。更重要的是，有时我们作为教师要注意这样一个问题，学生犯错误不一定是学生的错，一定要辩证地看待，有可能是老师没有定位准，造成失误。但我们知道，受几千年传统文化的影响，基本上学生被批评了，大家都只会认为是学生做错事情，而很少去想会不会是老师的失误。因此，作为一名师范生，以后若走上教师这条职业道路，一定要找好两个定位。一个是对自己的定位，我是什么样的；另一个是对学生的定位，每个学生的情况是什么样的。然后根据定位，因材施教，这样的话我想教育必然会事半功倍。

科巴，教会我的

海南师范大学　林方玉

时间过得真快，不知不觉科巴村支教已经接近尾声了。从开始的不适，到现在的从容，改变的不仅是他们，还有我。我是一个比较慢热的人，在生人面前，总会不知所措。但孩子们用他们天真的笑容、纯朴的性格，渐渐软化了我身上冰冷的盔甲。

整个支教过程教会我的五个词语，第一个是感恩，因为我每天起得都比较早，所以就会看到有些学生早早送来了刚出炉的热馍馍，还有东家为我们准备的爱心早餐以及烧开的热水。上课口渴时，有家长们送来的水和水果。或许别人的给予是无意识的，也或许别人的给予是微不足道的，但是没有任何人有义务为你去做什么，所以我们必须心存感恩之情。

第二个是感动，去上课的路上，你会经常看到有人朝你鞠九十度的弯躬，那是一群可爱的小朋友，羞涩地喊完老师好，就急忙跑了。上课的一声"老师好"，下课的一声"老师辛苦了"，让我觉得做这一切都值得了。感动不是动情落泪，感动也不是感时伤怀，而是人与人之间心灵的共鸣、情感的交融。

第三个是责任，看到志愿者把教案当枕头，把墙壁当黑板，把手当黑板擦，因为喉咙痛，用手当语言，我就明白这一切源于责任，这一切是对自己的负责，对学生的负责。

第四个是坚强，因为有特殊任务，我不免要去进行调研访问。出师不利，访问的第一、第二名同学都是单亲家庭，当问到家庭人口时，他们都没提及父亲。因为疾病，他们父亲都去世了，但问及原因时，他们表现出来的坚强不是我所想到的，换成我，我可能就逃避了吧。通过观察我发现，村子里很多小孩都是留守儿童，父母常年在外打工，家里只有爷爷奶奶照顾他们。

第五个是坚持，初到科巴支教，就知道了田老师和当地一位爷爷的十年之约。

十年之约是爷爷希望田老师所在的支教团队能够在这里坚持十年，田老师也应诺了这个请求。十年啊！大多数人的人生七分之一的时间。我们为什么要放弃自己的生活，跑来这里活受罪，就像田老师说的：这里有他放不下的人。这就是坚持，只有坚持才有希望吧。

科巴这里没有大大的教室，没有大大的黑板，没有大大的板凳，没有高级的多媒体，没有干净的环境。有的只是以经堂为室，以纸为板，以石为凳，以口相授，与脏做伴。我很庆幸能来到这里，感受这里的一切。如果用一个词来形容此时的心情，那就是震撼。我被环境所震撼，我被渴望知识的眼睛所震撼。

上百人挤在不足百平方米的经堂内，里面安排了六个教学班，都是低年级的，最小的才学前班。经堂里没有运动场所，没有乘凉的大树。课外活动时我们只能走出去活动，太阳大了，我们就转移教室，我们的教室不是固定的，可以随时变换。环境不能为我们所改变，我们可以去适应环境。

　　　　　　"我们下一节课还上地理课吗？"

　　　　　　"上啊。"

　　　　　　"为什么？"

　　　　　　"因为我不懂。"

这是我上完地理课后，我和学生的一次对话。

我不懂，所以我要学。他们对知识的渴望，不是我所想象得到的。每次上课，看着那一双双恨不得能装下所有知识的眼睛，我会忍不住把我所知道的一切都告诉给他们，忍不住延后每一次下课的时间，忍不住在黑板上多留下一点有用的知识。

也许我们现在所教授给他们的知识，就是有些人毕生的眼界。我们每个人都是平等的，但仅仅是法律上的。我们的出身不同，我们的环境不同，所以享受的东西也是不一样的。我们能做的就是弥补他们不足的，给予他们所需的。

欲，破茧而出

海南师范大学　林方玉

刚上完课回家，小女孩兴冲冲地跑过去问奶奶："奶奶，奶奶，你说大山的后面是什么？"

奶奶用手指，指着小女孩的额头，笑着说："傻孙女，大山的后面还是大山啊！"

小女孩立刻推开奶奶的手，大声反驳道："奶奶你骗人，大山的后面不是大山，大山的后面是梦开始的地方。"

"老师，你猜我的梦想是什么？哈哈哈，我的梦想是当老师。这样，我就能和你一样在讲台上传授知识了。"

"老师，老师，我的梦想是当建筑师，我要在村子里盖大大的、漂亮的房子。"

"老师，还有我，我的梦想是当一名医生，我们村子里医生少，我要留在村里，为村民们治病。"稚嫩的声音，却这样掷地有声。我从梦中惊醒了。看着窗外，天才刚刚亮嘛，我要不要再睡一小会儿？唉，算了吧！我还是起来备今天的课吧，孩子们等着我呢。

初到科巴，田老师就向我们透露村民对我们的期望很大，村民们知道自己没有更多的时间再去学习了，所以他们把所有的希望都寄托在后辈们身上，希望他们学习更多的知识，走出大山，改变命运。教育改变命运！在任何时代都不过时。教育是发展之本。发展靠什么？靠的是人才。人才的匮乏是青海农村经济不能发展的一大重要原因。不仅仅是青海，乃至全国，村民受教育水平低，对外界的信息了解少，难以形成浓郁的文化氛围，不能提高精神境界。里面的人出不去，出去的人不想回来。因为从村里出去的知识分子厌恶这里的环境，所以农村经济难以发展。于是教育的发展就显得尤为重要了，对农村而言就更具时代意义了。

一个偶然，知道了田老师与当地一位老爷爷的"十年之约"。老爷爷希望凯博爱心联盟能在科巴村坚持十年，老爷爷说不管那时候他人在哪里，田老师一定要坚持下去。十年，我们能做出什么？十年，你能创造多少财富？在这里的十年，我们可以改变这里孩子的命运。十年的长跑接力赛，我很庆幸自己接过了其中的一棒，我努力地让自己跑快一点，更快一点。希望可以追上爷爷老去的速度，希望看到科巴孩子们梦想成真的那刻。

"你们为什么要学习啊？"

"因为我们不懂啊。"

这里的孩子很勤奋，很刻苦，他们明白自己想要什么。你会忍不住想把你所知道的都告诉他们，你会忍不住多在黑板上留点字，你会忍不住延后下课的时间，你会忍不住备好每一堂课。

科巴的孩子没有钱但有爱。你哭的时候安慰你，你笑的时候拉着你的手一起笑。

科巴的孩子并非很开朗但很纯朴。上课怎么打他骂他，下课他还会找你一起疯。

科巴的孩子不讨喜但讨心。拉着你的手，手里便多了一颗糖，比蜜还甜。

登上客车的那一刻，我明白我的接力已经结束了，还会有人接过我的接力棒传递下去。客车徐徐驶出大山，我忍不住多回头望一望，我拼命记住这里的一山一水，一草一木。我还会回来吗？可能吧。

祝愿大山里的子民笑容永远灿烂，天空永远湛蓝，梦想可以成真。

蜕　变

海南师范大学　王婧娴

来到科巴已经有两个星期了。

日出而作，日落而归，在这个几乎与世隔绝的村庄里每天过着这样的生活。刚到科巴的各种不适应，如今也随着时间的流逝逐渐成为习惯。在这里两个星期的生活，让我对教师的责任、志愿者的心情，比起以前单纯的幻想和期待，在实践中有了更深刻的了解。

我负责的是小学四年级教学工作，共 13 人，和三年级的学生在一间屋子里上课。对我而言，在同一间屋子里向两个年级将近 40 个学生授课是从未面对过的挑战。因为不仅要保证自己的学生能够听清楚自己所讲的内容，同时也不能过多地影响另一个年级的正常教学。有的年级甚至在室外上课，需要跟随太阳的方位不断地挪地方以便在阴凉处上课。教室四周都是木板，除了挂着的一块小黑板以外没有其他的教学设施。桌子就是低矮的长凳，坐的板凳还要学生从家里带过来。

这里的大人真的很看重我们给孩子们补课这个事情。连续几天下课期间都有家长给孩子们发零食，也给我们支教老师送吃的、送水。而且我们每天吃的馒头都是家长送过来的。

饮食上很不习惯，天气也很干燥，路上有车过去就有很多尘土，作为南方人的我真的很不习惯。后槽牙龈全都肿了，口腔溃疡也犯了，痛得吃不下东西，整个人没扛住有一点发烧。而且晚上回宿舍睡觉灯光也吸引很多飞蛾在床上方飞来飞去，脖子两边全都过敏了。不仅是我，团队的其他志愿者身体上也有各种不适，或是嗓子痛或是口腔溃疡。整个人就很难过，特别想回家，忍不住问自己：我来这里，忍受各种不习惯，语言不通，一两个星期不能洗澡，各种病痛也只能咬牙忍受，到底是为了什么？

院长和新大的同学没来之前，我们虽然是师范生，但也从来没经历过一个人带一个年级，一天上满八节课。尤其是南方人，在高原上行动真的特别消耗体力。来之前虽然开过的几次会强调了很多东西但没有受过专门的培训，都是从实践教学中慢慢摸索不足和经验。还好每天吃饭的时候，田老师会指出问题。老师对我们是耳提面命地指导，我们对自己的学生也是如此。

对于我自己来说，最重要的意义是自己的改变。在这之前，我都是以"自我"为中心，做事情都是从"我"出发，活在自己比较封闭的圈子里。接触的人也和这里的人有天壤之别，在那个圈子里我接触的和他们同龄的人考虑的都是钱或者现实的问题，更多的是关于自己的兴趣爱好或者和别人攀比。

但是这里很多孩子来自单亲家庭，有很多父母在外打工，几年才回家看孩子一次，大多和爷爷奶奶生活在一起。

作为一名教师，是恨不得你会的所有都是一教学生就会，但是一而再、再而三的反复教授还是不会，就会觉得很失望、很疲惫。身体上的疲劳还可以忍受，心灵上的疲惫真的很难忍受。

更多的是深刻体会到了责任意识。

我们要有足够的感恩心态和意识，众人拾柴火焰高，通过我们自己的提高去影响周边的人，赢得社会认可，让更多的人关注这个地方。

做学问不仅仅要精益求精，更要脚踏实地、实事求是，要用真心对待你的学生，如此才能真正地了解孩子们。三个无愧于，首先是无愧于自己的教学、科巴村民的期望以及自己的学生。然后是作为海师学子，作为马院学子，无愧于学院的期望和来这里的使命。最后作为凯博爱心联盟与下科巴村十年之约的接力棒手之一，奉献自己的光和热，让这一棒能在我们手里更好地传递给以后来这里奉献的接力者们。

我与下科巴村的小朋友

海南师范大学 苏丽霞

从海口到三亚，从三亚到西宁，然后又颠簸了快五个小时的山路。动车、飞机、汽车轮番上阵，我们花了差不多两天的时间才到达目的地——青海省科巴村。盘山的公路以及半山腰上多得就像天上的星星一样的牛羊，是沿途的风景。数不清的盲弯，从车窗外看下方就像是万丈的深渊。途中下了雨，泥土和雨水混合着，于是道路时而像沼泽，时而像满是黄土的小溪流。路上看见一辆车翻了，另一辆车的轮胎全都陷进了泥潭里。有一段路需要下车的时候，我看见一个一脸"高原红"的小姑娘坐在一片青稞前面，风吹动着她的头发。我冲她笑，她害羞地低下了头悄悄看我，我再对她招手，这下她连偷看我都不敢了。才刚踏上这片土地，这里的人给我的第一印象就是害羞。在第一次接触到住家的姐姐的时候，以及去参加这里的一个妇女聚会的时候，她们给我的感觉都是害羞而又热情。

小朋友们也是这样，我们刚见面的时候都羞怯地看着我，他们脸上露出那种想要亲近但又害羞的神情。到现在，上课时我是他们的老师，下课时我就成了和他们打成一片的大姐姐。在学习上，他们普遍偏科严重，知识基础差。做了摸底测验，也看了他们的期末报告单。英语几乎都是他们科目中得分最高的，甚至还有几个考了满分。而数学、语文却不行。在课余相处上，小朋友们也经常问我们辛不辛苦，所以我课上和课后就是两种身份。他们虽然年纪小，但是他们也知道老师在学习上对他们严厉是对他们好。即使你在课堂上批评了他们，在课后他们也是会和你打成一片，玩在一起。而且，在上课的过程中，一下就发现了在县城上学与在乡村上学的学生之间的差距。在县城上学的学生和在村里上学的学生的各方面差距都较大。在县城里上学的两个学生，汉语文字水平、发音和对科目知识的掌握、运用明显就比在村里上学的学生好。还有一个在村里上学的学生很难完全听懂汉语，也只会说一点点汉语。而在县城里上学的学生，总是能很迅速、正确地完成课堂练习，自觉遵守教学纪律。这其实也能体现出教育资源分配不均的问题。通过向孩子们了解得知，村里学校的老师的教学能力、水平普遍都比县城学校的老师低。教育不公平现象，不仅出现在发展好的地方和发展落后的地方之间，就连青海地区村小学和县城小学之间也如此。

到现在，支教活动已经进行到了一半，孩子们也不像一开始那样没有规矩，一切都已进入轨道。好的行为习惯我们也一直在帮助他们养成，但孩子们身上很多毛病依旧存在。最明显的就是，刚来的前几天，玛尼康的院子仅仅半天就已经遍布各种小食品的包装袋和纸张。而最近，地面上的垃圾已经比刚开始少了一大半。他们手里经常用来喷水打闹的小玩具也逐渐消失了。学生在路上看见老师，无论是不是教过他们的，在相隔很远的时候，他们就已经站起来，等你走到他们面前他们就会猛地向你鞠躬问好。亲其师，信其道。要让学生接受你的管理，学习你的知识，就得先让学生认同你，与你亲近。我们要教学相长，在教好学生的同时，自己也要从中得到成长和提升。在剩下的日子里，希望我们能和学生一同成长、进步。

从教中学

海南师范大学　苏丽霞

　　虽然我是一名师范专业的学生，在学校的课堂中、书本上都学习了很多关于教育、教学的理论知识。在这之前，总觉得这些关于教育、教学的理论，就像是在重复着相同的定律罢了，只要遵循就不会有差错。但在这二十天中，我亲身融入实际教学中才发现，作为教师、作为一名课堂的掌控者难度很大，仅靠单纯遵循理论知识是远远不够的，实际的教学、教育是复杂多变的。在教育、教学中是需要且能够不断学习的，教学真的称得上是一门艺术。

　　在正式教学开始之前，指导的老师一直强调要先把课堂纪律给树立好这个问题。我所教授的是小学三年级，对象是还处于低年级阶段的学生。对他们而言，更重要的是课堂纪律的规范，以及良好学习习惯的养成。然而我在一开始接触他们时，班级的纪律树立得不够严谨，导致我在前小段的教学中出现了十分费力的情况。教学前的摸底考试情况，让我在一开始时的教学上就过于急躁。学生知识水平低的情况使得我急于想让他们更快地掌握多一点的知识，恨不得将所有知识一股脑儿地塞进他们的脑袋中去。但很快，课堂练习和家庭作业等事实证明，我这种太过急躁的教学对他们而言就相当于在做无用功。老师讲得再多，学生们却一点儿也不懂，倒还不如放慢脚步去讲通透一个知识点，让学生能够牢牢掌握、运用好这个知识点。而在给不同年龄段的学生教学时，又需要采用不同的教学方法、教学语言、肢体动作等。这是我在看了团队中海伦学姐的教学后所领悟到的。于是我总结出，像我所教授的三年级学生是还属于需要用夸张表情、肢体动作以及他们能听懂的语言去进行沟通的年龄阶段，但老师的表现又不能显得过于幼稚。所谓"亲其师，信其道"，就是要让学生感觉到你是他的朋友，他喜欢你，从心底里愿意去亲近你，才能让他更好、更主动地去接受你所教授的知识。很多前人、教育家总结出来的教学道理，大家一听都可以明白，但真正放置于教学实践中，浅显易懂的道理不见得就能被遵循得好。

就像叶圣陶先生所一直秉持的，身教重于言教。对于低年级的学生，我认为更应如此。例如有一次，班上一个小女孩帮我递粉笔，我对她说谢谢，她说："老师，你好有礼貌哦，总是和我们说谢谢。"于是，在后来我不经意间发现，班上的学生们都能主动将我平时所强调的礼仪、礼貌问题落实到他们日常行为上。他们经常会对我说"老师您请""老师谢谢您""老师您辛苦了"，在遇到其他没教过他们的老师时也会主动问好。学生总是容易去模仿老师的言行举止，所以"为人师表""言传身教"的重要性时刻都在要求着老师的语言和行为。无论你在平时生活中是什么样的性格，当你作为一名老师站在讲台上时，都应该变得熠熠生辉，不能将情绪带入课堂，更要善于控制情绪。但在我带病上课期间，却将自己身体不舒服的情绪带进了课堂，不经意间间接地发泄在了学生的身上。自己需要学习、改进的地方还有很多，理论知识学习得再多也还是需要亲身去实践才能有更大、更深的收获和感悟。

纸上得来终觉浅，绝知此事要躬行。作为支教老师，我们在教育别人的同时，自己也是一个受教育者，也能从中学习到很多宝贵的教学经验。在书本上、课堂上学习的道理，真正理解还是必须亲身去实践。所以，作为志愿者教师的我们应该在实践中去总结经验道理，在教学中学习。

取长补短 教学相长

海南师范大学 游贤梅

7月9日　　　星期日　　　雨

现在距离此次青海支教启程已经有 36 个小时了，我们已经到达了此行的目的地——青海省海东市化隆县金源乡下科巴村。从海口到三亚，再从祖国最南端到大西北，一路辗转，这趟旅程不可谓不艰辛。但从踏上这片热土起，疲惫便被渐渐消解了，随之而来的便是惊喜与激动。

昨晚9点，我们到了预订的旅店，办理了入住手续，也和客服预约了送机时间。今早大家按时起床，4点半便出发前往三亚凤凰机场。由于受机场安检要求限制，我们的许多行李都不能如事先安排那样随身携带。随着乘客越来越多，行李打包也需要花费一些时间。加之我们必须办理追加行李托运，这样就又得按托运行李的要求重新排队，所以一时也犯了急。用了将近一个半小时，我们终于过了安检，顺利到了候机厅。这时，又从机场通知里得知从三亚到西宁的航班因天气原因延误半小时，不过这也让我们多了一点休息的时间。

7点半后不久，班机顺利起飞了，我们的心也平静下来。我们早上走得急，并未吃早饭，不过正好飞机上提供了早餐。川航提供的是稀饭、小菜和热乎乎的面包，榨菜也是熟悉的家乡味道，这顿饭我吃得很满足。我本是靠窗的位置，不过后来与想看风景的邻座小朋友交换了一下，看着他那开心的模样，我也非常高兴。2个多小时后，我们在绵阳经停，略做休整后又启程。正值中午，机上也提供了午餐，不过我有点晕机也就没怎么动筷子。因为心里知道再过不久就要到西宁了，所以觉得最后的一个半小时旅程异常快，一觉醒来飞机已落地。飞机沿着机场滑行，看着四周连绵的高山，我惊叹了。这是与海南、重庆完全不一样的风景，随处可感雄壮、巍峨，真的太美了！

我一下子就提起了精神，再看大伙，也都是异常兴奋。我们一起取了行李，因为比较多，所以也再三确认。出了机场，我们顺利与来接我们的阿卡师傅和多杰大哥会合，心也真正变得踏实。他们非常热情，还为我们献了哈达，让我倍感荣幸。会合后我们又与从新疆来的田老师以及新疆大学的另一位志愿者会合，大伙还一起吃了当地特色食品——牛肉面，也算是真正地"接地气"了。饭后我们一行就赶往科巴，怀着期待与激动。透过车窗，一座座美丽的伊斯兰教大教堂映入眼帘，我再次领略了大西北的塞外风情。到科巴的这段路，遇上点麻烦。因为突然下大雨，山路积水，所以路上需要洗车和检修一下。多亏田老师、阿卡师傅和多杰大哥经验丰富，又冒雨解决问题，让我们在天黑之前赶到，躲开了黑夜走山路的危险。

到了，到了，这下是真的到了！近半个月的想象结束了，它竟比我想象得还要美好。一切都那么真实，我们的的确确是到了。进入村子，我们在多杰大哥家安顿下来，这里也是男队员们在支教期间的住所。田老师在超市买了许多蔬菜，我们用这些材料做了咸菜，方便以后每日早餐配饭。主家辛苦准备，为我们摆上了丰盛又具有特色的晚餐。长长的餐桌被摆在院子里，我们围桌而坐，吃着味道纯正的面片、馍馍，说说笑笑……

这里天黑得晚，晚上9点过了才渐露夜色。饭后田老师为大家开了例会，做了宿舍入住安排，也和大家说了当地情况。田老师特别给我们指出了当地的忌讳和一些注意事项，让我们不至于手足无措，能更好地入乡随俗。为了安全起见，田老师也和我们女生一起住在另一户人家。我们收拾好各自行李，和主家阿姨打了招呼。阿姨为我们铺好了床，也拿出了新的棉被，我们特别感谢。夜深人静，大家洗漱完毕也就上床休息了。

这里没有车水马龙，没有高楼大厦，一切都是那么静谧和神秘。蔚蓝纯净的天空、连片的麦田、成群的牛羊、淳朴的村民，一切是这么的美好！

7月10日　　　　星期一　　　　晴

今天是我来到科巴的第二天，和天气一样，心情也是晴空万里。

由于村里的孩子们要到明天才能放假，所以今天我们先不必上课，但需要为明天的开课做好准备。早上6点半，我们女志愿者这边便起床收拾，在7点半时和老师一起去男生住所那边吃早饭。早饭是稀饭配昨天腌的咸菜及馒头。馒头不同于我们平时吃的那样是蓬松的，这里的馒头非常紧实，吃一个就好像饱了，真是"货真价实"。吃完饭，我们便收拾、清洗餐具。

休息了一会儿后，田老师便带我们去熟悉上课地点。教室是分散的：初中分别在男、女志愿者们的住所；小学一至六年级是在经堂（当地藏民称为"玛尼康"）。经堂是村里的一个正规宗教场所，是丹斗寺阿卡师傅化缘选址所建，里面供奉着观音。经堂也是一个院子，我们可以使用左右两边的房间。能在这么庄严、肃穆的地方讲课，我心里非常激动，也感觉到一份必须承担的责任。

做好了教学安排后，田老师和几位男生一同前往镇上，购买近期所需的食材。其余的同学自主安排。我们大多在备课，也就一些教学相关问题展开讨论。恰好报名此次暑期辅导的学生信息也已统计好，我们需要了解所带学生的家庭、学业、特点等相关信息。随着任务一项一项分配下来，大家也都各自忙了起来。

到了中午，田老师回来了。一回来就告诉我们要一起去一个地方，但并未细说，一路上我也有点疑惑。穿过一个又一个乡间小巷，视野越来越开阔，我们来到了村边上的一大块草地。四周是苍翠的高山，近处是绿油油的青稞田，一眼即收无限风光。大大的帐篷，四周围满了人，看到这我震惊了。原来这是村民们为我们办的交流会，盛大且隆重。村子里的妇女们在帐外搭灶做饭，想来定是忙活了一上午。

进入帐内，我们一一落座，村民们热情地招呼我们。环顾帐内，大多是白发苍苍的长者，再往外看，帐外两侧站立着的确是年纪较小的阿姨、姐姐们。作为小辈，能受到这样的尊待，我真有点不好意思。当地的西瓜、哈密瓜特别甜，奶茶也溢出浓浓的奶香味。正吃得起劲时，帐外传来悠扬的歌声。伴着阵阵歌声，村民们进入帐内，为田老师献上了哈达。

这时，帐内气氛高涨，热闹非凡。阿姨们为我们端来炖好的羊肉萝卜汤，然后又在帐内为大家献上了歌舞。虽然听不懂歌词，但词义此时已并不重要，因为我们能从这歌声感觉到尊重与祝福。

饭后，我们离开，村民们依旧在帐外欢送。走在回住所的路上，我的心中涌起了一股暖流，内心也被深深地触动。我产生了疑惑：人到底会因为什么而得到别人的尊重？这个问题没有标准答案，但一定有共识。外表、穿着，或者是收入、身份，难道这些真的能让你得到与你素不相识的人的另眼相待吗？诚然，这些都能成为影响因素，但一定不起决定性作用。

我想，真正使得人受到他人尊重的，不是这些外在"标签"，而是自身能为别人带来实实在在的好处。真正的尊重源自价值，这个价值不是个人的一己之私，更多的是社会价值。村民们对田老师的尊重，也正是因为田老师真心为科巴付出，一心一意办实事。

两天以前，我与他们还只是陌生人，如今他们却对我以礼相待。尽管热情好客是他们的传统，也大可不必如此麻烦。究其原因，正是他们对教育的重视，更是他们内心深处对改变命运的那种渴望。

此时此刻，换做任何一个人都不能无动于衷，我也是如此。科巴用热情、尊重接待我，我该如何回报？我不知道我能不能做好，也不知道是否还有机会再次来到这里。但是，我无法忽视村民们急切的眼神，也无法漠视他们的梦想。我既然已经来到了这里，我就必然要在这里留下足迹。尽管力量微薄，我也要竭尽全力，只为爱与梦想。

支教这件事，我是认真的！

7月11日　　　星期二　　　晴

今天是正式开课的第一天，我起了个大早，洗漱完毕后又打扫了主家的院子。看着时间还早，就又把准备好的摸底试卷仔细检查了一下。

在男生住所那边吃了早饭，我们一行就急着往讲经堂赶。虽然说的是9点开始报名，但8点钟就已经有许多学生等候在门外了。对此，我一点也不意外，因为学生和我们老师一样都期盼着能尽快开课。对于农村学生而言，生活作息使得他们没有睡懒觉的习惯，也没有严格的时间观念。早早起床，吃过饭，他们就觉得应该去上课了。这是属于学生的"天性"，就算是大学生也都是如此。我觉得这是一种非常值得肯定的态度，代表着积极向上、纯真美好。

在与工作人员沟通好后，我们先行进入经堂打扫卫生。这是我第一次真正进入这里，前几次都只是在门外停留。经堂和这里的民居一样，都是一层、四合院式的木质建筑，外墙上都画着藏族文化中的特定图样。从外部看，经堂宏伟气派，想着内部条件应该非常不错。但真实情况并非如此，这里的条件比我事先想象得简陋了很多。

正对着大门的是诵经的大厅，这是不能当作教室用的，所以我们只能使用左右两边空置的房间、走廊以及院子中间的空地。一进入房间我就震惊了，因为这里灰尘满天，玻璃窗户也是破的，并且几乎找不到家具。直到发现墙角堆着一些破旧但勉强还可以使用的桌子，我们这才稍微放心了一点。这些是过去几次来的支教团队使用的，桌子都是一件件凑齐的。黑板只有两块，不够用，有的支教小伙伴只能口授或者在本子上写字。大家摆好桌子、打扫好房间时，田老师也正好来了。他给我们分配好上课地点，嘱咐了一些需要注意的安全事项。

做好这些准备工作，我们就在经堂外集合，统一带好自己的学生。我兴致勃勃地冲到门口，询问学生情况，最后发现并没有我负责带的五年级学生。看到身边其他年级都已经排好了队，我心里还是有点失落。和我一样情况的，还有其他好几位支教老师，一时间我们也都愣住了。一些知道学校情况的学生告诉我们，有些年级还未放假，可能明天会来。学校放假时间不统一给我们开课带来了一些麻烦，但这也是客观情况，我们只能调整计划。

学前班、一年级和六年级在经堂正式开课了，一时间经堂热闹非凡。因为桌椅急缺，许多学生只得坐在地上，位置也挨得非常近。尽管条件差一点，但学生们脸上都露出开心的笑容，上课积极性一点也没有受到影响。我们暂时没开课的老师就辅助他们已经开课的。

开课的多是低年级，学生年纪偏小也比较淘气，所以我们还是遇到了一些麻烦。先是有个别学前班学生哭闹着不肯上学，后又有一年级学生闹事。我们只得耐心劝导，好好安抚。经过我们的整顿，课堂秩序还是非常不错的。我们坐在院子的地上，留意着每个年级的情况，及时帮忙。

就这样，我们的开课第一天就在忙碌中度过。虽然没有上课，但看了其他几个年级的情况，我对同学们的情况有了进一步了解，也吸取了一些经验。

7月12日　　　　星期三　　　　晴

今天，五年级的同学开始放暑假，我们也终于开课了。一大早，同学们就在多杰大哥家门口等着了。当团队成员跟我说学生来了的时候，我真是又开心又激动。

因为场地有限，我们五年级被临时改在后院上课。主家大叔领我去看教室前，我以为条件应该也还好。事实让我吃惊，我心里没有一点准备。这是以前的老房子，土墙，矮矮的。

屋里堆了很多杂物，只留出门口的一小块空地来放桌子。只有一扇窗户，因外边存放着高高的一大堆柴火，也不便打开。屋内唯一的光源来自一小扇天窗，但根本起不了什么作用。好在有一盏灯，虽然功率不大，透出的光是昏黄的，但也算可以满足基本教学要求。黑板也是破旧的，因为是刚开课，我没来得及通知同学们要自带小板凳，所以许多同学都没有带。我不忍看同学们坐在地上，就用一些比较干净的砖块或木块给他们作椅子。

教学条件确是比我想象的要简陋得多，我自己心里也没底，害怕这会影响同学们的积极性。情况比我设想的要好很多。同学们似乎对此习以为常，甚至愿意主动坐到地上，他们脸上也依然还带着兴奋的表情。看着同学们这样，我心里发酸，同时也被他们的行为感动。

按照我的计划，第一节课主要是师生相互认识。我主要是想了解同学们的情况，所以特意把时间留出来，只做了个简单的自我介绍。说了基本情况后，有一位男同学突然问我："老师，你的爱好是什么？"呀！这可把我问倒了，不过，这已经不是我第一次"哑口无言"了。我想了一会，只得含糊其辞地说我的爱好是看书。同学们没有说什么，我也就把这个问题跳过去了。

后来，我依次邀请每位同学上台做自我介绍。同学们很配合，虽然有的同学声音非常小，但也都说了自己的一些基本情况。同学们都有自己喜欢做的事，有喜欢看书的，有喜欢打篮球的，也有喜欢画画的。尤其是那位询问我爱好的男同学，他叫完么扎西，他说自己非常喜欢打篮球，平时也都在看 NBA。说实话，最开始我对他的说法不太相信，想着男孩子普遍都比较关注打球，但可能谈不上是特长。下午下课后，我就知道我错了。他和主家大叔还有我们团队的几位教师在院子里打篮球。我对篮球一窍不通，也不是很喜欢，就淡淡地看着。

后来，我越发觉得这个男孩子打得挺不错，真的很赞。在一群大人中，他个子小小的，显得很小巧，但是打起球来一点也不含糊。打球结束后，我们一位成员跟我说了他的看法。他说完么扎西是他见过最有天赋的小孩，尽管年龄还小，但很多篮球技巧已经非常不错了。他很认真地和我说着，所以我没有怀疑他的说法，因为我这个门外汉也有这样的"感觉"。我们班的同学也和我说他不管是在学校还是在家里都是每天在打球，并且打得很棒。像是结论得到了证实一样，我对他突然起了敬佩之意，因为我知道他的爱好不是一时兴起，而是每日坚持。

有很多次被问到爱好或特长，每次我都非常尴尬，因为真的不知该如何回答。就仅说大学这三年，我写过很多自荐书、申请表，每次爱好、特长一项我都是能不填就省。想到以前在福建读小学的时候，我的爱好就是唱歌和画画，并且也得到过很多表扬。我父母当时也注意到我的情况，尽管家里条件不好，也还是帮我购置了很多专业的绘画用品。我的画板就原是一直留着的，只是后来搬家的时候不小心弄丢了。他们甚至有送我去向专业老师学习的想法，只是由于毕业后我需要回老家就把这事放下了。中学时和外公一家住在农村，农活多了，根本无心顾及其他。在学校住校又觉得学习时间比较紧，也就懒得去想这些所谓的爱好了。到大学，自主时间倒是多了很多，也对很多东西有兴趣，但是渐渐发现自己已没有再去培养、坚持爱好的勇气和耐心了。对此，我觉得非常遗憾，心里也总是感觉到失落。

所谓爱好，就是人之所爱，它不光是兴趣，还显示着一个人的生活态度和内心情感。所谓特长，有天赋的成分，但也一定少不了热爱。不论是爱好和特长，都能展示一个人良好的精神风貌。能够一直追寻自身所爱的人，总是能时时显露出自信和活力。兴趣，需要培养；爱好，需要坚持。爱好，不一定需要做到极致，但总应该在生活中为其留一个位置。不管是作为个人，还是为人师，真的都应该找到自己的兴趣所在并坚持自己的爱好。如今，面对学生的好奇，我却只能躲避，为此我很惭愧。在这件事上，我真应该向同学们学习！

7月13日　　　　　星期四　　　　晴

今天是正式开课的第二天，我们和往常一样，依旧早早起床准备。经过昨天一天的相处，我和同学们逐渐熟悉了起来，课程计划也提上了日程，一切都步入正轨。

同学们昨天做了一张语文摸底试卷，我准备在今天早读完的语文课上讲解这张试题。昨天改了卷子，总体上看学生们的成绩不是很理想，并且学生们之间的成绩相差比较大。有同学很多题都不会做，拼音、成语都比较薄弱。讲解试卷也没有我想得那样简单。同学们往往不会自觉主动修改，就算是我讲过的题也依旧不懂。所以，一节课没有讲完我预计的内容。

今天中午和晚上吃饭的时候，田老师给我们全体点评以及指导了教学。田老师通过听课，发现了我们教学中存在的问题，即"两个定位不准""两个落实不到位"。

"两个定位不准"指的是对学生以及对自身定位不准。科巴的孩子大部分是在村里、乡里上学，就算是高中，在城里读书的孩子也非常少。总体来说，参加我们此次暑假补习的学生水平都比较低，我们讲课的内容没有做到对他们"量身定做"，全是凭自己的想象。这是第一个定位不准。此外，田老师也指出，我们支教老师对自身认识也不准确。我们不应该把自己当作国民教育体制内的老师，我们暑假教学不需要赶进度。我们最重要的任务就是要弥补国民教育的不足，坚持教一点会一点。对于农村的孩子而言，平时学校课程学习普遍比较吃力，总有落下很多知识点。我们暑假补习就是要找到他们落下来的学习内容，即时查缺补漏。一个月左右的时间于我们而言是非常紧张的，我们既不可能讲完一年的教学内容，也不可能要求同学们掌握所有我们讲的知识。教学应该有重点，要因材施教、循序渐进。

正是这两个定位不准，直接导致"两个落实不到位"，即分段教学落实不到位和确认学生知识掌握不到位。分段教学的使用，是为了有效提高教学的效率。作为教师，应该要明白：任何学生的注意力都是有限的，不要强求学生整堂课都专心致志。我们要做的，就是要抓准学生的特点，把握好他们的认知规律，对症下药，充分利用课堂的"黄金时间"。分段教学就是把一堂课分成若干个教学片段，每个片段都要有导入、讲解、练习和巩固这些环节，最终想要达到的效果就是"各个击破"，确保每个知识点能够落实到位。分段不到位，就容易变成"满堂灌"，往往是前一个问题还没解决又出现新问题。这样的结果只会是"走马观花"，对提高同学们的水平完全起不了作用。

针对教学中存在的上述问题，田老师要求我们做到"三个第一"。首先是秩序第一。良好的课堂纪律能够保证教学的顺利进行；混乱的纪律容易分散同学们的注意力，扰乱课堂教学。其次是教学质量第一。无论如何，我们求的是知识的充分落实，切不可做表面功夫。最后是要做到管理方法第一。教学不能使蛮力，而是要讲究策略。方法到位，才能事半功倍。

田老师教学经验丰富，给我们的建议也非常具体。听了田老师的讲解，我觉得自己确实需要改进，还有很多方法、技巧需要学习。

7月14日　　　星期五　　　晴

因想起前两天田老师说起我们女生住所旁边有一个操场，今早我洗漱完后特意去找了找。走在小路上就远远看到了操场，可转来转去就是找不到入口。正好这时碰到了在这里转经筒的老奶奶。我激动地询问她入口，她特意引我过去。原来入口被一个简陋的木栏挡着了，不仔细看真不容易发现。

一进入口就是一条长长的水泥小路，弯弯曲曲的，通往科巴村的另一头。路旁是连片的青稞田，随处望去，满眼尽是绿色。清晨，太阳刚刚升起，阳光洒在田野上，一切都显得那么的美好。怀着好心情，我绕着小操场跑了两圈。毕竟是高原地区，所以有点累，但跑完以后心情舒畅。

"尽管我的家乡简陋，但我依然感到非常荣幸，因为这是我命运中最后的归宿。""我想走出大山，但是要马上回来，因为我爱我的家乡。"这两句话是昨天两位五年级同学写的作文《我的家乡》中的句子，质朴单纯，令我潸然泪下。今天下午的作文课，我请每位同学都上台读出自己写的文章，这样不仅能够调动积极性，还能够让各位同学发现别人作文的优点。写和读的感觉是不一样的，看着这些句子从同学们的嘴里说出，我莫名地眼闪泪光。同学们是单纯的，他们写的文字都是自己心中所想，没有添加其他杂质。他们有梦想，梦想走出大山，但同时，他们也对自己的家乡爱得深沉。

我昨晚看作文的时候，非常生气。同学们的作文水平普遍较差，错别字太多，标点符号用得不规范，语句也非常不通顺。我定的要求不高，但同学们犯的错都是很基础的，我心里有点接受不了，总觉得这完全不应该是属于五年级的水平。我有点灰心，感觉自己根本无法指导他们的作文，今天下午上课前心里也还是没有畅然。

但为了鼓励同学们，我事先准备了自己小时候也特别喜欢的贴纸。同学们起先有点害羞，不敢上台。再三鼓励后，他们慢慢放开，一个接一个地上台读自己的作文。有了他们的配合，我觉得作文课总算是可以上起来了。每位同学读完后，我都当场点评，不仅仅会指出作文的精彩之处，更多的是要指出不足。

其他同学都顺利完成了，最后上台的是一位女生。她非常害羞，说话声音非常小，站得远一点几乎听不见她说话。我一直在旁边提醒她要大声一点，可她完全没有反应。她平日里学习也是班里较差的，上课也有点调皮，一想到这，我心里就有了"恨铁不成钢"之感。她读得断断续续，其他同学也一直在议论，我也有点心急，一直在催促她。后来我发现不对劲，她读的内容好像完全与作文主题不相关，就觉得她完全不听我的要求。我是个急性子，脾气也不算温和，一时很想当场质问她，但又觉得这样会伤害她，就还是让她读完了。

依例，我也要对她的作文进行点评。我先是表扬她还是读完了作文，然后指出了她作文中的错别字。此外，我也问出了自己心中的疑惑。我想知道她为什么要读与主题无关，并且作文里也没有写的内容。她一直低着头，也不答我的话。我又仔细看了一遍她的作文，并仔细回想她刚才所读的内容，发现我还有很多细节没有注意到。她的作文除了第一句话点明了自己家乡所在之外，全篇都是在谈论妈妈和奶奶。我突然想到我以前曾问过她的家庭情况，她与两个妹妹从小都与爷爷奶奶生活在一起。她写的只是生活中和奶奶一起拔萝卜之类的这些小事，但非常真实，仔细读来我能感受到浓浓的亲情。我说出了我的看法，我认为最好的作文一定是最真实的，只有这样才能打动人心。所以我肯定了她写的内容，但要与我们的主题相关，还得做一下修改。"家乡之所以可爱，不仅是因为家乡的景色，也因为家里有我们爱的亲人。"如果改成这样的立意，不仅符合要求，而且非常新颖。

针对作文主题问题，我对全部同学都做了说明，希望他们以后写的作文一定要符合内容要求。但同时，我也认为不应该用太多的条条框框把他们束缚住，美好的童年时光本就应该充满想象和自由。这两个方面是可以很好地结合的。至于遣词造句，华丽的辞藻固然能让人喜欢，但这也必须是在真实的基础上，虚假一定不是写作的实质。

因为这一篇作文写的是科巴，我又是第一次来到这里，所以我也和同学们说了一下我的看法。我说，"科巴真的很美，我真的太喜欢这里了！"同学们一听这话起了兴趣，我发现教室此时异常安静，我就继续着我的讲课。写作实际上也是在交流，作者就是要针对一个主题向读者表达自己的看法，至于如何表达，方法不止一种。想要介绍自己的家乡，景、物、人、文化、习俗等，都是我们在写作中可以考虑的角度。我喜欢科巴，喜欢这里的青稞田，喜欢这里淳朴热情的村民，喜欢这里勤学刻苦的孩子……

这堂课，我越讲到后面越激动，同学们的表现也非常好，最后的结果还是让人欢喜。经过这堂课，我也明白以后要反复、全面地看同学们的作文，不要一口否决，要找到其中的闪光处。同时，要多关心学生，尽管我们只是暑期补习，也要注意维护学生的尊严，多鼓励他们。对于自己以后写作，我也从中受到了一些启发。

7月15日　　　　星期六　　　　晴

在教学上，到今天为止，我觉得自己已渐渐进入状态。上课的日子，我觉得自己每天都过得很充实。和同学们在一起的时光，也比我想象得还要快乐！这几天，我一直是负责五年级的语文、数学和英语，全天都在上课。但我真的没有很累的感觉，或许是才上课一周，时间尚短，我的兴奋劲儿还没过。

其实，我能有这么开心、兴奋的教学感觉，我觉得完全是运气好。总体来说，我觉得我们班的同学都比较乖，很懂事，尽管有个别调皮的，但还是很听话。经过这几天的相处，我对每位同学的情况都有所了解，也知道他们身上的优点和不足。最开始，我总是关注他们的缺点，对他们的闪光点不够关注。后来越发觉得他们每个人都是那么可爱，对他们的鼓励和赞扬也在不知不觉中多了起来。和他们待在一起，好像所有烦恼都能抛却。

今天下午，新疆大学的同学们也来了。他们经过两天多的长途跋涉，终于和我们会合了。倒数第二节下课时，有两位同学到我们教室来了解情况。他们兴致很高，脸上都露出笑容。他们向我了解了科巴学生的情况，也询问了我教学相关问题。看得出来，他们对此次支教非常看重，也做了很多的准备。

晚饭后，田老师组织开展了一个联欢会，想让我们两所学校的学生能相互认识。桌子上摆了很多新疆当地的水果，味道很好。联欢会开得很热闹，气氛很高。第一个环节就是我们大家按顺序做自我介绍。很多队员的自我介绍非常精彩，风趣幽默，口才不俗。在加拿大留学的学姐更是多才多艺，英语口语说得真是太赞了。看到老乡，总会感觉到亲切，于是大家就互相热聊起来。我也做了个简单的自我介绍。不知道我是说错了一句什么话，引得大家都起了哄。我心里一片茫然，但还是继续说了两句。

本以为自我介绍完后这场联欢会就可以结束了，没想到热闹的还在后面。新疆大学的同学们准备了很多拿手的节目，魔术、歌曲都是专业级的，我们看得津津有味。海师团队也有好几位唱将，听她们唱歌真是太享受了。我坐在后面，想着时间也晚了，应该不用表演。其实在几天前的一次晚会上，我就"被迫"登场了。我五音不全，唱了一首山城版的《江南》，唱得全场都没有反应！这次想着推一推，但是为了欢迎新大的伙伴，好像都必须得表示一下。我就清唱了《明天会更好》，只记得几句歌词，后面没记住，我就早早下场了……

田老师反复告诉我们，我们是一个团队，一个整体。是的，我们为了同一个梦想、同一个目的而来，我们应该同心协力。同时，我也要学习伙伴们的长处，多吸取经验。

7 月 16 日　　　　星期日　　　晴

从今天起，新疆大学的同学们就要和我们一样，正式开始教学了。我的搭档是新疆大学软件工程学院 2016 级的申怡敏，一个活泼外向、能力特别强的河北妹子。经过昨晚的协商，她负责教英语，我教数学和语文。

有了同伴，我的底气也足了。最主要的是，由于我们班是单独在大叔家，以前我一个人管，总感觉分身乏术、力不从心。有了她的帮忙，很多事情可以更好地商量，同时，同学们也能转换一下心情。除此之外，我还特别地佩服她。她虽然才大一，但已经是第二次来支教了。我们了解过上次冬季支教的情况，条件的确非常艰苦，可她却做得非常棒。听老师表扬过她很多次，所以我也特别想向她请教一下。现在，终于有了机会，我真的很开心。

由于上午一二节课是申怡敏上早读和英语，我就先在前院准备。这时，田老师和白惠东学长正准备外出去高中补习地点看看。看着我正好没上课，田老师也叫上我。一路穿过富有藏族特色的小巷道，就来到一条乡间沙石公路，路的两旁都是集中连片的青稞田，绿得灿烂。我们就这样走着，走着，一边呼吸着新鲜的空气，一边畅聊。

田老师和我们说起了他以前的一些工作经历，这对我启发非常大。他说，人一定要有担当，一定要"不忘初心"。的确是这样，很多事情不是不能做，也不是不能成功，失败往往是因为人们的退缩。很多举措不需要花费很多资金，就是没人愿意站出来主动担起这份职责。善举有时只是举手之劳，不需要太多外在的东西来修饰，但需要我们用心经营。

就这么说着，不一会儿我们就由一位大叔带着路来到了高中补习地点。应学生家长要求，又考虑到高中学习的紧迫性和重要性，此次支教高中学生都安排在了村民家中。一进教室，我就感觉到了严肃、认真的气氛。房间里一共有十来个高中生，他们大多是高二学生，一个个都坐得很端正。看向黑板，上面写着一些大学的名字，有中央民族大学、西北民族大学……原来这是在统计同学们的高考志愿意向。有了明确的努力目标，学生们的学习积极性非常高。田老师非常高兴，说了非常多鼓励同学们的话，勉励同学们要懂得吃苦。这些话语也鼓舞了我，使我内心也受到触动。

在从村民家中返程的路上，田老师又和我们说起了村子的一些生活情况。因为受地理位置和资源限制，科巴村人非常节俭。比如说，他们会将牛粪收集起来，当作冬季烧柴的材料。科巴村人自己非常节俭，但为了支持我们支教活动，他们愿意奉献出视如珍宝的水、大房间等，只为我们能方便。

我们一定要记得科巴的恩情，同时，更要明白自己的责任！

7月17日　　　星期一　　　晴

经过这几天的教学实践以及老师的建议，我现在决定对原定的教学计划进行调整。我的教学进度一直是决定好的，但近来我发现同学们的基础普遍薄弱，根本无法跟上我的进度。这一段时间的语文和英语，我一直都在补习基础知识，几乎是每天都早读、听写。早读对于学习来说是非常有必要并且作用极大的，所以，为了让同学们多读多记，我们五年级自主将早读时间延长至一个小时。我每日都会领读，现在和申怡敏一起仍然是这样安排的。这是为了让同学们能够不荒废宝贵的早读时光，同时，跟着老师一起读，同学们的积极性也会有所提高。尽管日日强调、日日复习，同学们的听写情况仍然不太好。每日改听写本时，我都要失落一阵，尤其是当看到我讲解过多遍但同学们仍然不会写的时候。我总感觉自己的心思都白费了，可同学们却一点也不紧张。

数学的情况更不容乐观。从考试情况来看，连班上基础最好的学生也没能做对几道题。为了使数学补习充分有效，我特意放慢了速度，力求做到知识点讲解和练习题相结合。即使一天只能讲很少的题目，有时讲到计算题，我还会请同学上台做，也想以此鼓励他们。同学们还算是比较配合我的教学，课堂的秩序也非常不错。

现在看着这些五年级的学生，我的想法相较于前几天有了很大的变化。他们一个个是那么的天真美好，就像是人间的天使。即使有调皮难管的时候，也还是惹人怜爱。

因我们教室场地比较小，桌子也挨得近，所以许多同学写作业的时候不得不在腿上写或者直接趴在地上写。每天下午的作业时间也是一个小时，希望他们能将一天所学的知识做一个巩固，勤加练习。每次看着他们辛苦的摆姿势做作业，我的心里就发酸。

事实上，科巴的孩子非常聪明，学习也非常努力。他们之所以基础较差，那是由于没有享受到和其他地方一样标准乃至优质的教育资源，而不是因为他们的智力不够。他们没有错，我们真的不能就成绩问题太过苛责他们。如果他们也接受和其他城里孩子一样的教育和管理，说不定他们也可以更优秀。人和人之间的差距其实并没有想象中的那么大，在同龄孩子中间，事实也是如此。科巴的孩子们需要的是一个机会，一个接受更多知识从而改变命运的机会。给他们一个舞台，他们同样可以做得很棒！他们不需要怜悯和同情，与其相拥而泣，我们不如好好干好自己的事，为他们的成长出一份力！

7月18日　　　　星期二　　　　晴

今天下午，我上了一节数学课，可以说是很失败的数学课……

这节课，我们讲解同学们前几天做的数学卷子中的应用题部分。这些题我都是事先做过的，也核对过答案，所以本应该没有问题。但是今天王老师来了教室，我可能有点紧张，发挥得非常不好，竟然讲错了题。

本应该是很简单的数学题，我却被题目迷惑了，一直理清不了思绪。讲着讲着，我自己也发现有点不对劲，底气也就没有那么足了。第一遍讲完，所得的答案和我先前做的不一样，我心有点虚。后来王老师也提出了疑问，我就越发觉得是错了。但是真的很奇怪，我马上反复看题，却一直一头雾水。人在紧张的时候，原来思维真的是会受到影响的。但事已至此，我明白必须做出说明。要在学生面前承认自己做错了题，这不是一件很容易的事。但是我一直在心里提醒自己：学为人师，就要有正确的学习与教学态度。所以，就算是硬着头皮，也得把这道题给改了。

课后，我进行了反省。课堂教学和备课是不同的，备课都是"预设"，而实际教学是时时变化的。我现在终于理解了很多经验丰富的老教师所说的"要用一生来备一堂课"是什么意思了。只有不断学习，不断吸取正反两个方面的经验，才能在课堂上游刃有余。只有真正在内心里备好了课，才能不断化解教学问题，才能在课堂上展现自己最自信的风采。

起先，我一直将这次失误的原因归结为紧张，心里怎么也不愿意找找其他的原因。过后，我再三反省，越发觉得自己实不该如此。失误，在很大程度上并不是偶然，我们不应该在外部找原因，而应该反躬自身。我备课的时候只是把题做了，大致看了一下题，并没有仔细理解，更没有考虑同学们的理解能力。

做错题虽然不要紧，但这会影响同学们的心情，影响他们对学习的看法。切不可让教学中的失误，挫伤同学们学习的积极性。教师是学生的榜样，只有自己治学严谨，学生也才能养成认真的学习习惯。

师者的尊严，不是学生给的，而是自己挣的！

7月19日　　　　星期三　　　　晴

不知不觉，来到科巴已经十天了，我们的支教活动也已经顺利开展到了中期。

这次来青海支教，我是经过考虑的。我今年要考研，所以暑期原本准备复习的。后来，我还是决定来青海一趟。一方面，是想来看看青海这边的风土人情和体验支教。我们学院平时就有非常多短期的支教服务，但这学期由于时间冲突，我一次也没有参加。这次有这么好的机会，所以就想着暑期怎么着也得参加一次。这次支教时间也相对较长，不是"来去匆匆"，这也会督促我不要"敷衍了事"。另一方面，也是为了锻炼一下自己。读万卷书不如行万里路。来青海，我不仅能在支教中提升自己的教学技能，还能在与老师、同学们的交往中更清楚地认识自己。独自一人和处在集体中，人会展现出不一样的状态，在集体中能更好地发现自己的缺点。

这次暑期支教走到现在，我没有后悔。来科巴这十天，我最大的收获是对很多事物有了新的认识。

首先，是对尊严、尊重有了新的认识。人的尊严或他人对自己的尊重到底来源于什么？这个问题常常使我疑惑，这次我终于找到了答案。尊重一定来源于价值，这个价值不是身份、地位这些外在的"标签"，而是社会价值，是个人对社会的贡献。就像科巴村民们对田老师、刘老师乃至于对我们参与支教的志愿者的尊重，不只是因为他们热情好客的传统，更重要的是他们能感受到我们对科巴的付出。对于一名教师而言，要想受人尊重，也不是一味地只要求学生尊师重教，而是做好自己，用自己的行为来"挣"得尊严。

其次，是对教学有了新的知识。为五年级补习到现在，我的教学还算是顺利，但是也存在问题。因备课不充分，我有给同学们讲错题。我最初不承认自己的错误，只是将那次"失误"看作紧张导致。后来，经过反思，我明白了使自己出错的真正原因。一方面，我知道了备好课的重要性。备课是教学前的准备，它对后期教学起着非常重要的作用。古人说，"凡预则立，不预则废"。对于教学，这句话仍然受用。只有充分地备课，才能提升上好课的概率。另一方面，我们应该要明白：备课永远不是真实的课堂。作为教师，只有真正把握预设和生成的关系，才能主宰课堂。课堂教学的魅力，或许正是因为它充满不确定性，从而可以激发教师的创造性。再充分的备课，也难保不会在实施中出现突发问题。对教师的教学技能的评价，一定包括其处理课堂突发问题的能力。因此，只有课前充分备好课，课上时时关注学生的真实状况，才能真正让课堂"活起来"。

再次，是对科巴的孩子有了新的认识。起初，因同学们的考试成绩过差，我对支教有点灰心。通过与同学们交谈和观察他们的课堂表现，我又发现他们各自的"毛病"，心中也渐起"恨铁不成钢"之感。后来，随着与他们的接触深了起来，我觉得他们一个个又是那么的可爱。他们不是没有梦想，只是因为这一座座"大山"，让他们看不见未来。他们真正需要的不是怜悯和同情，而是一扇窗户，透过这扇窗户，他们可以看见希望。我们支教的意义不仅在于提高他们的知识水平，还在于增强他们的自信、鼓励他们看向明天。

最后，是对我们所做的支教这件事有了新的认识。我在写出发前的感想时，写到"我希望让我大学最后一个暑假过得充实"，现在我发现不能止于此。申怡敏和我共同负责五年级，她也是我们的班主任。我很佩服她，因为这是她第二次来到这片热土。如果她仅仅是想让自己的经历丰富一点，她大可不必再来第二次。能让人再次做出同样一个艰难的抉择的，只有发自内心的热爱。

相逢即是有缘，我不想将这份缘终止在7月，我想留住这份爱，想见证孩子们的成长！

7月20日　　　星期四　　　晴

今天，课程教学一切都还比较顺利。我最开心的是，现在上课同学们会即时回应我，课堂气氛总体是比较好的。

下午，我们两个老师和同学们一起学习手语歌曲《感恩的心》。由申怡敏和杨宗吉带头，我和其他同学照着他们学习。

起初，我们班的三位男同学不想参与进来，一到下课时间，他们就去外边打篮球。后来，看到我们学得这么起劲，他们也加入进来。在这么一间简陋的小教室里，歌声四溢，每个人都扬起甜甜的微笑。我被这些笑容所感染，心中涌起抑制不住的感动，眼眶里闪着泪花。

与他们的相遇，幸运而美好！

7月21日　　　星期五　　　晴

昨晚开会，我们把调研的方向定下来了。因我和刘维军所选的方向都是与志愿者相关的，所以今天我和刘维军一起去同样有暑期支教服务的下科巴村调研。

他们的教学点在阿卡专门为支教而新建的一排一层平底教室，共有四间，外面是一大块空地，可作学生课间活动用。教室都是砖房，里外都没有粉刷，内部墙壁只用水泥涂抹了一下。虽然看起来让人觉得简陋，但这对于一般的支教已是"奢侈"。

与几位支教老师说明来意后，他们也同意我们与他们的志愿者进行交流。由一位初一学生带路，我们去到了支教老师们的宿舍。与教学环境相比较，志愿者们的住宿环境要差一些。因房间不够，男女志愿者只得划分区域，共同挤在一个大房间里。他们没有专门的后勤人员，做饭只得轮流。

　　我与这支支教团队中的三位支教志愿者进行了比较深入的交谈。这两男一女三位志愿者比较特殊，他们都不是大学生。有一男一女两位志愿者来自北京，他们就读于同一所学校，今年刚初中毕业，都只有15岁。其中的男孩子父亲是法国人，母亲是北京人，从六岁起他们全家就从法国搬回北京居住。因他从小在北京长大，所以汉语说得非常好，对中国的文化和人际交往方式也非常熟悉。令我佩服的是，今年已经是他第二次来科巴支教了，去年他就开始了这项艰辛的工作。他的这位同班女同学正是由于知道了他的经历才决定今年也来到这里支教。另一位稍大的志愿者是一个很阳光的山东男孩，今年刚高中毕业，高考考得非常不错，已被中国传媒大学录取。

　　对于"你为什么来这里"这个问题，他们的回答不同，但都可以让人从中感受到他们对于支教的热情。这位山东同学说："白吃白喝了这么多年，总感觉应该为这个社会做点什么。"他说得非常真诚，也说得非常有底气，让我很受感触。那位女志愿者告诉我，在来科巴之前，她也申请了其他的支教服务团队，可对方都以年龄过小拒绝了她。她说："我得到的只是我出生在了一个比较幸运的家庭。如果这里的孩子也出生在北京、上海，他们也会发展得很好。"那位法国男生以前去过菲律宾，他说那里有许多地方的条件也非常差，人们非常贫穷。他说他想通过自己的力量，去帮助这些孩子。我觉得他们年龄过小，害怕他们不能教好这些"同龄人"。可他们都很自信，他们说他们在课堂上会把自己当成老师。对于这里的教学和生活条件，他们表示这已经比他们来之前所想象的要好很多。对于支教中已经遇到和未来会遇到的教学困难，他们都勇于面对。

　　不得不说，他们能来这里离不开家里的支持。首先，他们的父母都非常支持甚至是鼓励他们参与社会实践活动。从他们的话中，我能感觉到他们的家庭条件相当不错，父母也都非常开明。想来也是，良好的家庭教育对孩子的成长是非常关键的。他们身上拥有的独立、坚强、有爱心这些品质，都离不开家庭环境的熏陶和感染。优越的生活条件并没有让他们养成享乐的习惯，反而能让他们体会到别人的难处。其次，也正是由于他们的家人积极与上科巴暑期支教团队联系，并同意他们自费参与，他们才能加入这项活动。

　　除此之外，我们也发现了上科巴暑期支教团队的一些不足。首先，不管是志愿者还是学生，纪律普遍比较涣散。其次，课堂教学效率不高。因教室和志愿者人手不够，他们都是两至三个班级合在一间教室上课，除藏文外均只由一个老师带。由于受教育程度不同，他们采取的都是"一对一"教学，基本上都是在讲解习题。这看似照顾到了每位同学，实则只能真正辅导少数人，这也会让没有被辅导到的同学注意力分散，不能真正学到东西。最后，由于几位志愿者还未上大学，许多教学经验和技能还非常缺乏，所以教学质量也有待提高。虽然这几位同学成绩优异，但他们毕竟年少，对学生认知规律和技能的把握还不准确。

这支团队的缺陷，归根到底是缺乏统一有效、纪律严明的组织领导。以前我也觉得支教或志愿服务是自己的事，很多组织反而把支教弄得形式化。但现在我知道了一个团队的重要性。个人可以做志愿活动，但这必是小范围的。不管我们承不承认，个人的力量始终是有限的。而对于支教来说，它所针对的对象不是个人。没有纪律的支教，往往不能收获真正的果实。众人拾柴火焰高，志愿服务的意义不在于个人，而在于志愿者这个群体共同为理想而努力。

记忆·青海

海南师范大学　莫镕蔚

2017 年 7 月 9 号　　　星期天　　　三亚晴，化隆有雨

　　8 号傍晚我们便坐上了去往三亚凤凰机场的动车，在旅馆安排好行李之后我们便一同去吃饭了。我们住宿的那条街是回民住的地方，他们的建筑也很有特色。凌晨四点我们在旅馆大厅准备前往机场，在我为我们起得早而骄傲时，发现隔壁的清真餐厅早已开始准备一天的营业了。确实，不管你以为你有多厉害、多努力，总有人比你还厉害、还努力：谁的生活都不易。

　　7 点的飞机，12 点多到的青海。飞机上看到的青海，可以说除了山还是山，有的连成一片绿海，而有的则连成一片荒漠。出机场后很顺利地遇见了前来接我们的阿卡师傅和多杰大哥。还向我们献了哈达，可惜我的矮让它的魅力显得有些渺小。这里的市上，人不似海口那般多，建筑很多有着伊斯兰教的风格。在集市上的人们衣着与我们无太大差距。因为人少又环高山，这里视野非常的开阔。我们在海东市和田老师会合了，还有一名新大的同学。我们一起在一家餐厅吃了碗牛肉面便赶着路去化隆。在去化隆的时候很不幸地遇到了大雨，因为我们都穿着来时的短袖，所以冷得很。化隆到科巴要翻过五座大山，开着车在"之"字形的盘山公路上犹如坐过山车一样上上下下，充满了危险却又刺激。我像一个无知的孩子一样对窗外的一切充满了好奇。我在雨天的路上有看见车翻倒的，有看见车陷泥里出不来的……越靠近科巴路越是坑坑洼洼。

　　科巴村在青海的最东北部，仅到化隆县上都得四个多小时，沿途都是山，路边也少有护栏，青稞和小麦成片出现在我们的眼前，真的很美。我敬佩这里的人，为了生存，不辞辛苦地在一座座大山上耕耘着。到达村落后，我们一行人便一起卸下行李，而后就跟着田老师学腌菜了。我喜欢大家一起团结合作共同劳动的感觉，真的很暖心。科巴的晚上 9 点天才黑，感觉好新奇呀！真的觉得读万卷书和行万里路

差别很大耶！晚上我们吃了馍还有这里的土豆牛肉面，应该是主食了吧，还不错，终于知道馍是什么样了。晚饭后田老师组织大伙开了例会，告知了我们宿舍的安排。田老师还特别强调了安全问题。为了女生的安全，田老师便和我们女生一起住在了旗毛阿姨家。

今天让我更加坚定我的志愿之路的是田老师和主家老爷爷的十年之约。每次田老师来，老爷爷都会跟他强调这个约定。老爷爷希望田老师能带着志愿者们坚持在科巴支教十年。田老师也答应了。田老师说，老爷爷说自己也快80了，也许自己数不到十年了，但田老师可以，所以恳请他一定要坚持。田老师也就因为这个约定到现在坚持了三年。我很敬佩田老师，为了一个原本陌生的人可以承诺出自己十年的时间。我也敬佩老爷爷，年岁已高，仍不忘科巴的发展。

晚上的科巴真的很冷，因为海拔高，头一直都很晕，但是还可以撑着。旗毛阿姨真的很热情，准备了很多被子给我们，环境还蛮不错的。累了一天但也开心了一天。多多关照，科巴！

2017 年 7 月 10 号　　　星期一　　　科巴有小雨

这是真正见到科巴的第一天。由于早上 7 点半要去男生住的那里，也就是阿卡师傅家吃早餐，所以我们 6 点半就起来了。我们女生本来说好起来之后分组值日的，可是，旗毛阿姨五点多的时候就已经扫过地了。这边的天亮得也早，这边的人也特别勤快。早餐是稀白粥和馍馍以及老师炒的白菜炒羊肉，还有我们昨天晚上腌的菜，不过菜都挺辣的。吃过早餐田老师便带着我们前往教学地点，那是一个不大的房屋环绕的讲经堂，藏语叫玛尼康，里面挺宽敞的。学前到四年级还有六年级教学的地点就在里面，两间房子一共四个班，边沿走廊还有两个班。在男生宿舍有一个班，女生宿舍有着初中到高中，都在走廊上。多杰大哥中午带我们穿过了好几条小巷，沿途有着好多青稞和小麦田，真的好漂亮啊！在老远，我们就惊奇地发现了大山脚下有着许多穿着藏族服装的人，旁边还搭着一个帐篷。我们翻过土坡，奔向了帐篷。多杰大哥说这就叫卡桑节，男女一年各有两次。而这次则是属于女生的聚会，但我们作为尊贵的客人，也可以参加。在帐篷中我体会到了科巴人的热情。帐篷里有很多妇女，还有好多吃的，西瓜、甜瓜、花生、李子、饼干……我吃了西瓜和甜瓜，水分都特别多也特别甜，不似在学校里吃的，没多少甜味。还有牛奶和青稞做成的馍馍，很美味。脑海里闪现了以前电视剧里边一直有的在蒙古包里聚餐的画面，不曾想象，我也能有机会来到这种相似的地方。我们还听了大姐姐们的歌，很悦耳，她们穿着藏族的服饰，还给老师献了哈达。她们的热情真真切切地打动了我。我想，这里带给我的，以后肯定还有很多，我一定也会尽力把科巴的孩子领进知识的殿堂。田老师不想妨碍到她们娱乐，所以就早早地带我们回去了。我走过了很多户人家，就包括住的地方，觉得这里的环境真的很安静，所以我们说话都特别小声，这算是入乡随俗了吧。虽然有时候大家很想大声笑上一两声。下午我们女生一起洗着老师买回来的杏子和蟠桃还有葡萄，真的特别甜。男生负责组装从学校带来的电脑和打印机。我们就这样分工合作，很和谐。晚上复印完二年级数学摸底试卷以及做好答案就睡了。很充实的一天。期待明天的到来。

2017 年 7 月 11 号　　　星期二　　　科巴很晴

今天一早大家都精神饱满，满怀希望地走向玛尼康，准备迎接我们真正的支教生活。由于小学还没放假，所以我早上没课。啊，真的好羡慕那些已经领到自己班学生的同学呀。我帮着小英一起带着一年级的学生。开始是进行摸底考试，可是好难过，发现他们居然不知道怎么写"一年级"的"级"字，还有他们自己的名字。教了好多遍才会。试卷做得也是一塌糊涂，但讲了试卷。因为没有黑板，只能小英在那边讲的时候，我在这边也同时教着学生。讲了好多遍的题，一些人还是上一个对下一个错，还不是很懂。后来一问才知道，原来三分之二的学生都是学前大班的，家长硬是带来了一年级。哎，忙活了一上午，居然才发现对象搞错了，心塞。不过，哈哈，通过上午的讲卷发现自己还是很有耐心的。下午出了二年级语文摸底试卷，老师说没纸打印了，那就明天吧。下午快放学的时候也领到了自己的两个学生，真的好开心呀！我还和他们玩起了扑克牌游戏，感觉好久没有享受到这种童真了。在路上遇见学生，还有这里的家长，他们都会叫一声老师好。真的觉得好自豪，有一种使命感。这让我更加坚定了我的目标，那就是把老师视为自己未来发展的职业。加油吧！期待明天会更好。

2017 年 7 月 12 号　　　星期三　　　科巴很晴

今天是我正式上课的第一天。哈哈，开心开心，虽然今天我的学生只是来了 7 个。由于今天村民要在教二年级的房间里念经，所以我就在玛尼康中间的空地上教学。这里没有桌子，所以我找来了两张长凳，充当学生们的课桌。没有椅子，我便给每人都撕了一张长纸，但他们都没有拿来垫着坐下，而是坐在了布满尘土的地上，而且还满不在乎地欢笑着。长桌充当的课桌很矮，但他们还是都挺认真地写着我给他们发的数学摸底试卷。他们做完之后，我就让他们自己改自己的试卷，目的很简单，就是让他们真切地了解到自己做题的状况，以让他们自己告诫自己下次要减少失误。而他们也很乐意改卷呢。上午大家相处得很融洽，所以时间也就很轻松地过去了。下午给他们讲解了试卷的内容。发现男生里边，拉毛东智挺安静的，不过知识基础也是最不牢固的。其他三个人就很活泼。女孩子都特别安静，是还没和我熟悉吗？拉毛才让（小）知识基础也不是很牢固，当然，这是对于他们几个而言。看来我得重点关注他们两个了。似乎他们都挺喜欢写作业的，做完题之后都会抢着给我看，特别积极。

上午安排他们回去抄一遍乘法口诀，但是仁清东智和拉毛东智没有完成作业。我让他们明天必须交。因为他们总是问：为什么不考语文？我们没有练习吗？所以晚上我就赶紧把语文试卷打出来了。希望明天他们能给我一个满意的答卷，对他们还是抱有很大希望的。今天快放学的时候，我检查最后一道题时发现拉毛才让（大）在自己的试卷上写着："老师，我们每个班都需要一个黑板。"突然因为她的主动而觉得好感动。

晚饭后我们一起开了联欢会，算是彩排吧，因为新大的同学来了之后，我们还要开一次。大家各自都表演了自己的节目，歌声很悦耳，故事很精彩。自己还有点自卑，不过还是不断地安慰自己说"加油，勇敢一点"，虽然五音不全，但还是很勇敢地把《时间煮雨》唱出来了，这也很值得鼓励，不是吗？会上田老师还和我们分享了自己的教学经验。他告诉我们：教学质量的好坏关键在于老师，所以一旦有问题就一定要自我反省，学会从自身找原因。他还说作为一名支教志愿者，首先要认清自己，要知道自己肩负着什么责任。还特别强调了我们不是作为一名国民教师来给孩子们上课的，而是要查漏补缺，所以要紧扣考点和重难点，要学会检验同学们是否真正地懂了，要让同学们真正掌握知识而不仅仅是口头上的"懂了"或是"明白了"……觉得老师讲得特别对，收益颇多哦。对明天充满着期待。

2017 年 7 月 13 号   星期四   科巴很晴

今天怀着满满的信心，8 点就去了玛尼康。刚进去便看到了扎西东智，他很积极地问我可以不可以把椅子搬到屋子里？我很兴奋地答应了。扎西总是笑呵呵的，很乖很可爱。我最早认识的学生是他，觉得最好的也是他，很积极很阳光很听话。我希望他一直能这样积极。今天拉毛才让（小）没来。我让同学挨个带读了古诗文，不得不说他们很积极，没有很听话地跟读，而是抢着读。可以说是秩序有点乱。讲了几道数学摸底试卷的题，也举一反三了，不知道他们是不是真的懂了。特别是拉毛东智。考了语文试卷，但是他们考试的时候好吵，不用心在写，以至于没有一个人及格。我很不开心。他们古诗词都会念而且特别顺口但都默写不出来。他们的成绩让我很烦心。昨天跟老师反映了一下黑板的事情，下午就有了一块黑板。教了他们关于时间的知识点还有两位数乘一位数、两位数的知识点。通过他们的回答，我知道他们都学得挺好的，我很开心。今天晚上还是要开会。田老师就我们的教学问题提出了两个落实不到位、两个定位不准和三个第一。两个落实不到位便是教学分段落实不到位和教学方法落实不到位；两个定位不准则是对学生定位不准和对自身定位不准；三个第一就是教学质量要第一，教学秩序要第一，教学方法第一。田老师真的很厉害，只是在我们教学地点走一走、听一听便知道了我们的错误。加油吧，按着老师说的要求，理清一下思路，争取做得更好。因为只有玛尼康门口有顺畅的网络，所以晚上我吃完饭就去玛尼康下载了三年级上册的电子书，发现好多东西自己都可以从二年级知识点中去延伸。所以我回去就赶紧在二年级知识点的基础上备三年级知识的课。备完课已经快 12 点了。忙碌的一天又这样过去了，明天，一定会更好的，对吧？

2017 年 7 月 14 号　　　　星期五　　　　科巴很晴

今天一早的精神还是棒棒哒，真喜欢这种充实的生活。今天上午一、二节课就接着昨天时间的知识点讲，先是二年级的时、分，再延伸到三年级的秒。在课堂上，同学们积极抢答的答案，让我很满意。好像自己都没有在这样的班级里边过，同学们回答问题真的好积极。上午三、四节课让他们熟读并默写了二年级上学期的四首古诗。因为达芒卓玛是镇上的学生，教材和我们也不一样，所以她完全不懂怎么读那些古诗，更别说默写了。其他同学在一旁认真地读书和默写时，我则专心地教她读写。上午他们很配合我。

下午还是教他们时间的知识点，不过是三年级的时间应用题。应用题真的就是他们的难点，每次都举很多例题，每次都会有人出错误。应用题一定要多关注。下午我们班和一年级一起上音乐课，大伙都很开心，虽然我五音不全，但是教他们儿歌和二十六个英文字母歌还是可以的。晚饭后，我问了主家老爷爷香塔和经幡还有外墙上的经文符的有关内容。还问了主家大叔关于这边房屋构造的事情。啊，怎么办，好喜欢这么认真的自己呀，希望明天可以把文章写出来。

今天老师又强调了一遍班级纪律的问题。有好的纪律才能有好的教学，把握纪律等于成功的第一步。我们班纪律方面做得确实还不够，仍然会无序抢答。这不得不承认是我的失职。明天再好好跟他们说道说道。科巴，晚安咯。

<h2 style="text-align:center">2017 年 7 月 15 号　　　星期六　　　科巴很晴</h2>

今天还是 6 点半起的床，早上的天气真凉，可还是挡不住我这颗激动的心。上午还是时间问题，关于上下课时间间隔的应用题。举了我们日常上下课的时间来讲，同学们接受的速度还是很快的。但这对他们造成的最快的影响就是，他们总是会问我：老师，我们是不是快下课了？老师，我们是不是还有两节课？我是该高兴他们掌握了，还是该难过？居然就想着下课了。讲完时间问题我就接着讲百位数加减以及千位数加减。发现加法他们基本都掌握了，但减法的正确率还是不高。放学也留了十道加减法式子给他们，重点是减法。

午饭后让田老师修改了一下我的文章。我把这篇文章命名为"科巴有梦，有谁来圆"，主要是介绍科巴的环境以及这里孩子的状况，最初的想法是希望能帮助外人了解科巴的情况，从而使他们可以伸出有力的双手去帮助这里的孩子。田老师帮我改了一些不顺的句子，让文章更加通顺了。他还夸我文采不错，还懂得图文并茂。嘻嘻，突然意识到自己的进步了，想想这都多亏了院长的栽培呢，图文并茂的写作方式也是通过院长初期要求写自我介绍时，我写家乡的情况锻炼出来的。技能就是能这么潜移默化。每一次的刻苦，不见得就会立马有收获，但坚持刻苦，你就能看到大进步。原先还觉得每月一次的读书报告会很麻烦，又要写心得又要写读后感，而且大伙还要帮忙批改。现在想想，确实是熟能生巧。啊，感谢院长啊！感觉自己棒棒哒。小小的成就感。回宿舍就把文章发给刘荣老师了。下午的课就是让大家看《阿凡达》。想着让他们放松一下再上课，效果应该会很好的，对吧。好吧，不得不说，我想错了，大伙很激动呀，回答问题更积极更没有秩序了。

下午新大的小伙伴来了。人一下就多了起来，好热闹呀。晚饭结束后，田老师便组织我们开展了联欢会。小方桌子上摆了很多葡萄和西瓜，都是新疆的，超级好吃超级甜。会上我们大家按顺序都做了自我介绍。哎，自己每次做自我介绍时都会说:"我叫莫镕蔚,莫是莫文蔚的莫,蔚是莫文蔚的文。"真尴尬,每次都会错,但每次都会说,好像还真过不去这个坎了呢。新疆大学的小伙伴们准备的节目真的好丰富呀,还有魔术呢,唱的歌也特别好听。自己也上去唱了一首歌,哎,又是一次勇敢的挑战。今天有了一个外号:科巴莫文蔚。哈哈,觉得我该抹黑莫文蔚了。

联欢会结束时,田老师告诉我们说:在座的各位记住了,我们是一个团队,是一个整体;我们应该齐心协力,共同努力,要善于从他人身上吸取长处……嗯哼,每天晚上的心灵鸡汤都很受用,有没有。嘻嘻,开心而充实的一天。明天继续加油。

2017 年 7 月 16 号　　　星期天　　　科巴很晴

今天新大的王敏港开始接替我上二年级的语文课。作为班主任的我要在后面辅助管理班级,轻松多了。但不得不说还真有点舍不得给他带呢,虽然自己带的时候一天八九节课,但是觉得很充实也就不感到累了。

哈哈,中午有大盘鸡吃,好开心呀。田老师的厨艺真的好得没法说,棒棒哒!可惜的是没煮饭,所以我就吃了点馕。说实话,不怎么饱。

下午上课的时候,有几个学生总是在说话,于是我就罚他们出去站军姿了。很不幸的是,他们站的时候,田老师正好来玛尼康。哎,我也是吓了一跳,暗想这下糟了。果然他们还是被田老师打了,心疼。我也被批评了,田老师说以后他们再闹就赶出去,不要手软。可是我哪舍得呀!

晚上田老师说刘荣老师夸我文章写得好。还有排出来的课也给老师看了,新加了两节音乐课,一节地理和绘画课,还有生活百科课。音乐课就是让海伦学姐教二年级的英语歌,想着这样可以提高他们对英语的兴趣,毕竟他们要学英语了,不是吗?地理课和绘画课是连在一起的,因为我发现同学们对我在的海南和王敏港在的河南的位置没有概念,再加上他们又很想上绘画课。所以我想着让他们了解一下外面的世界,同时还能画画中国地图,一举两得哟。开生活百科课的主要原因是看到同学们太不注意卫生了,总是含着脏兮兮的手指,想让他们了解一下关于卫生方面的知识以及提高他们的环保意识。听完我的构思之后,田老师就允许我开课,开心开心。

今天下午教了他们认识近似值和保质期的内容。近似值他们都懂了。至于保质期的内容,他们课本上也没有涉及。但是我发现孩子们买东西都没有看保质期的意识,小卖部的过期商品又那么多,真的很不安全。正好保质期、生产日期这些和时间又有关系，我就想着可以从时间的知识点去切入。一直在举一反三，讲得自我还满意，希望他们是真懂了吧。

今天田老师又强调了三个帮助，即帮助需要帮助的人，帮助值得帮助的人，帮助自己力所能及帮助的人。今天该怎么说呢，挺满意的一天。

2017 年 7 月 17 号　　　星期一　　　科巴很晴

今天上午还是两节语文两节数学。在上语文课时，我在后面看着那帮孩子，发现他们也一点都不安分，还是那三个在讲话。我又开启了批评模式。要么安静，要么罚站的选择好像没有用了呢。哎，才发现为什么班主任会那么凶，为了这个班，付出了多少。也才明白，越是在乎你的人，越会对你严厉。我想现在的自己肯定还无法真正体会那种累。今天我教了他们万位数以内的加减法以及应用题，虽然这是三年级上学期的内容，但是我可以从二年级百位数以内的加减法知识点切入，加法仍然很不错，但减法和应用题还是需要加强。举一反三了很多题。效果还是有的，欣慰了一点。啊……发现眼镜不知道什么时候放包里被压碎了，啊，心碎了一地。

发现自己已经习惯了教课，也喜欢上了这个职业。虽然也会有烦心的时候，但是起码每一天过得都很充实呀。加油加油！希望离开的时候，大家都会有难忘的回忆。

2017 年 7 月 18 号　　　星期二　　　科巴很晴

今天早上到教室带同学们早读。我自己也有念错的时候，不过也及时改正过来了。同学们也没有笑我哟。我发现同学们念书都挺快，但吐字不清楚。今天虽然也有抢读的，但，总的来说比以前好多了。同学们今天安静了许多。不过遇到了一个尴尬的问题。男同学问为什么每次女孩子犯错误都不罚，太不公平了。好像就是这样，可是不得不说就是因为男孩太调皮了，女孩子比较听话才不那么严厉的。好吧，不狡辩了，还是得承认自己做错了，一碗水要端平啊。

中午敏港夸了我，说我的"三、二、一"真的特别受用。每次上课时，我只要喊"三、二、一"，结束时，他们肯定已经飞奔回来坐好了。每次喊的时候很严肃，但其实看他们跑回来心里特别想笑，同学们也觉得很好玩，还跟着我一起喊呢。

今天教了他们三位数乘一位数的知识，还是三年级的内容，还是从二年级两位数乘一位数的知识点切入的。同学们今天也学得挺好的。关键是我感觉不错。

今天忘了谁说的一句话让我很受益。目前小学最重要的不是教他们知识，而是做人。虽然一直在强调，不过好像礼貌这方面我们班还不是很有成效，还是会有见了老师就低头跑的同学。想想明天怎么惩罚吧，好像除了罚站五分钟就是抄口诀了。总觉得不舍得，但又必须要管，矛盾啊。

2017 年 7 月 19 号　　　星期三　　　科巴很晴

今天又来了两个新同学。叫元旦尖措和南卡才让，都挺聪明的。

早读的时候慕冬冬批评了我们班那些读书不认真的人。突然检查一个学生昨天抄写的语文作业，他把纪律的"纪"写成了"记"。然后他就被骂哭了，好心疼呀！第一节课下课，另一个学生也被冬冬爆骂了，还被拉出去批评得哭了。两节语文课就只是让他们抄写"纪律"和"尊重"。第三节课我讲 5 天前发的数学试卷，结果都没写。一个个都被罚站了，回答问题正确三次的才可以坐下。最后一节课本来说好要上地理课的，结果我愣是画了差不多一节课的中国地图。有人在"我们值不值得志愿者们帮助"这个问题上调了皮，所以就被后面听课的冬冬批评了，又哭了一个，心疼，希望他们这次能认识到自己的错误。今天还有一个让我心酸的插曲就是六年级的一个学生的爷爷带他过来，但是他已经被开除了两次，不能再收了。看着爷孙俩没有言语，一前一后离开的背影很是落寞……

下午上了一节数学课（讲了多位数乘一位数的练习题），感觉他们掌握得挺好的。之后我们一起去了藏民家吃饭。三碗面条、一个羊肉包、一碗奶茶，撑到我了。才知道那是一家的爷爷去世了，弄的饭席。老师们和学生们都去，学生在外面吃，我们在屋子里吃，藏民很热情。6 点多的时候教学前到六年级唱《感恩的心》以及学习手语，同学们学得特别好，很可爱，也很搞笑。7 点回去后看见桌上的凉皮就觉得有点反胃。因为下午吃得实在是太饱了，但还是吃了半碗。还发了一瓶罐装可乐。不过我没喝，实在没肚子可以装了。他们玩得都好开心呀，自己还是很安静，甚至很想睡。

晚上又开会，开到 11 点多。同学们都讲得挺精彩的。我也就讲了对我来说很重要的但或许对他们来说微不足道的几个道理及认识这些道理的过程。

第一，奉献爱心（实现自我价值），讲自己的生活背景。还与学习相结合，阐述学得越多，明白得越多，能帮助别人的能力越大的道理。

第二，实践出真知。

（1）你没有经历过别人的人生，就没有权利评价别人。主要举了生活中的例子加以诠释。

（2）很多事情只有经历过，才会懂得。主要以自己的工作经历和对老师的想法来诠释只有自己经历过，才能懂得各行各业的不容易。

很高兴，自己很勇敢地说出了自己所想的重点，也比较自然了，好像都不再紧张了呢。很棒哦，越来越像一个老师，加油，明天也一定会棒棒哒！

2017 年 7 月 20 号　　　　星期四　　　　科巴很晴

还是三点一线、早起晚睡的生活。充实得忘了时间，突然发现在科巴的日子已经过去一半了呢。

今天曾鹏辉帮王敏港带了两节语文课，这些天田老师一直都有夸曾鹏辉上课上得好，今天也算见识一下了，果然不错。讲的是"坐井观天"。我总结了一下他上课的优点，共 5 点，即：（1）充分调动孩子的积极性；（2）肯定孩子的答案，努力把孩子们的答案连起来；（3）生动、肢体语言加表情到位；（4）每一句话几乎都有对不对、是不是之类，善于提问，能做到让同学们多说，集中他们的注意力；（5）充分发挥同学们的想象力。而缺点是他带读的时候没有断句，导致同学们跟读时出现混乱。不过总体来说还是有很多方面值得我学习和借鉴的。

今天身体不是很舒服，觉得有点乏力。今天下午教的知识，通过他们反馈回来的结果知道他们接受得很不理想，总有走神的。很生气，但更多的是怪自己没有能力去吸引他们的注意力。加油，明天试着改变一下教学风格。希望明天一切都会更好吧。

2017 年 7 月 21 号　　　　星期五　　　　科巴很晴

今天只上了上午的课。我在讲今天的知识点之前，增加了一个与课程相关的抢答环节，算是课程导入吧。同学们每次抢答都特别积极，不过上午我还是把昨天下午讲的多多少、少多少的对比题重新再讲了一遍。还复习了一下作答方法，他们接受的应该比昨天好吧。我是不是对他们期望太高了？一道题小问多了，他们就懵了。好像也是怪自己太急于一时了吧，总想着能快点教完，好教他们更多的知识。

下午男生们去丹斗寺了。而我们女生——去野餐了。感觉还不错，看到了马和羊，还喝了一点点青稞酒。挺好喝的，开始虽然满满的酒精味，但过喉之后，就像吃了薄荷一样的麻与清凉，胃也暖暖的。好吧，第一次喝酒，还只是一点点。

晚上男生们分享了他们去丹斗寺的历程。没去过，所以还是没有什么印象。老师还请了小学的校长座谈。不过我没提什么问题，因为上次他来的时候我已经问过很多了。

又是充实的一天！

2017 年 7 月 22 号　　　　星期六　　　　科巴很晴

今天院长和学姐、学长以及刘老师一起去了县里调研。

早上我上了第三、第四节课，讲了昨天给他们留的几道算术题就已经一节课了。好奇怪，怎么会这么快。又写两道加减的应用题就放学了……

不得不说，他们是一群可爱又调皮的孩子。

下午忙活得有点晚了，好在敏港已经上课了。下午收到了好多小朋友塞的小糖果。开心。明天记得要买大的还回去哦。

下午讲了三道减除的应用题。感觉听得不是很认真，所以就让他们重新抄写了。他们一直嚷嚷着要看恐怖片。所以我在最后二十分钟，让他们看了几分钟的关于感恩父母的公益广告，还有一个关于懂得分享的几分钟动画片。因为结局有写明故事的含义，所以也让他们重点看了。让他们回去写感受。应该不算什么难题吧。

晚上田老师就支教的近期工作进行了总结以及提出建议。(1) 小学各年级教学基本可以。但是，分段教学没有落实（至少看不出明显的段落），激情不够、热情不足，倾向于成人化，这还是教师的态度不端正，请尚海伦录制示范课供大家学习。(2) 中学部分不再花更多的口舌做思想工作了，把道理讲清楚就靠他们自觉，不再为学生生气，只要不扰乱课堂就行。(3) 大家的精神状态要振作起来，端正态度：我们是在做善事，但同时我们也不是救世主和施舍者，我们也需要在工作中学习、修炼和提升。(4) 生活中也要注意观察学习和改变提高。比如：感恩（不要对别人提供的方便和帮助熟视无睹，不要认为是应该的而不去尊重）；懂事（早起打扫庭院是不是也要排班，桶里没水是不是要主动打满）；互助（是不是不帮厨就可以什么都不管，帮厨调整）；文明（生活方式要向好的同学学习，吃饭的时候没有正事儿是不是就不要过于吵闹）；节俭（节约用水、用电、用纸），节俭是美德养成，合适即可。(5)《另外一首歌》《光影的故事》）落实了吗？《感恩的心》怎么弄？ (6) 健康课的视频考虑一下是不是可以统一在各点播放讲解。(7) 环保课如何操作？统一捡拾垃圾？（8）《开讲啦》谁主动挑战？（9）所有成员尽量不要喝生水，要学会利用太阳能灶。(10)互相拍视频、照片，真实反映支教生活。

老师还给我们留了几个问题。（1）师生关系是怎么样的？（2）作为老师应该有的态度是什么？（3）惩罚学生的目的是什么？老师还说了教小学生的时候批评不要过度，奖励也不要过度。要有亲和力，要擅用表情和肢体语言。发现问题时要及时调整。

又受益了。好好思考一下自己的不足吧。加油加油，争取做得更好。充实又开心的一天。

2017 年 7 月 23 号　　　星期天　　　科巴很晴

今天觉得自己很失败。昨天让他们看视频写感想或体会，自己想着，哪怕写几个字也是进步不是吗？哪曾想，那群小屁孩一个字都不写。早读全体罚站了，问他们昨天故事的内容，也没一个说得完整的。所以我真的很生气，但还是跟他们重新讲述了一遍昨天的两则故事。感恩那则故事我还加上了我们生活中的例子。好几个同学都哭了。真的很巧的是，田老师进来了，把我和王敏港叫出去说了一通，说不能老是责备同学们。有点委屈，刚刚我也没怎么责备呀，不过反思后，也觉得这几天好像责备得有点多了。好吧，承认我错了。中午回去田老师还是生气地说我了。我说："昨天让他们看视频，说回去写感想，可是今天都没写，所以就罚站了。"老师问说："你提示他们回去写什么了吗？"我就很委屈地说："视频的结尾都写着，我还一个劲让他们重点看了呢。"谁知道老师更生气了，他说："所以说啊，问题就出在这了，你以为他们能看得懂吗？你不应该看视频之前先教他们那几个词吗？之后再看视频加深他们的印象吗？不要用成人的那套来看待孩子，好不好？你还怪他们不写呢，孩子们该有多委屈呀，好好反思一下自己吧。"被说得哑口无言。想了想，确实，我错了。你以为的，你以为是你以为的吗？他们毕竟是小孩子。

2017 年 7 月 24 号　　　星期一　　　科巴很晴

今天上午教了乘加、乘减的应用题。下午则教了除法应用题还有乘除混合运算。感觉他们学得还可以，希望他们真的能记住。过几天就整体复习一遍吧。

今天李毛吉问我什么时候走，我说这个星期。她拉着我的手说，可不可以不要走……很感动。还有看本加今天一直让我给他订书钉。我才给过他，转身就含嘴里了，让他拿出来之后，他还使劲让我再给他。还说："他们都喜欢你，反正我不喜欢，谁让你不给我订书钉。"哭笑不得。

晚上李加东智来访，我一直在录视频。自己在那里就是学姐咯。大家都一起聊了聊天，不过我没什么问题想问的，所以就一直听着。晚上还是很晚才回去。不得不说，不洗澡就是省事。今天喉咙难受。可千万千万别生病啦。明天，又该是很充实的一天。

2017 年 7 月 25 号　　　　星期二　　　　科巴很晴

今天早读同学们异常听话，读书特别整齐、特别认真。如果他们一直这样就好了。一、二节语文课，我在外面编辑二年级数学试卷。我的课同学们还是很积极地写着练习，反馈的结果还可以，希望他们真的懂了。真的也挺为自己自豪的，即使还不是很好。很开心的是南卡每次都很积极地让我给他留作业。拉毛东智（小）也让我给他留了，还有扎西。如果他们长期这样保持他们的积极性，那将来一定很棒。

突然觉得不知道要教他们什么了，也该复习了，出了一套试卷。希望他们能做得很好。因为下午第二节课时突然刮风了，天也黑了，就让同学们回家了。我们一起在男生宿舍那里唱歌了，好喜欢这种集体的生活。盛饭的时候也都采用了流水线，这种团结合作的精神真好！今天晚上刘荣老师开讲了，讲了藏传佛教的历史以及活佛的认定。又长知识了。在这里的每一天收获都很大！

2017 年 7 月 26 号　　　　星期三　　　　科巴很晴

今天凌晨一直咳嗽，觉得好对不起大家，打扰她们休息了。起来后发现自己说不出话了。刚开始觉得很好玩，还一直以为待会儿就能好。可是回到教室的时候好难过，带读不了了，考试的时候也不能阻止他们说话。发现纪律还是没有带好。他们一节课就写完了试卷，第二节课的时候只能让小英帮我带课了。不过她的风格和我的不一样，她高估了我们班的理解能力。虽然我讲题的时候会举一反三，可是现在看起来好像效果也不咋样。试卷改完了，很难过，一点都不理想。不是说分数考得不高，是因为几乎每个题型都重点讲过了，举一反三时他们做得也对了，可是为什么考试就不行了呢？只有南卡应用题全对。南卡、仁清、元旦尖措和拉毛吉是我认为在这些同学中逻辑能力较好的，所以他们的成绩排名在前，我一点都不意外。南卡每次都让我给他留作业，考第一，他也算是功夫不负有心人了。努力了才有回报嘛。还是在安慰自己也算安慰他们了吧，告诉他们说现在比刚来的时候进步了不少呢。老师说得对，要尽力表扬他们，增强他们的自信心。

下午让慕冬冬帮我讲试卷了，可是结果如我想的一样，一点都不理想。因为他只是让一个同学上去写答案，可是为什么答案要这么写，他没过多解释。更没有举一反三，真的是太高估我们班的孩子了。最后我检查了一下他们的试卷，和我想的一样，没几个是认真听的，更没有几个是认真记下来的。最初还安慰自己，是自己想错了呢。好吧，很高兴了，自己还是了解他们的。

说自己太了解他们，还是太高估了自己的教学方法？我也不知道。或许都有吧。明天会好的，是吧。晚安，科巴！

2017 年 7 月 27 号　　　　星期四　　　　科巴很晴

昨晚又咳了一宿，一早老师就过来问了，是谁昨晚一直咳嗽的。本来想带我去村医那里做针灸的，可是村医说，做不了。

早餐也就吃了一个蛋和一碗粥，不敢再乱吃了。吃过早餐便去教室里出语文试卷了。那群小屁孩总是围着我说想看电影。班里的几个女孩也一直拉着我到处走。有她们的陪伴真的很感动。上午三、四节课让小英代了，虽然昨天冬冬已经把试卷讲完了，但是我暗想，他们肯定还是不会。果不其然，一问三不知。

最难过的是，在后面坐着时突然发现班里的纪律好差。

中午回去也没吃多少，吃完就练《你我同心》还有《感恩的心》，好怕表演时自己咳嗽呀。中午有领导过来问候，感觉已经没有紧张感了，是不是当地领导见得也差不多了。

中午睡觉还是一直咳嗽，觉得好内疚呀，一碰床就咳个不停。一、二节课没人带，只能自己带了。讲了改错的那种填空题，练了好多遍，应该差不多了吧。大家都还好，没有很胡闹。只有两个小朋友不听课，田老师说过，对于这样的学生，不要在课堂上骂。所以我没有再责备他们，只是直接让他俩出去了。下课的时候还是让他俩进来我单独教了。第二节课复习多多少、少多少的问题。还是举例把所有能写的问题都给他们一个个列出来了。虽然说不出话，但是同学们都比较认真地做着。南见还帮我管着班，虽然大家都还是非常积极地往黑板冲，抢着写答案，乱是乱了点，但是这也不算什么坏事，不是吗？三、四节课大家一起练手语，好搞笑，基本都是错的。好像自己真的就已经把他们当成自己的弟弟妹妹了。特别关心他们，特别在乎他们。练习的时候才让措冷，我便把大衣给她穿了。虽然脱了之后，自己也觉得有些冷，但还是觉得自己做对了。

一名学生和别的年级学生打架，我护住他回教室了。可是我却说不出来什么，只是摸了摸他的头。希望他能体会到我的关照。毕竟，我也是护犊子的。最后冬冬过来把他叫出去安慰他了。心疼，也觉得好愧疚，毕竟是自己带的学生，自己现在却安慰不了，也教育不了。

今天收到了许多学生用线做的手链，虽然说真的不是很好看，但那有着他们满满的情意，自己也挺感动的。突然觉得自己好容易满足。

放学的时候有一点内疚，本来是拉毛东智（大）值日，可他下午放学的时候说家远，要回家，不值日。可是我就是不让，毕竟家远的有几个，人家都值日，他为什么不可以？而且还是提前十分钟放学。我出去的时候发现外面有一辆车，问了一下才知道可以去上科巴，于是就很着急地打着哑语让拉毛东智（小）去叫拉毛东智（大）了。可是，车还是提前一步走了，看着他追车的身影，觉得好内疚。我是不是做错了？

晚上又是交流会，有很多感触。（1）规则是给不遵守规则的人定的。因为好的人根本不需要规则。（2）树木在成长的过程中，必然会生出许多枝枝叉叉，也必须有人去修剪。要不然就算是枝繁叶茂了也不会成为栋梁。枝叉大了，主干就不顶用了。修剪时可能会有些疼痛，但是总有一天你会发现那个帮你修剪的人是你最想感恩的人。（3）故事的情节记清楚没用，明白其中的道理才是最重要的。（4）为师者尊师道。（5）针对不同的学生要有不同的教学方法，因材施教。（6）来这里，我们不是为了救赎这些孩子，而是救赎我们自己。（7）要记得还有主家用真心对待我们。（8）教学要靠自己的人格魅力，不能靠打骂吼。

老师说，我们不是全职老师，不需要将一本教材教完；而是利用假期的实习教师，只需要将自己擅长的教给学生，应重点培养学生的学习兴趣和学习能力。我才意识到以前自己的错误并非错误。自己很多时候都是一个知识点，举一反三，可以讲一天。真的，只要看到他们做对题之后、懂题之后的微笑，我就觉得自己特别值得。

还剩三天的时间，好好珍惜吧。突然觉得真的好不舍，快要离开这个地方了，可能这一辈子也不会再来了。但是，三天，我又能做什么呢？

<h3 style="text-align:center">2017 年 7 月 28 号　　　星期五　　　科巴很晴</h3>

今晚咳嗽少了点，能说话了，但是说话喉咙会痛。

早读带不了他们，只能让他们自己读。上午还是讲了应用题，好生气，喉咙痛不能喊。但是他们真的好乱，干什么的都有。努力说出来了，他们却说我是一个骗子，好伤心啊。怎么可以这么不懂事呢？

田老师来的时候也挺乱的，好难过，就不能遵守一下纪律吗？小英在那里一直说我们要走了……好不想她这样说，毕竟，不想把气氛提前弄得跟分别似的。不过，你们老师都快走了，也不想给老师留一个好印象吗？

中午吃完饭回宿舍没多久，老师便喊我和黄黎敏学姐去乡里医院。一路的风景都好美。光秃的山和脚下的绿形成鲜明的对比，不过似乎有点晕车，想吐。去医院拿了瓶咳嗽水，和一些针水，打的是肌肉针，好痛啊。

老师让我们回去休息，今天可以不用上课了。但我回去休息了一会儿便又赶在第三节课上课前几分钟到了讲经堂，真的很挂念孩子们。南卡和扎西突然都黏着我。南卡突然说："你不要走好不好？"渐渐的，围的人越来越多……

不过上课后，还是很气愤，又讲了时间和过期问题，男生不懂还不听。真的很生气，生气得下课了就跑出去哭了。觉得自己好无能。都快走了，却不能真正让他们懂得那些知识点，还得怪自己的纪律没有管好。应该是自己教学太无聊了吧。胡思乱想了一通，反正就是很难过（可能就是觉得自己快走了，开始急了）。扎西一直陪着我。让他们进去练手语歌（《感恩的心》），进去的时候看着他们一个个向我投来喜悦的目光，南卡还冲我扮鬼脸呢。我突然就又落泪了。因为突然又想到自己真的要离开了，舍不得。就像是自己的孩子一样，再怎么恨铁不成钢也还是抵抗不了他们可爱的脸庞和天真的笑容。

晚餐是红烧牛肉面，好兴奋呀。大家吃着方便面都觉得特别开心。语文和数学的期末试卷也都出好了。和之前的试卷相比，其实只是变了数字而已。算是测试一下有没有真正听讲吧。今天南卡他们要求我出家庭作业，我就把过期和多多少少题写上了，和考试题型真的基本一样。但几个人听我说不是每个人都必须抄所以就回去了……伤心，对比一看真的就有差距。今天还不是太糟，对吧？

2017 年 7 月 29 号　　　星期六　　　科巴很晴

刚吃完早餐，村医就过来打针了，真的好痛。

今天上午给他们考试了。二年级和一年级一起考。因为要确保考试的公平，所以我就和一年级的老师商量了把遵守纪律的、学习较好的学生集中放在教室。剩下的就放在走廊上重点监考。一年级考数学的时候二年级就考语文。看着他们坐在地上认真考试的样子，觉得好熟悉。仿佛，看到了自己小时候认真的样子。我现在已经成了他们的老师，看着他们认真的样子，也觉得特别的欣慰。

中午回去改了他们的试卷。不开心不开心。虽然一半以上都及格了。但毕竟刚考过类似的题不是吗？好吧，是我太心急了。其实他们真的已经很有进步了。

下午还是给了他们糖果吃，也讲了试卷。最后一节课带他们去操场排练，不过没过多久就下雨了。他们拉着我的手一起跑，那种场景真的很暖心。虽然没有录像，但会一直存在我心底，可能不能一直保持高清，但肯定会留有痕迹，我坚信！

2017 年 7 月 30 号　　　星期天　　　科巴很晴

今天早上又带着他们去操场排练了。才发现旁边的青稞已经变黄了。上次发现这片青稞田是在那家爷爷去世的时候，那时候还特别绿，初次见时觉得特别美，黄土高山下一片绿油油。时间似乎就是这么快，刷的一下，青稞黄了，我们要走了……

排练回去的时候我们还是手拉手，真的觉得好幸福。回到教室，我不知道该跟他们说什么，很怕说出告别的话，我们都会落泪，起码知道自己肯定会哭的。他们说想唱歌，就带他们一起唱了。我们就这样在歌声中结束了今天在教室的时光。

下午我们在操场集中了，他们都穿着藏族的服装，很可爱很好看。他们拉着我的手到处走，拿着我的手机到处拍。手机中关于他们可爱的自拍有很多，但我怎么舍得删掉呢。老师给我们班学习成绩好的同学发奖状时，我真的特别高兴，看着他们拿着奖状开心的样子，真的特别幸福。真的感觉他们就像是真正的亲人。反正就是感觉特别的自豪。

下午特别用心地在演出，也没有咳嗽。很棒的结尾，但大家散得也很平淡，仿佛，明天还上课一样。

晚上南见、扎西还有南卡一直在我们吃饭的地方（阿卡师傅家）的门口。我们没有说什么话，但我还是觉得很难过，笑着让他们快回去。

晚上的联欢会还没开始时，我们就已经哭得不受控制了。一起唱了很多歌，还有村民过来献哈达……

关于这边的一切，我会记住。

2017 年 7 月 31 号　　　星期一　　　化隆很晴

　　早上五点多我们就已经收拾好行李了，在玛尼康等着车。发现前面的拐弯处有几个同学，走过去一看，他们在和他们的学生道别，他们的学生还哭了。看到这个场景本来就很难过了，转头就看见了远处赶过来的南卡，突然就忍不住了。我一直抱着他，直到也和新大的小伙伴拥抱告别。真的好不争气呀，本来就一直告诉自己不要哭的。上车之后，车上哭声一片，车下也直抹眼泪。挥手告别，告别我的朋友、我的学生、我的科巴。二十多天的相处，时间不长，但我们付出的情感，收获的感情，也只有我们知道有多深沉。

　　中午到的化隆，今天终于能洗澡了。中午大伙都换了新面貌。院长带着我们去了化隆县政府，访谈了白县长。记录了满满三页纸的内容。喜欢这样忙碌而认真的自己，而且真的发现自己越来越自信了。

　　访谈结束后院长就带我们去吃了火锅，哈哈，院长自掏腰包哦。吃完之后我们又赶去了谢家滩马塘村的村主任家并和那儿的第一书记会谈，主要是调查那里精准扶贫的情况。我们还参观了旁边一户建档立卡的人家。回到县里后我们又去了化隆县团委以及化隆县教育局访谈。下午一天的时间都在奔波、记录。晚上我们还一起在宾馆里总结了今天的访谈内容并捋清了我们各自的调研思路。忙碌了一天的我们在会后一起去广场散步，一群人在一起说说笑笑，很惬意。

2017 年 8 月 1 号　　　星期二　　　平安有雨

　　今天一早，我们就提着行李奔往汽车站，今天的目的地是平安区。院长总是走得特别快，后边的我们总是气喘吁吁地跟着。没办法，时间观念很强的人就是这样。自己也一直想着这样，但就是始终走不快。

　　我们到了平安区之后便和刘荣老师会合了。一放好行李我们就赶紧跟着院长赶往平安区教育局。很想说，院长真的很厉害呢，在不知道路的情况下，也走得特别快，还走对了。不得不说他的方向感真是杠杠的。

　　在去平安区政府的路上，李毛吉给我打电话，说她想我了，问我下学期还来不来……怎么说呢，很感动，但是也很难过，因为院长说下次就只选家靠近青海的同学过来了。当然，我没告诉我的学生们。我只是说："老师，会尽量过来的，因为我也想你呀。"

今天去平安区以及海东市教育局的访谈内容主要还是这三个问题：（1）少数民族山区农村教育发展状况；（2）教育扶贫的主要措施；（3）大学生支教的得与失。今天的收获也特别多。大家回去开会时也都明确了自己的调研报告的写作思路。

平安的晚上依然很安静，而我们却很不舍。明天就要离开了，这里会有人想起我吗？我不知道，但我会很想这里的人。

这里的回忆，真的很美。

2017 年 8 月 2 号　　　　星期三　　　　平安很晴，三亚很晴

梦还在，心同在。

时光荏苒，转瞬即逝。7 月 8 日的出发到 8 月 2 日的归来，其间的过往，将是我久久不能忘怀的美好。

回首那段时间，我不得不对以下这些人送上最诚挚的感谢。

第一位就是王习明院长。感谢他给我这次难得的成长机会；感谢他初期不嫌麻烦地在两个校区间来回移动，并多次带着我们这个团队一起商讨行程注意事项以及明确出发目的地等；更感谢他不辞辛苦地陪我们一起呼吸着大山深处的空气，陪同我们吹着冷风迎着沙尘。海南到青海，科巴到化隆县，再到平安区、海东市的不停奔波，都是王院长带领着我们成长的足迹。

第二位要感谢的便是我们的高级"厨师"——田老师。在我们的生命中，很难能遇到那种贵人，他能够让你的人生少走一些弯路，加快你成长的步伐，让你离成功越来越近。那种贵人，就是能够真诚对你提出批评的人。而田老师，便是我的贵人。他让我真切地知道了：知识储量可有高低，但天下过往众生，皆为凡人，本就无高无低。每天晚饭后，我们都会对一天的教学过程进行反思。反思的导入者便是我们的田老师。真的很感谢田老师。总是替我们顶着炊烟的他无论是在生活方面还是在教学方面，都尽心尽力地照顾着我们。田老师经常会针对我们教学中存在的问题进行点评，其中就提出了两个落实不到位、两个定位不准和三个第一。两个落实不到位便是教学分段落实不到位和教学方法落实不到位；两个定位不准则是对学生定位不准和对自身定位不准；三个第一就是教学质量要第一，教学秩序要第一，教学方法第一。田老师还和我们分享了自己的教学经验，让我收获颇多。他告诉我们，教学质量关键在于老师，所以一旦有问题就一定要自我反省，从自身找原因。要深刻反思到底是教学方法有问题，还是教学定位不准确。作为一名支教志愿者，首先

要认清自己，要知道自己肩负什么责任。还特别强调了我们不是作为一名全职教师来给孩子们上课的，而是要查漏补缺，要紧扣考点和重难点，让同学们真正掌握知识而不仅仅是口头上的"懂了"或是"明白了"。他还说人一定要有担当，一定要"不忘初心"……在田老师一次又一次的批评和指导下，我们不断地弥补自己在教学中和生活中的不足。我们听取着他教给我们的教学方法，并学着一步一步做一个更好的教育者。我想，如果没有这位"大厨"的存在，我或许没那么快成长。

第三位要感谢的则是刘荣老师了。感谢她在我们生病的时候无微不至地关心着我们的身体。感谢她生怕我们吃不饱而为我们添菜加饭，自己却总是少食。感谢她总是告诉我们各种生活中的道理。平易近人的她总能给我们带来很多欢笑。

第四要感谢的便是为我们提供食宿的主家们。整洁的房间、暖和的被子、可口的馍馍以及总是充足的开水都是他们在背后默默支持我们的表现。

第五要感谢的就是我的小可爱们。虽然很多时候他们很调皮，让我操了不少心，但我还是不得不感谢他们。感谢他们对我的喜欢，感谢他们配合我的教学，感谢他们教会了我责任二字的重要，感谢他们带给我的各种感动以及带给我的灿烂笑容，感谢他们给我机会让我和他们一起成长。

第六要感谢的则是我的小伙伴们了。我们在一起吃、一起住、一起备课、一起上课、一起出试卷、一起改试卷、一起联欢，各种"一起"汇集成各种感动，互帮互助、团结合作的精神被我们发挥得淋漓尽致。真的很感谢他们的陪伴，感谢他们的包容，感谢他们无尽的关怀。

科巴有着我们圆梦的足迹，有着我们爱的回忆。虽然我们离开了，但科巴希望发展的大梦还在，我们这些志愿者希望科巴的孩子走出大山的小梦还在。圆梦的接力棒还会继续。我们与科巴的心同在，我们志愿者的心也必然同在。

正式上课的第一天

海南师范大学 王婧娴

今天大部分学生都陆陆续续地来报到了，我负责教学的小学四年级还留在学校考试没来。上午帮着同学带了一会儿学前班的孩子们。大多数孩子真的很小只有三四岁，不懂也不会说汉语。虽然言语不通，但是对于儿童来说开心的笑容和游戏是共通的。有个很小的带花帽子的女孩被她妈妈送过来的时候一直在哇哇大哭，但过了一会儿在志愿者老师的带领下也能和其他小朋友一起玩耍。学前班真的不好带啊，突然就会有孩子大哭或者打起来。还有一个小男孩令我印象深刻，可能因为太怕生，当他母亲把他送进讲经堂交给我们的时候，他一直闭着眼睛不肯睁开，也拒绝跟我们说话或者互动，就算拉着他的手站着，他也一直向后仰像要睡觉一样。他就像是要闭着眼睛与我们隔离一般，不论我怎么逗或者玩游戏就是不肯睁眼睛。我带了一会儿实在是束手无策还是把他交给了负责学前班的同学，然后就去看别的小孩子有没有情况。过了一会儿我再去看时，他已经和其他孩子在一起玩耍得很开心了。他有着非常明亮可爱的眼神，戴一顶别有黄色微笑表情的牛仔帽，叫作拉莫多吉。课间休息的时候他和老师一起玩老鹰捉小鸡的游戏，笑得特别灿烂，和刚来时的自我封闭不同。看到这样的改变我就觉得之前所有闷和不解的阴霾都消散了。

因为有些家长不懂汉语，高年级的学生还帮助我们当翻译。下午我去看了此次和我们一起过来的新疆大学的同学给六年级上的第一堂课，看他们如何给学生立规矩，如何在保证与学生友好交流的同时树立老师的威信，如何奖惩分明。自己也从中学习了不少。

上课的地方是一座讲经堂，当地人称之为玛尼康。院子和两旁的厢房里就是孩子们读书的地方。没有黑板粉笔和课桌等教学的基本用具，坐的小板凳需要学生自己从家里带。屋里的学生在炕上围着桌子坐，在室外上课的学生直接坐在地上。就这样，我们开始了正式授课。下午在同一间屋子里上课的三年级学生来报到了，四年级的还留在学校。我就在一旁辅助管理纪律。学生们比想象中好但也比预料中调皮。上课之前我已经强调过规矩了，学生们刚开始还好但不一会儿就忘了，上课东斜西歪，坐在一起的男生滚在一起打闹。女生情况稍微好一点，但今天就有两个女生和男生打架，在那哭，谁也不服气，因此我哪方都不能偏袒，弄清打架的缘由然后让他们互相道歉，再继续上课。而且学生虽然都会说而且听得懂汉语，但有很浓的藏语口音，语速快一点就听不清楚。我要求过上课的时候不能说藏语，但他们窃窃私语时还是用的藏语，而且喜欢往嘴巴里塞东西，随便去拿老师放在桌子上的试卷或者其他物品。第一天上课我就很严厉地批评了一个男生，在三年级老师去住的地方拿剩余试卷的时候，我帮忙看着课堂，一个不注意那个男生就踩桌子上跳来跳去，还把桌子翻过来给弄坏了，他刚被选为生活委员就带头和男生一起打架。其实这也不是多大问题，孩子天性如此，还需要课程教学养成良好的行为习惯。路漫漫其修远兮，我们肩负的任务看来不轻松啊。

金刚结

海南师范大学 王婧娴

有个六年级的小姑娘塞了一条五彩丝线的项链给我，叫作金刚结，是她奶奶从西藏拉萨求来的。从他们身上，我真的感受到了什么是善良和投桃报李。这个小姑娘每天都会给我们每个支教老师塞一些糖果，刚收到的时候我很受宠若惊，我没有给她们上过课平时也没有过交流，突然收到善意让我很不好意思，回住家找了半天行李终于翻出来一个hello kitty的棒棒糖，委托六年级的老师送给那个小姑娘。小姑娘很惊喜，今天一下课就过来找我把笔啊什么的硬塞给我，我一直不断地说"不能要"才给还了回去。可能并不是非常贵重的东西，但这个小姑娘真的是拿她所能给的最好的来回报我。在他们身上有着比这里的天空更干净清澈的纯真心意。

这段时间我一直在生病，上课水平不如以往，再加上连续几天受到批评，心情也跌到谷底。中午从住家去学校的时候路上突然碰到几个我们班的孩子，他们拉着我往讲经堂去，到了教室门口一直说"老师你转过去现在还不能看"。我纳闷这群孩子给我整什么幺蛾子呢，等他们说"可以了"，我转头看，黑板上画着一个蛋糕，周围还有很多小花，上面写着："祝王老师身体健康，长年百岁。"居然还有错别字？几天来身体上的劳累和心里的阴霾都随着扑哧一笑烟消云散了。孩子们不会说什么甜言蜜语，但他们以最赤诚的心来对待我。看着这13个孩子朝我露出开心的笑容，我就觉得为了他们真的值了，还有什么是过不去的？我在这里的时间还有最后几天，因此更加不能懈怠。

当初是自己哭着喊着要来的，既然已经来了，就要一直做好到最后一刻，要尽好作为他们老师的责任。

—

肆

回望此行

—

我要多看他们几眼，记住他们每个人认真的表情，记住他们每个人开心的笑容，记住他们每个人不舍的眼神。他们的一举一动，都是完美的瞬间，深深地刻在我的脑海里。

在团队中成长

海南师范大学　白惠东

　　为了金源藏族乡下科巴村可爱的孩子们，海南师范大学的志愿者和新疆大学的志愿者走到了一起，变成了相亲相爱的一家人。在生活上，大家互相照顾，不分彼此。有的同学宁可自己打地铺，也要把床位让给身体不太好的同学。在教学上，大家互相交流沟通，取长补短。有一个加拿大留学回来的同学教学效果非常好，深受学生们的喜爱。于是大家纷纷去听她的课，虚心向她取经。为了同一个目标，两个小集体在不知不觉中就融为一个大集体。

　　"如何做好一个管理者？"我不停地反问自己。首先，制定合理的规则。田老师说："在行动之前，应该制定好规则，确立底线思维。"其次，采取恰当的方式。毛泽东说："处理人民内部矛盾，采用团结—批评—团结的方式。"针对在教学过程中出现的新问题和新情况，田老师提出了"两个不到位""两个定位不准""三个第一"。"两个不到位"——教学分段不到位和教学方法不到位；"两个定位不准"——对学生定位不准和自身定位不准；"三个第一"——教学质量要第一、教学秩序要第一、教学方法要第一。再次，让大家发挥各自的长处。"世界上并不缺少美，只是缺少发现美的眼睛"，作为管理者应该积极发现同学们的亮点，让他们发挥各自的长处，争取做到取长补短、优势互补。有个同学英语口语非常好，就给他安排一个英语口语大讲堂。有个同学擅长武术，就让他带领学生练习长拳。最后，学会勇于担当。习近平总书记强调："干部就要有担当，有多大担当才能干多大事业，尽多大责任才会有多大成就。"作为管理者遇到困难要迎难而上，出现失误要敢于承认。来青海支教的时候，王老师说："支教团队需要一个带队老师，你去吧。"我说："好的。"虽然我相对缺少担当领导者的经验，但是需要我的时候，我还是会挺身而出。在支教活动过程中，我也面临了能力不足、自信不足的问题，这迫使我快速地成长，去承担更大的责任。

作为团队中的一员，我们必须服从指挥。因为只有服从指挥的队伍才是有战斗力的队伍。柏杨在《丑陋的中国人》中谈到，当中国人面临批评的时候，总是会给自己找许多理由。孔子曰："见贤思齐焉，见不贤而内自省也。"有一次，我在讲经堂和其他同学商量事情的时候，突然田老师就大声地批评我们，后来我才知道原因，原来我们队伍中有一个同学嗓子哑了，还在坚持上课，我特别自责，我询问过她的身体状况之后，决定代替她去上课。当别人批评我们的时候，不要忙于给自己找理由找借口，而是先看一下自己是否存在这样的缺点。与此同时，我们也要学会关爱他人，只有互相关爱才能让集体发挥出更大的力量。

支教者与团队成员

海南师范大学　林方玉

　　由海南师范大学马克思主义学院发起的"陆海相依，试飞青琼"一带一路国情考察与教育帮扶暑期社会实践活动顺利开展。我们跨越了2800多公里，来到了青海省海东市化隆回族自治县金源藏族乡的一个藏族村——下科巴村。在这里进行了为期一个月的支教和调研活动。我很有幸成为其中一员。忙忙碌碌间，此次活动也顺利圆满结束了，在此次活动中我收获颇丰，我将从教学任务、团队协作和个人成长三个方面简要回顾和总结经验。

一　教学任务

　　我初次接触时间长、强度高、工作量大的支教活动。在校期间参加的都是为期半天的支教活动，因为经验比较缺乏，加上没有参加培训，我像无头苍蝇一样到处乱撞，没有头绪。因为有了负责人田老师的指导，我逐渐找准了位置。每次座谈会，田老师都会分享教学经验并提出教学要求还督促我们认真落实。从"两个不到位"到"两个定位不准"再到"三个第一"，无不是田老师多年经验的总结、智慧的结晶。

　　我教授的是学前班和初中历史。学前班处于认字阶段，而且纪律比较差。我采用田老师"两个定位"即找准自己定位和学生定位。学前班大多数小朋友不会说汉语，我只能手脚并用，用夸张的动作吸引他们的注意力、加深他们的印象。用他们"听"得懂的语言，拉近我们之间的关系。有些小孩喜欢美术，有些小孩喜欢算术，我就把算术题通过美术表现出来，同时照顾到两种学生的兴趣爱好，成效也很好。初中历史我没有按照章节上课，因为时间有限，所以就挑选了他们喜欢的章节。比如战争或是故事性强的单元。主要是培养他们的兴趣，补充课外知识。让他们了解课本知识，产生兴趣。教学让我对调动学生兴趣，提高教学质量有了更进一步的认识。教学要以学生为主，才能发挥学生的主观能动性，让他们爱上学习。

二　团队协作

"一堆沙子是松散的，可是它和水泥、石子、水混合后，比花岗岩还坚韧。"支教活动能够顺利地开展，井然有序地进行，这得益于我们有一个优秀的团队。此次支教活动借助了凯博爱心志愿联盟这个优秀的平台。凯博爱心志愿联盟纪律严明，团结合作意识高，管理到位。俗话说"团结一条心，石头变成金""天时不如地利，地利不如人和"，我们发现了团结合作的重要性，所以教学工作质量也越来越好。每天的帮厨工作都有同学轮值，包括饭前饭后打扫、切菜洗菜等。即使没有轮到我，我也会尽自己所能，做力所能及的事。虽然工作很琐碎，但我仍会以积极心态对待。教学时我们也相互帮助，相互体谅。因为前期人员不足，一个人要上一个年级的课。我认领了高中年级，但高中还没放假，所以我就去代上几节初中的课。一个团队的成长进步，离不开每一个人的努力。所以心往一处想，力往一处使，没有什么解决不了的事。

三　个人成长

为期一个月的"变形"生活结束了。有不舍，有感动，有收获。请允许我用"变形"这个词来形容这次的支教生活。曾经一个一天要洗两次澡的人，在这里却可以忍受一个月没有水冲刷过身体的生活；曾经一个不能没有 4G 网络的人，在这里一样生活得很好；曾经一个要每天吃米饭的人，在这里馍馍依然吃得很香。科巴，虽在大山深处，但我对这里的人，念念不忘。孩子的童真、大人的纯朴、老人的慈祥，对我来说，刻骨铭心。

每天送来馍馍的大人们，每天朝夕相处的小朋友，每天路上点头问好的老人家。这里有我放不下的一群可爱的人。在这里，我每天收获满满的感动和幸福，一声老师好，一句问候，一个鞠躬。一切理所当然，但一切都值得了。

你们的成长是给我最好的礼物

海南师范大学　刘维军

最后几天，我很少去小学那边听课，我一直待在初中部。除了上课，我会用很多时间看着这群可爱的孩子，一个原因是我不想在最后几天让他们有什么闪失，而更重要的原因是我舍不得这群让我牵肠挂肚的孩子。我要多看他们几眼，记住他们每个人认真的表情，记住他们每个人开心的笑容，记住他们每个人不舍的眼神。他们的一举一动，都是一个完美的瞬间，深深地刻在我的脑海里。朋友说："既然选择了，就无怨无悔。每个人都有适合自己的道路，我会坚定地走下去。"我也一样，希望在这条路上走得更坚定、更遥远。因为，我遇见了一群可爱的、让我舍不得离去的孩子；我遇见了很多和我一样志同道合的小伙伴；最重要的是，因为缘分，我遇见了人生路上的几位恩师。

回顾这 20 天的教学，有收获，有遗憾，也有自豪。在这 20 天，我主要是教初中语文，有时候还去教小学。新疆大学的同学来了之后，我的任务变轻松了，只给初二、初三教语文，所以就有很多的时间给他们备课了。首先，我把教学内容分成几个板块，比如现代文阅读与作文、文言文及古诗词、基础知识巩固等。涉及课本内容包括全部初中年级。当然，分为几个板块，并不意味着我就按顺序一个一个板块来。我在每一个板块里挑选了数量不等的课文和范例，然后穿插着讲。比如说这一节课讲现代文阅读及作文里面的细节描写，下一节课我会讲文言文里面的一篇课文，而且挑选的文章也不会固定，有八年级的，还有九年级的。然后在以后的某一节课回顾一下以前学过的知识，以达到巩固的效果。暑假补习时间短，而且语文课本内容板块集中，如果按照课本顺序讲，在很短的时间里是讲不了太多的知识的。我觉得语文各个知识点之间都有很大的联系，比如将阅读与作文放在一起讲，由典型的文章提炼出作者的写作手法和所要表达的效果，然后再教同学们如何进行自己的创作。这样既让课本知识点得以梳理，又能够最大限度地让同学们学以致用。但是我不知道这样上课有的同学会不会觉得太乱，我课后问过一些同学，他们说能听懂，后面我就一直这样上课了。在整个语文教学的过程中，我在文言文及古诗词还有作文方面花了很多的时间和精力，我想初中同学的理解能力已经达到了一定程度，那么专门讲解语文最基础的知识就显得没有那么必要了。而古文、作文、现代文阅读等板块又是和基础知识联系最紧密的，所以我在这几个方面下了很大的功夫，在讲的同时多巩固基础知识，让同学们在学习文章的过程中夯实基础。同时这几方面的联系也非常紧密，古文和阅读都能提高作文水平，而写作好的同学一般都能够熟练地掌握一些写作手法，对提升自己的阅读能力有很好的帮助。

平时上课的时候，我会让同学们把好的句子抄下来记住，然后再用到作文中。这样做的成效非常显著，《傅雷家书两则》中有一段话写得非常好，也很有启发性，于是我让他们抄下来背会。后来有一次家庭作业布置了作文，有一个同学就把这句话写上了，而且引用得恰到好处，文章也有了一大亮点，让读者眼前一亮。俗话说"养兵千日，用兵一时"，看他们这二十天学习的情况如何，就看最后的期末小测试了。而这个期末小测试则让我感到欣慰和骄傲，比起之前的摸底考试，他们的成绩都有显著提升，特别是作文。还记得那天下午我见到同学就开始炫耀我们班的语文作文，确实，我为他们感到骄傲。而且个别初二同学的作文和卷面整体成绩比初三同学的都要好。不仅如此，我在作文中看见了好几处是我上课时讲过的写作手法，我很高兴她们能够学以致用，可见她们对学习的热情和对知识的渴望。科巴的孩子非常好学而且很聪明，他们大多都是一点就会，在讲"写作手法之如何选材"时我讲过选材要精不要多，要恰到好处。这在他们的作文里得到很好的实践，他们能够灵活地把歌曲运用到作文里，这让我非常感动。因为考完试第二天我们海南师范大学的小伙伴就要离开科巴了，所以初三同学拉毛项杰写的作文里就引用了《再见》这首歌里面的"我怕我没有机会，跟你说一声再见……明天你就要离开……我眼泪就落下来"。我读到这几句时，这首歌就仿佛萦绕在耳边，顿时心里暖暖的，热泪盈眶。中学作文重在有真情实感，而这简单的几笔，就写出了他们对我们支教教师的不舍与怀念，怎能不让读者为之动容？通过此次期末测试，我看到了他们每个人的成长，感到很是自豪。从摸底考试到期末小测试，他们的进步非常大，平均每个同学增长分数在15分以上。特别是初二的李毛才让和初三的拉毛措、仁青东知等几位同学，增长分数都在20分以上，最多的是仁青东知同学，由摸底考试的61分到期末测试的94分，着实让人开心。当然，有进步，同时也有不足，而且还不少。

经过这 20 天的学习，他们的"综合实力"确有提升，基础还是很薄弱。虽然练就一身好武艺并非一日之功，但是我想让他们养成一个良好的学习习惯，以后他们一定会坚持好好学下去的。另外，我发现他们的古诗文背诵很差，要不就是不会背，乱写一通，要不就是字不会写。所以在古诗文这一板块他们还需要下很大的功夫，好好巩固基础，一步步往上走。我很遗憾不能多教给他们一些知识，在最后一节课尽管他们比较吵，尽管喉咙痛，但我还是坚持讲到结束。我想既然我站在了讲台上，就要讲到最后一分钟，这既是对知识的尊重，也是对教师这个职业的尊敬。

在科巴村教学虽然只有短短 20 天，但是像摸底考试、期末测试等过程还是要有的，当然，也少不了毕业典礼。我们的毕业典礼并不是吃吃喝喝，而是充分发挥孩子们能歌善舞的优势，让同学们全面发挥特长。起初，我们初中年级要在毕业典礼上表演一套长拳和一首手语歌曲《感恩的心》。时间短，任务量比较大，我们初中年级的体育课一个星期有四节。《感恩的心》以前也教过，所以就安排在了课间，因此体育课就完全成了长拳课。面对炎炎夏日，孩子们不怕苦不怕累，在操场上一个动作一个动作地练习着。要知道他们以前根本连正式的体育课都没上过，不会立正、不会走正步。如今他们为了一个几小时的毕业典礼，认真地学习着每一个动作，尽管有的孩子会捣蛋，但是作为他们的老师，我却不忍心去说他们一下。当阳光游走在每个孩子们的额头时，他们好像又变黑了。他们的动作越来越标准，好像融入了感情，原来像猴子一样的动作也少了，那一拳、一掌打得是那么铿锵有力。我们的武术老师刘天磊也非常辛苦，每节课都是满头大汗。正是由于他们辛苦的付出，正是由于他们的集体责任感，我们初中年级的长拳表演才能获得全场喝彩，作为观众的我更是非常自豪。但遗憾的是我们初中年级并未进入《感恩的心》的表演队伍，原因是初中同学对《感恩的心》有点生疏，我们支教教师要参与其中的。当《感恩的心》在高空回旋时，我偷偷地转头看了我的同学们，他们在安安静静地看着我们表演，眼里有遗憾，也有激动。我马上扭头，我怕眼泪会泛滥成灾。我可爱的同学们，我的这份感恩，送给你们。毕业典礼，让我们把所有的感恩都用自己独特的方式展现出来，也增进了同学间、同学和老师之间的情谊。

通过 20 天的交流与学习，我和同学们有了真挚的感情。科巴的孩子都喜欢将自己的感情藏在心里不轻易外露，平时他们看起来大大咧咧，但心里确是非常细腻的。我们班的女生都非常听话，但是男生却非常调皮，所以有时候我会教训他们一下。其实我们都明白，以严厉的方式教育学生是不对的，而是要帮他们端正思想，让他们能更清楚地认识到自己的未来。我们班有几个比较调皮的男生，对于他们，我选择了恩威并施，所以大家都认为我是一个比较严肃的老师。但严厉和严肃并不是我的目的，也不是我个人的性格。就像一位同学在作文中说："刘老师对大家的好，我们会永远记住，他走了之后就再也不用做严肃的人啦。"我很庆幸能遇到这么多知心同学，他们待我如他们的兄长，而我又如何忍心去训斥他们呢？对于那几个男生，我也是非常欣慰的，作为一个师者，就要以言传身教去引导学生。有时候课间我会找那几个男生谈心，他们也乐意和我聊天，我们谈理想、家庭，谈各种各样的事情，我也会跟他们讲我的过去。慢慢地，我发现这几个男生上课也不会太闹了，就算是闹，也不会打扰到其他同学的正常学习。一位初三同学在他的作文里写出了他的心路历程，他说："上课的时候，我多次说话而被老师骂。但是过了几天，我就在上课期间不说话了。用听听课、看看书转移注意力，而不说话。正因为这样坚持，在期末的时候我说话的次数明显减少了，虽然偶尔也会讲两句，但不会太大声，让其他同学无法学习。"这位同学的改变是很大的，到期末测试时他成绩很好，还得到了奖励。对于这几位同学的改变，我觉得是非常有成就感的，但是一个良好习惯的养成要经过很长时间的坚持，我不知道我离开科巴后他们还会不会一如既往地去做，但是我相信他们一定会走好自己的路。

20天，时间虽短，但我们每个人都成长了不少。回顾这些日子的教学，虽有成绩，但缺点也是很突出的。不管在课程的安排上，还是在教学的方式方法上都还有很大的提升空间，我和同学们一起成长。他们对我来说是我的学生，而我现在也是一名学生，我们是一起学习、一起进步的整体。我从他们身上得到的，似乎远超他们从我身上得到的，他们的淳朴、他们和大自然融为一体的天性是在其他地方无法看到的。所以我感谢我的同学们，感谢他们的真诚对待，感谢与他们的朝夕相处。我觉得自己突然成长了，由以前的提起讲台就惊慌失措，到现在可以比较从容地站在讲台上；由以前的懵懵懂懂，到现在思想上得到一个新的提升……

匆匆今夏，带不走记忆

海南师范大学 游贤梅

随着此次青海支教画上圆满的句号，我也回到了学校。生活又恢复了先前的模样，不同的是，心底的某个地方有什么东西正在悄悄地发生变化。科巴，终究还是回到了梦中，只不过这一次，它是那么真实——科巴的天空不仅蔚蓝纯净，而且离得很近，好像伸手便可触摸；科巴的白天很长，夜虽来得晚，却异常宁静；科巴连绵的高山、飘动的经幡、无垠的麦田、成群的牛羊、纯真的少年、热情的村民……这些都不再是虚构的幻象，而有了真实的画面。这一切仿佛都是在告诉我：这儿，你的确来过！

翻看着汇报演出那天为孩子们拍的照片，望着手机屏幕中他们那一张张灿烂的笑脸，我的嘴角也不自觉地扬了起来。不禁想知道他们此时在何处、在做些什么，想着他们是否如我想念他们这般，同样也在思念着我。回看二十多天的支教生活，他们日复一日地早早来上学，我一天一天地照常上课。想找到些只属于我们的不平常的记忆，却有一点难，这才发现支教的日子原来也是如此普通。但就是这些平凡的日子，见证了我和孩子们相处的点点滴滴，每每想到这儿，我心里又是满满的感动。

对孩子们来说，上课的时间总是无聊透顶，因为不仅有做不完的题，还有怎么也不响的下课铃声。他们总想着要去打篮球、玩游戏，所以每堂课总会有那么几次嚷嚷着问我什么时候下课。而对我来说，情况却恰恰相反。我特别珍惜每一堂课，因为我希望看到他们汲取知识后脸上展现的笑容，更留恋和他们相处的时光。我总觉得时间过得太快，往往还没讲完，就下课了。我总想让他们多学习一会儿，不知是有意还是无意，有时就耽搁了下课时间。每到这个时候，他们可就不乐意了，撇开的嘴角、哀怨的眼神、木讷的回答都是他们无声的反抗。他们嫌每天下午半小时的体育课太短，总想"压榨"那本就少得可怜的一小时作业时间。每次一到这紧要关头，我都会坚决捍卫我的威严，誓死保证作业时间"毫发无损"！哪怕我的耳边"哀号"一片，我也会微笑着布置作业。他们不知道的是，每天的作业时间早已成为我眼中的风景，我又怎会舍得错过。我们教室条件有限，只有三张桌子，平时上课拼在一起还可以勉强够 10 个人坐，但要做作业，那就太不方便了。所以，有的同学就会主动到教室后面或其他空地方去，或趴着、靠着那积满厚厚灰尘的老土炕。尽管条件差了一些，但他们做作业时总是特别认真，一点也不吵闹。有时我会坐在后边做自己的事，但更多的时候，我就呆呆地看着他们。看着看着，我的泪珠就开始在眼眶里打转。他们是多么善良可爱，又是多么刻苦懂事，真希望他们都能拥抱梦想，真希望快乐与幸福能永远围绕在他们身旁。

以前，我很不喜欢发言，也害怕站上讲台。后来，逐渐有了一些讲课和支教的机会，被动也好主动也罢，情况慢慢有所转变。不知从什么时候起，我竟然爱上了讲课，随着时间的推移，也就越发坚定了未来做一名教师的想法。学生的学习生涯有这么多的转角，漫漫求学路中不知要面对多少位老师，当时光被切割成一个个零碎的片段，留给每位老师的回忆又能有多少。这不禁让人感叹，师生之间的缘分竟也是这般的浅。最可怕的是，尽管曾经日夜相伴，虽然毕业季无限伤感，但这份情始终要随着时间的逝去而一点点消退。如若不联系，时间一久，真和陌生人无异。有的科巴孩子已经不是第一次参加暑期补习，在此之前，他们也和其他支教老师相处过。我总以为在他们这个快活的年纪，记忆应该是最短的，他们很可能只会记住今天。但事实不是这样，他们时常问我原来支教老师的近况，也会在作文中写下一份思念。我希望自己在他们的回忆里留下的是美好印象，也在心里盼着他们不要太快忘记我。童年或许是人一生中最美好、最纯真的岁月，能在这个夏天走进孩子们的童年，我倍感荣幸。

现在自己成了老师才知道，我们可能会有孤独，但每位老师心中更多的应该是幸福。不管生活中有多少失意，在站上讲台的那一刻，你便能重拾自信。你会发现，一双双眼睛会因为你的出现而绽放光芒。在他们的眼中，你又何尝不是风景。你或许不完美，但大可不必担心，你在他们心中的形象依旧高大。曲终人散场，这是避免不了的，但深情必定会留存心间。为人师，可以体会到桃李满天下的自豪，也能感悟到奉献的价值。教师的幸福，就是在这相聚又别离的时光里送走希望、又迎来希望。是他们，编织了一个又一个梦，托起了一个又一个美好的明天。

我们总是在不停追求，可真正拥有的东西却很少，老师的教导便是值得我们珍惜的一笔宝贵财富。作为学生，我总害怕受到老师的批评，犯了错也想逃避。现在才慢慢懂得，每一声劝告都不含指责，有的只是关爱。我们总想着把事情留给明天，总觉得世界会等我们做好一切准备，而常常忘了，"剑未佩妥，出门便已是江湖"才是真实的生活。人生没有彩排，每一天都是现场直播。老师今日的苦口婆心，为的是让我们在明天少走弯路、不走歪路。面对老师的严厉，即使现在会觉得难为情，那也强过日后在残酷的社会中失去尊严。我佩服老师们的学识，也被他们的善行所感动。在这次支教中，受到了老师们的教导和照顾，我感到幸运，亦觉得非常感激。老师们的付出，学生一定不忘；老师们的恩情，学生也一定记得！

　　青海之行，我以不同的角色，收获了两份师生情。又当学生又作老师，或许也只有支教才能让人有如此体验了。人们都说，养儿方知父母恩，我想教书育人莫不是如此。只有当自己成为一名教师，或许才能切身体会到老师的艰辛与伟大，也才能明白作为学生的幸运。

　　还记得回程那天，天刚蒙蒙亮，玛尼康外的公路两旁站着很多人。有学生，也有村里接待我们的主家一家，都是来送我们的。我们原希望新疆大学的伙伴们多休息，可那天早上他们每个人都起得特别早，这既让人欢喜，又让人害怕面对。起初，大家都不怎么说话，后来人多起来，大家也就聊开了。聊着聊着，离别就成了躲不开的话题，伤感也就自然漫上心头。我想和同伴们说些什么，却又发现怎么也开不了口，或许这些话更适合留在心底。车没来，大家都还跟没事人一样；车一来，眼泪也就止不住。忘不了那天队员们哭红的脸，忘不了那天拥抱的深情，忘不了那天他们挥动的双手。没有故作坚强，那一刻，我没有哭。我庆幸自己生活在这个通信、交通发达的时代，更庆幸我们在已经颇为成熟的年纪相遇。我相信，再远的距离也不能阻断我们日后的联系，同一个梦想，一定会让我们有再相逢的一天。

　　早已决定一定要再次踏上这片热土，本以为如此，我就一定不会舍不得。可是离开那天，望着车窗外渐行渐远的科巴，我竟还是忍不住眼含泪花。这才多少光景，麦子便由绿变黄，那下次再来时，它又会是何种景象呢？人都是不惜福的，很多东西，我们拥有时不曾在意，失去了才追悔莫及。以前在农村老家，总觉得没有什么稀罕风景可看，一心就想着离开。才不过几年时间，听说老家已发生了翻天覆地的变化。这三年来，我没能回一次家，这让我遗憾。如今，我异常想走一次回家的路，却又害怕迈开启程的脚步。我既期待着看见它的繁华，又害怕见面后会把过去也忘记。我想，还是让我多守住一会儿以往的记忆吧。对于科巴也是如此，我希望这里的条件能有所改变，又盼着下次再见时它依然如初见。

二十多天的日子很短，短到稍纵即逝，任人怎么挽留也抓不住。日日行走的那些路，看遍了的那些景，朝夕相处的那些人，如今都只能在回忆中找寻踪迹。这真的是一种无法用言语来诉说的心情，有失落、有伤感，亦夹杂着一些无奈。每经历一次这样的煎熬，我就越发想留住时光。以前也参加过几次支教，但每次结束都是真的再见。不知是不是太贪心，我不想再成为这些孩子生命中的过客，不愿只是旁观他们的成长。

老师说得很对，要想帮助别人，自己首先得有能力，不然一切都是空谈。这次支教让我看清了自己，也认识到了自己的不足。在未来，我将对学习多一分耐心和坚持，对生活多一份热爱和自信。"感恩的心，感谢有你，伴我一生，让我有勇气做我自己"，这首歌也唱出了我的心声。感谢命运，让我遇见科巴，让我遇见一群可爱的孩子、尊敬的老师和挚爱的队友。支教这一路，人生这一路，好在有你们。

今夏匆匆一别，虽然结束了支教，可带不走这段记忆。向时光许下一个承诺，期待在这里再留下我行走的足迹。

路海相依，心意相连

海南师范大学　王婧娴

这个七月，注定不平凡。

七月初我们来到了青海省海东市化隆县金源乡下科巴村，开始了为期二十天的支教生活。离别的那个清晨，天还没亮，学生们就来送行。坐在客车上的我，看到他们渐行渐远的小小身影，天知道那一刻我有多感动。看着那一张张纯真的脸，所有的疲惫都消失了。我舍不得离开这群可爱的孩子，却突然发现二十天时间过得好快。一路风尘仆仆，一曲人生凯歌，这是我二十年来去过最远的地方，也是做过的最有意义的一件事。

虽然，来之前老师已经给我们开会强调过这里干旱的自然条件和艰苦的教学环境，但初到科巴，着实还是被吓了一跳。我负责教学的是小学四年级，他们和三年级的在同一间屋子里上课。上课用的桌子就是一条低矮的长凳，学生们从家里带的小板凳，有的就是小木桩，或者小马扎。因为桌子太矮，有的学生干脆坐在地上上课。那个小木桩我试着坐过，不一会儿就腰酸腿痛，更别提这些低年级的孩子们，要连续不动地坐着上课。而且黑板就是挂在墙上的那种小黑板，上课需要用手扶着。十四个孩子挤在三条长凳上，跟大城市宽敞明亮、干净整洁的教室相比，这里真的称得上一无所有，但孩子们并不自知，每天都开开心心地来上课。

正式上课的第一天，老师再三强调第一课一定要给孩子们立好规矩，但同时我们和学生是平等的，不能让孩子们一开始就从心理上抵触你。刚开始还好，学生都能够做到，但不一会儿就忘了，尤其是刚开始上课的前一两天不断地有男生打架、搞破坏或者小打小闹，我就很严厉地把闹事的学生拎出来狠批，放学后再留下好好讲道理。现在想想刚开始的时候没控制好自己的情绪，对待自己的学生缺乏足够的耐心，但让我欣慰的是之后没有学生再严重违反纪律了。

新疆大学的同学们来之前，我们一天要上八节课。虽说是科班出身，但实地锻炼，并且还是在高原上的高强度实践，对我来说是前所未有的经历。而且这里的孩子们学习基础比我想象中更差，自己心情也过于急切，恨不得把所有知识一股脑地全都灌输到孩子们的脑子里。因此我上课费力，学生们也听得很辛苦，但是教学达不到理想的效果。

那天晚上开会，老师就精准总结了我们存在的问题。"两个定位不准"：老师自己定位不准，对学生定位不准。"三个第一"：教学秩序第一、教学质量第一、教学方法第一。在教学方法上，我也从海伦学姐教一年级的小朋友中得到启发。四年级处于低年级到高年级的过渡时期，上课不能太过于规范化和书面化，还需要一定的趣味性引导和绘声绘色的教学启发学生的学习兴趣。要耳听六路眼观八方，还要具有足够的亲和力。当了20天短暂的老师，更深刻地体会了老师不仅是"教书匠"，除了书本上的理论外，还需要懂得能够身体力行去实践的人生哲学。虽说我是教学者的身份，但与此同时我也在这群孩子身上感受到钻石般熠熠生辉的珍贵品质。他们淳朴善良，不会甜言蜜语，甚至有时候调皮，但下课他们愿意去亲近你，往你的口袋里偷偷塞糖果，喜欢拉着你的手叫你一起玩。我以为因之前严厉的一面，他们会不敢与我亲近甚至讨厌我，但孩子们完全没有疏远或者讨厌我，就是真心实意地对我好。在我感冒嗓子发炎那几天，他们画了好看的画送给我，在黑板上画小人蛋糕和花朵然后写"祝老师身体健康长年百岁"这样质朴可爱的话语，最调皮的孩子也乖乖地遵守纪律不添麻烦。那天我上课上到一半出去咳嗽，下课后我们班的一个小女生跑过来说："老师上课是不是很辛苦，所以你才生病了？老师你休息吧，快点好起来。"他们的眼神就和这里的蓝天一样透彻明亮，让我觉得不管怎么辛苦，为了这群孩子都一定要坚守下去。

授之以鱼，不如授之以渔，教授的知识是有限的，更重要的是培养孩子们良好的学习习惯和对学习的兴趣，通过我们这些外来者让孩子们了解外面的世界。村里今年有一个考上中央民族大学的学生——李加东智，是整个村子和老师们的骄傲。那天晚上开会时他说："支教老师来了以后带来了新的思维，影响村里的每一个人。我们通过自己的成长，不断影响自己的下一代。他们不仅为了个人，更是为了整个下科巴。他们的努力终会开花结果。"我们向社会传递志愿精神，向社会传递正能量，让社会认同，并用自己有限的力量让志愿活动有了更深远的意义并且努力去影响周围的人。

帮助能够帮助的人，帮助需要帮助的人，帮助值得帮助的人。我们为了一个共同目的变成一个有组织的人，经历酷暑，同甘共苦。这既是不断认识他者的过程，也是点亮自己内心的过程。

砥砺鞭策的"雨后"才现最美的"彩虹"

海南师范大学　黄黎敏

子曰："学而不思则罔，思而不学则殆。"我们只有不断在学习中反思，在反思中学习，才能有真正的收获。我们能参加这次青海支教活动是很幸运的，感谢此次支教有老师们的悉心指导，而我们也一直没有忘记"乐善提升自我"的初衷，最终满载而归。

当然也存在诸多不足。到了教学中后期，我们激情消退，所以会有松懈的态度。出现这种问题，我们的确应该好好反省，想清楚我们当初为什么要千里迢迢来到这里，想清楚让我们疲软的，到底是调皮的小孩子还是我们已经放弃的内心。

我教的学前班纪律涣散，通俗易懂的表述和不算苛刻的规矩就显得尤为重要。较小一点的孩子不太能听懂我们说话，所以沟通上的障碍也是我们管理不力的原因之一。

我们要充分展现自己的人格魅力，让孩子们真正从内心深处信服我们。对于这个年龄段的孩子们来说，家长的打骂只能用于一时，不能长效，所以我们应该尽可能晓之以理，动之以情，让他们从内心深处认识到自己所犯的错误并引以为戒。

跟学生之间要亲切，不能"居高临下"。我们不能觉得自己是志愿者就认为自己的所作所为都是对孩子们的施舍和恩赐，站在高一等的位置上看待他们。相反，我们更应该怀揣一颗感恩的心，感恩能够有这样来之不易的机会让我们提高自身修养。在支教中提升自我，这才是自我价值的真正体现。

我们不是救世主，因为我们的能力有限，所以我们只能去帮助那些需要我们帮助的人，去帮助那些值得我们帮助的人，去帮助那些我们力所能及能够帮助到的人。但是我们绝不是施舍者，他们跟我们是平等的，他们并不卑微，只是所处的生活环境、所接受的教育没有我们那么好而已。这一切不是他们所能选择的。我们教授他们知识、帮助他们学习，与此同时我们也从他们那里收获了满满的感动——他们对知识充满渴望，对来之不易的补课机会十分珍惜，对作为支教老师的我们充满尊重与喜爱；我们收获了教学中的经验与教训，提升了自我的修养，实现了个人价值——支教，是一个双方共同收获的过程。在这个过程中，我们与学生共同成长着。

我们在教授学生知识的时候，学生对我们心存感恩，但我们是否在村民们为我们提供良好的支教环境时心存感恩呢？今年适逢大旱，一直没下雨。夏天本来用水量也大，我们的到来更是加重了他们的用水负担；这么热的天，老师们辛辛苦苦为我们做可口的饭菜，每次做完饭一个个都是满头大汗；学生家长也是经常来帮助我们维持课堂秩序、给我们买水、说辛苦了；村民在路上看到我们会说一声老师好或者点头微笑……尊重都是相互的，一切都不是理所应当的。对于我们所拥有的这一切，我们也要心存感恩，要去尊重，而不是熟视无睹。

"一根筷子易折断，一把筷子却难折。"团队成员之间要互相帮助，团队协作能让我们团队之间有更强的向心力和凝聚力，能让我们每个人在好的氛围下共同进步。那么这到底是一个怎样的大家庭呢？

我们有共同的追求。新大和海师两支队伍，本来是两条永远无法相交的平行线，一个天南，一个地北，却因为同一个愿望同一个梦想，聚在了一起——我们成为支援大西北的志愿者。我们因志而愿，相约科巴。

我们有共同的目标。我们想通过我们的努力，弥补国民教育的一些缺失，用爱心、耐心与关心去转变他们的学习态度；让他们不再厌恶学习、抵触学习，而是热爱学习、坚持学习；让大山里的孩子通过努力学习走出大山，去寻找真正属于他们自己的美好未来。

我们有共同的宗旨。帮助需要帮助我们的人，帮助值得我们帮助的人，帮助我们力所能及能帮助的人。我们不轻易放弃任何一个学生，但是也不纵容任何一个学生犯错。因为我们肩负着教育他们的责任，所以我们必须为他们负责，这也是为我们自己负责，为组织负责。一个团队，只有每个人都一心想着团队，一心为了团队，心往一处想，劲往一处使，把个人利益放在集体利益之后，才能让个人价值在集体价值中更好地实现。我们可能这一辈子只来一次，但是这个组织还会来很多很多次，我们丢自己人事小，但是作为海师马院的学生，不能砸了自己学校和马院的招牌，我们作为志愿联盟的一分子，不能损坏这个组织的好口碑。

这一次的志愿活动，前半期我觉得自己的努力与付出问心无愧，虽然问题有很多，但是在老师们一次又一次的点拨与指导下，也有了很大的进步，慢慢上了路。

后半期因为身体和嗓子的原因，的确有些懈怠，对此我检讨，也感到很愧疚。但是我想说，我很想教好他们，每一节课我都在认真上，每一个学生我都认真对待，每一次的经验教训我都吸取反省。可能这一次真的有很多很多地方做得不好，如果下次有机会再去到那里，我一定会做得更好。

我想，我永远也忘不了走的那一天——那个天微亮的早晨。看着偷偷跑来送行的孩子们，因为感动，我们流下了幸福的泪水。跟新疆大学的小伙伴们抱在一起哭，因为不舍，我们流下了难过的泪水。眼泪解决不了问题，天下没有不散的筵席。但是这时候的眼泪，是我们最真挚情感的流露，它承载着我们在这里二十多天的满满的回忆。

最后，感恩这一切教会我成长。

科巴，我们有缘再见。

回首此望，与你同在

海南师范大学　温小英

时光荏苒，白驹过隙，一转眼，我们已经在科巴度过了愉快而充实的二十多天。在这二十多天的支教时光里，我遇见了许多人，也从他们身上学了不少东西。

佛说：世间所有的相遇都是久别重逢。我很感谢在自己还是一脸懵懂无知、正值青春年华时能遇到那些千里来相会之人。我们从相遇、相识、相知、相守到最后的相离，在这过程中，我有道不尽的感激。

在这些人中，我要感谢的人很多，首先我特别要感谢我的"恩师"——王习明院长。如果不是王院长的"恩赐"，我不会有这个千载难逢的机会出去见世面、去体验青海的民族风情，也不会有机会去学习如何做调研。非常感谢院长能在百忙之中亲自带领我们这些"弟子"来科巴进行支教和调研，与我们同甘共苦。除此之外，特别感谢院长的贴心，他总是时刻关心我们的温饱和冷暖，他的关怀备至和"袒护"让身在异乡的我们感受到了温暖。在这些天的相处中，我也深深地被院长折服，尤其是他对待工作的那种认真、严瑾、负责、精益求精的精神，让我深深地感受到自己身为马克思主义学院的一名学子所应该秉承的精神、态度和原则。王院长说过：人不可无信仰。这话让我明白了作为马克思主义学院的我们如果没有坚定的信仰，就很容易因外界的影响而动摇。

俗话说，"一日为师，终身为父"。虽然只与田永清老师相处了二十来天，但在我心目中他已成了我的"严父"。"严父"在教学、生活上的谆谆教导和指点将使我永生难忘。最让我受益的莫过于田老师针对我们在教学上存在的问题而提出的两个"不到位"：教学分段不到位、教学方法落实不到位；两个"定位不准"：对学生定位不准、对自身定位不准；三个"第一"：教学质量要第一、教学秩序要第一、教学方法要第一。虽然只是短短数语，自己一开始却听得云里雾里，直到听了田老师的认真分析讲解和看到尚海伦学姐的深情演绎、认真贯彻落实取得了成效后，才意识到自己平常在教学中有些"满堂灌"了，没有将教学质量放第一，对学生和自己也没有很准确的定位，高估了彼此的能力。在后来的教学中我也确实发现，如果教学秩序没管好，真的就很难在课堂上继续教学下去，其他同学也很难有定力一直认真听自己讲，也就很难保证教学质量。那天听了田老师的指点后，第二天我便很严肃地把规矩又立了一遍，而立规矩的那天，课堂也确实比刚来的那几天好了很多。但后来也发现，如果把规矩立好了不认真并严厉地执行下去的话，学生慢慢地就会不当回事，开始肆意妄为，而当你想要再重树威严就很难了。我想，如果没有老师的言传身教，或许我还会像无头苍蝇一样找不到方向，可能还会停滞不前，无所长进。最让我深受触动的还有田老师那句"老的出不去，新的进不来"。田老师说，这里的学生基础比较差，连已经上初中的学生都很难背出乘法口诀，而这里有一些老的教师，他们已经在这个深山待太久了，想真正出去却很难。而"新的"老师却"进不来"。确实，在这个物欲横流的时代，人总是很容易被花花绿绿的世界影响，都想生活过得更好些，都想往高处走，都想到发达地区谋高薪高职以丰富物质生活。而真正愿意到贫困落后地区教学的人却很少。虽然社会上不乏一些爱心人士的物资捐赠，却不能解决根本问题。而田老师却愿意带领着一群热血青年来到这个衣食住行都不方便的贫困山区奉献自己的爱心，传递正能量。并且愿意奉献自己的时间精力答应老爷爷要在科巴支教十年。可想而知，如果不是因为重视教育，深知教育对孩子成长和发展的重要性，我想田老师不会做这么大的"牺牲"！田老师不计回报的付出和那些远道而来支教的其他志愿者让我更加深刻体会到了志愿者身上那种无私奉献、互帮互助的精神。而我们这些承载着村民的期望，承担着教书育人的责任的志愿者更应该认真秉持志愿者精神，做好自己该做的事。

　　"爱心认知世界，乐善提升自我"，这是我们热爱社会公益事业、乐于奉献的"慈母"——刘荣老师为凯博爱心联盟树立的宗旨。我想，如果没有刘荣老师的话，可能就没有我们此次"陆海相依，试飞青琼"一带一路国情考察与教育帮扶暑期社会实践活动的顺利开展了。在此，我也特别感谢刘荣老师在这期间对我们无微不至的关怀，她就像一位"慈母"一样，在我们生病时悉心照顾，担心我们食不饱时主动献出自己的那份食物，心里时刻挂念着别人。刘老师说：我们本可以在家吹着空调，连着 WiFi，吃着西瓜享受生活，但我们还是不远万里来到这里支教，是为了什么？不过是为了向社会传递正能量，对社会成员做一种教育工作，希望大家认可、支持我们，然后一起去做善事。是啊，我也时常问自己为什么要舍弃舒适的生活来到这个条件艰苦的山区支教，自己图什么呢？我想，大概是因为爱，如果不是受爱驱使，如果不是因为有一颗想奉献、想做善事的心，自己怎么会到这里来呢？也大概是觉得自己白吃白喝这么多年了，总该为社会做点什么。这些日子，在与刘老师的接触中，我慢慢地修正了自己思想上的不足，懂得了真正有爱有公益心的人不该心里总是衡量着自己的得失、自私地为自己着想的。真正地做善事做志愿不是为了作秀，不是为了名利，志愿者也不是救世主或施舍者。一个想真心实意地帮助那些需要帮助、值得帮助的人，用自己的善意善行去传递正能量和爱心的人是不会想着谋求任何物质的回报。我们是因"志"而愿，而不是因"质"（物质）而愿。

古人云：没有规矩不成方圆。我想，如果没有规矩去适当约束自己的行为，那团队就很容易形成一盘散沙，无法管理。只有在一个有规矩、有纪律、有爱心、有合作精神的团队中，人们的一切工作才能有条不紊地进行。在这个团队中，自己逐渐有了团队精神和意识，不再像以前那么散漫和"特立独行"，不再无视组织纪律，逐渐地认识到遵守纪律对于个人的重要性，明白在团队中互相的体谅和包容才能友好愉快地相处，才能增进彼此的感情，同时在团队中也收获了难能可贵的友谊。我想，个人与团队的关系就像鱼和水，彼此相互依赖、不可分离。

回首那些日子，最让我难以忘怀的是那群我放不下的孩子。我想对他们说声：谢谢！谢谢他们对我这个"不合格""面瘫"教师的包容，谢谢他们从来不会因为我的训斥、体罚而怀恨在心，而是在课后还能主动接近我这个"严师"，用他们的小手拉着我的大手，用他们天真的笑脸感化我这个"面瘫"，用他们的爱心糖果甜化我的心……在这些天的相处中，他们更确切地让我明白，无论你身处什么职位、从事什么行业，在人格上每个人都是平等的，并不会因为身份、职业你就高人一等，别人也并不是就该屈服在你的"棍棒"严威之下。更不会说因为你是老师，就可以对学生"为所欲为"，就可以用你的身份对他们"呼之即来，挥之即去"。田老师说过，不应靠打、靠骂、靠吼来教育或征服学生，而是靠自己的人格魅力和能力来使别人信服！著名的教育家叶圣陶也曾说：教育工作者的全部工作就是为人师表。我们将来要做教师的或已经是教师的，应该规范自己的言行举止，以自己的"言"为学生之师，"行"为学生之范，做到言传身教，动之以情，晓之以理，导之以行。我想，这才是名副其实的人类工程师吧。只是路漫漫其修远兮，吾还将上下而求索！

俗话说：一耕耘，一分收获。在这二十多天的辛勤支教中，我们每天起早贪黑，努力克服各种生活与环境的不适，不停歇地备课教学，不断地吸取教训、总结教学经验，虽然我们离"为人师表"的要求还有些距离，但看到有不少学生在我们的悉心教诲下终于养成了讲文明、讲卫生、讲礼貌的良好习惯，终于有了愿意主动学习、努力向上的决心，终于懂得做人要感恩时；而自己在教学、做人上也有所进步时，内心还是有些小自豪、小欣慰的。但心里还是有些遗憾和愧疚，觉得自己为他们做得还不够，还不足。

这二十多天的支教生活，自己虽是以一个志愿者的身份过来，看似在服务他人，实则也是在自我服务，看似在帮助别人，其实也是在自助。对于什么是志愿者，我个人认为，是因为有乐于助人、传递正能量的志向而愿意奉献自己的时间、精力去帮助别人却不求回报的人；如果说要求回报，那我希望是被帮助的人能够因我们的帮助而变得比以往好，有更多的人能投入志愿活动中，帮助更多的人，而不是寻求物质的报酬。我觉得做志愿活动能够实现自我价值，找到自己存在的意义，并且做志愿服务能够让人从中得到快乐，得到心灵的净化，并且不断成长。虽然此刻我们已回到热情似火的大海南的怀抱了，但我们的十年志愿支教的期许还在续约，我们的爱心接力棒还在传递，我们与科巴的情缘还未断。科巴，回首此望，我们依然与你同在！

科巴之行让你我成长

海南师范大学　普　云

　　从 2017 年 7 月 8 日到 2017 年 7 月 30 日，为期 23 天的支教之旅结束了。在这二十多天中，我们尝到了酸甜苦辣咸，体会到了作为一名教师的不易，也体会到了作为一名学生的不易。

　　换位思考，将心比心。我们每个人都是从学生时代走过来的，都知道学生阶段的不易。作为支教教师，我们对自己的学生期望太高，过于严苛。有这样一个学生让我印象深刻，那是在 7 月 30 日的下午，我看到一个四年级的孩子来找我们志愿者帮他穿藏服。我问他："你的父母呢？叫你的父母帮你穿吧，老师不会。"他说："我父母不在了。"我以为他的父母外出务工了，便又问他："你的父母外出打工了吗？"他又说："我的父母不在了。"这时我懂了，这个学生是一个孤儿，顿时哽咽了，生怕说错了什么，只好叫他去找其他的阿姨帮他。之前看到他调皮捣蛋，对他非常严厉，殊不知他背后有这样的故事，这真的很让我触动，也让我感到很愧疚。如果我之前对每一个孩子都做些了解，或许就不会发生这样的事儿。这提醒我今后在做事的时候一定要把功课做足，不管说什么、做什么都要考虑到别人，不能一意孤行。

　　任重道远，砥砺前行。作为一名师范生，自己在教书育人方面还存在很大的问题。虽然是大学二年级的学生，但整个教学没有经过一个系统的学习，在支教的过程中会出现手足无措的情况。在面对学生时不知道该怎么切入知识点以便他们更好地吸收和消化。两个定位，找准自己的定位和学生的定位，这是教学过程中重要的一点，也是我从田老师身上学到的。田老师每天除了做饭还要观察我们上课，最后总结出我们上课过程中的不足，这是作为一个老教师对我们这些晚辈的经验传授，让我们在最短的时间里知道自己教学中的不足。这样的经验传授对于我们这样的师范生而言无疑是天大的恩惠，在踏上正式的教学岗位之前，我们接受了这样一种别样的"教学"，这让人印象深刻。这只是自己人生教学生涯中的一部分，所有的经验都是这样一步步积累来的，学生一届接一届，方法一次又一次地调整，只为了让同学们变得更好。

你我同心，友谊长青。吃在一起、住在一起、学在一起，这二十多天也收获了满满的友谊。从未在这么短的时间内见到人的真心，这是我在期中总结时说的一句话。这二十多天的友谊带给我的感动太多太多，生病时小伙伴的感冒药、水杯里小伙伴们注满的热水、天黑时走在科巴小道上给彼此的勇气、分别时满面的泪水，这无不牵动着我的心。感觉我们认识了好久好久，彼此间没有利益的冲突，只为了一个目标，那就是为了科巴的孩子，为了他们能够走出科巴，为了他们能够拥有更好的明天。支教已然结束，但我们的友谊将一直绵延下去。

科巴，你带给我的感动实在太多，你带给我的收获在实在太多。有学生突然打电话说"老师，我们想你了"的那份感动，有教学不严谨受到批评立誓改变的决心，有科巴村所有人看到你马上站起来的会心一笑，有孩子们那一张张接受知识后喜悦的脸庞，有吃到"科巴厨神"田老师那可口佳肴后的满足。科巴，因为你让我成长，我爱你！

不愿说再见，一定要再见

新疆大学　王敏港

犹记得初去青海科巴，漫长的山路把我们的激情一点点的磨灭，车子里从最初的欢声笑语逐渐只剩下了沉默以及音响里不间断播放的歌曲。

能够从凯博众多报名的人中被田老师选择前往青海科巴，我想一定是田老师对我的信任。但是，在最初知道这个消息的时候我还是抑制不住地生出了退缩的想法。喜欢就是放肆，但爱却是克制。从田老师那里了解到越多关于科巴的事情，我就对科巴越有情感。那是一个淳朴的村子，村民们需要的不是一批批来了又走的"爱心人士"，而是需要能够真正给他们的孩子带来改变的人。思虑至此，我担忧的就是我去了并不能给那里的孩子带去足够多的知识，可能别的更优秀的同学去了会比我，能给那里的孩子带去更多的知识、更多的收获。

下火车踏上异乡土地的那一刻，心中充满了即将见到科巴的激动心情。汽车行驶的时间越长，意味着我们距离科巴也越近，我从最开始的激动到了担忧自己能力的不安，再到"丑媳妇终将见公婆"的安然，最终到渴望见到科巴的迫切心情。

沿途的风景给了我这个非山区长大的孩子很多的震撼。每个人都在羡慕自己没有经历过的生活，长在大山里的人家渴望走出山林，生活在都市里的人羡慕着大山深处与世隔绝的宁静和清幽。但是艳羡着大山深处的人却并不会想到翻越四五座大山依旧看不到人烟的荒凉、孤独和寂寞，以及种种不便。

到达科巴的时候，恰逢学生们放学，孩子们或提着或背着自己的书包，看到我们到来特别开心，一些高年级的孩子还主动帮我们搬行李，路边的老奶奶们会站起来对我们表示欢迎，尽管语言不通，但那种情感不用翻译就能读懂。

教学生活开始了之后就是固定的生活作息，每天备课、吃饭、上课，除了那些道路也没有再涉足村子的其他地方。但就在这么一片固定的区域，感觉却永远不会厌烦，路上遇到的学生会向你鞠躬说声"老师好！"路边石头上坐着晒太阳的藏族老奶奶会向你示意问好，尽管老人家听不懂汉语，但是双手合十，弯腰鞠躬并说一句"奶奶好！"也是我们这些去支教的老师一定会做的；尽管我们年纪并不大，但是村子里的村民见到我们都会说一句"老师们好，老师们辛苦了！"这种氛围让我们感受到是满腔的真诚，没有丝毫的敷衍与虚伪。

在上课的过程中，我们也会遇到各种各样的问题，有教学上的，也有学生关系上的。对教学上存在的问题田老师都会指出来，并告诉我们如何改正，我们在当老师的时候也依旧是学生。学无止境，在和科巴的村民们相处的时候我们也是在不断地学习，学习村民们的淳朴以及待人接物的真诚，学习孩子们的天真烂漫，学习所有我们没有的。在和学生的相处上，也会遇到一些不爱学习的学生，上课捣乱不学习，下课各种调皮打架，对于这些学生我们也是尽自己的最大能力，上课的时候约束他们，用恰当的语言去引导他们扩展知识，按照田老师不放弃一个孩子的要求而努力。

支教的时间里不只有忙碌的教学，还有我们所有支教成员在休息时的彼此交流熟悉，了解我们不曾经历过的生活。每天可口的饭菜都是田老师辛辛苦苦做的，我们只能在旁边给田老师打下手，洗菜、切菜我们能做的都去做，给田老师减轻一点做大锅饭的劳累与辛苦。也有各家各户村民们送到主家的手工馍馍，在那么淳朴的村子里，能够把自己家的粮食做成食物送过来已经是很用心了，对于一个同样生活在农村的孩子，表达心意的最好的方式就是送去食物。我们住的主家也会买一些新鲜的水果给我们吃，有时推脱不掉带上几颗杏子去上课，在路上看到陪着小孙子的老奶奶就送给他们尝尝，虽然语言不通，但是老奶奶的笑脸就让我感到特别开心。

一件事情只有真正经历过才能去评价，从小到大我们也曾抱怨老师对我们要求太过严格，管得太过于宽泛，不给老师好脸色。但是真正自己参与了一次支教，当过了老师以后，才真正明白老师们的良苦用心。每一次我们听着老师说"我管你是为你好"的时候都触动不大，但是身临其境，当我成为老师的时候，我才知道，老师对学生的关注越多，就是越想他好好学习，对他也就越严格。我也体会到了当老师时会受到的一些委屈，你为学生付出那么多却很可能不被学生接受，那种心酸与难受让自己很不舒服。

海南的朋友们早我们先走，我认为他们太"可恶"了，让我们剩下的人经历两次分别的悲伤。"一期一会"，我们可能此次分别以后见面的机会也不多，所以分别的前天晚上大家一起拍照留念，有学生送来纸信，拿在手里眼泪不自觉地就流了下来。分别当天互相拥抱后流着泪水看着客车越来越远，转身回去继续备课准备接下来的教学任务。

最终离开科巴的时候并没有我想象中那么悲伤，虽然气氛依旧很沉闷，但彼此脸上都带着坚强，我们不能把孩子们的感情都带走，我们只能够尽力来两次、三次……但这些孩子一直在这里。他们将要面对的是一批批来这里的志愿者，我希望我们的后来者能一直用心去对待别人，也会收获相同的真心，对这个世界保持着美好的感觉。离开科巴村的当天晚上，在火车上我就失眠了，想到自己教过的孩子们，不知道他们会不会在我们走后继续学习，开学以后进入学校会不会努力提高自己的成绩。距离在科巴的日子已经过去了那么久，但是也会时常午夜梦回，我们还在科巴，我们一群人还在一起，备课、洗菜、刷碗、聊天、谈笑……

科巴收获

加拿大韦士敦大学　尚海伦

　　我是凯博爱心志愿联盟的尚海伦。很庆幸今年暑假我能有机会同新疆大学和海南师范大学的同学们一起到青海省化隆回族自治县金源藏族乡下科巴村支教。很庆幸能有这个机会认识更多的朋友、拥有更多的阅历、了解更多的文化。

　　在这次支教中，我们团队秉承着"爱心认知世界，乐善提升自我"的志愿宗旨；坚守着"奉献、友爱、互助、进步"的志愿精神。在对待教学的过程中，我们兢兢业业、一丝不苟；在对待学生的态度上，我们谆谆教诲、悉心呵护。在科巴村的短短二十几天，老师们就是学生们最坚实的后盾，学生们也已然成为老师脸上欣慰微笑的缘由。

　　记忆中的科巴，书声琅琅，到处洋溢着油墨的清香。在这二十几天的教学中，学生们的表现着实令老师喜上眉梢。我们看到孩子们的学习习惯正在逐渐向好的方向发展，上课时那一双双炯炯有神的眼睛、考试时那一只只奋笔疾书的小手、上学路上那一声声真诚热情的问好，都让我们老师心里迸发出无尽的暖意！每天上课，我们的志愿者老师们虽累，却都快乐着。快乐，不仅是因为看到孩子们的学习习惯在一天天地改变，更因为我们在他们身上看到了希望、看到了未来！多想和科巴的孩子们说：你们纯真无瑕似璞玉待雕琢，你们奋力地向前冲吧，你们勇敢地去拼吧，你们身后有着老师们的坚定支持，你们的身上承载了全村人的希望！

　　科巴村可爱的不仅是孩子，还有热情质朴的乡亲们。他们对我们每次的支教活动都鼎力相助，乡亲们对我们支教活动的大力支持，不仅体现在那一块块冒着热气的馍，那一瓶瓶送到老师手里的水，还体现在那一床床温暖舒适的床褥，和朴实无华的微笑。这一切都是乡亲们对我们的关怀与支持。乡亲们竭尽所能让我们在科巴村的日子里过得舒心，我们也竭尽所能让科巴村的孩子们学得安心。

　　除此之外，让我难忘的还有每天为我们生火烧饭的田老师，在炉火边烤得汗如雨下却三十天如一日的坚持。还有每天悉心照顾我们的王院长和刘老师，不断为生病的志愿者们带去温暖。田校长如严父，刘老师似慈母，王院长是恩师。这三位老师们对我们的教诲如醍醐灌顶，又好似春风拂面，让人难以忘怀。

当听到田老师说与科巴村的十年之约时，我特别感动。日复一日，年复一年，我们在科巴孩子身上看到了希望，我们坚信这一点一滴的坚持终会在未来收获希望的果实。田校长说，每一次到科巴都会收获爱与感动。的确，孩子们无心的举动中蕴含着暖意，乡亲们朴实的行动中洋溢着善意。我相信在这暖意和善意的包裹下，在志愿精神的指引下老师们会更加坚持初心，更加脚踏实地，为圆孩子们心中的梦想，为不辜负乡亲们殷切的目光，让我们为了科巴美好未来共同努力奋斗！

再接再厉，继续前行

新疆大学　彭　帅

为期二十八天的支教生活在不知不觉中结束了，此时我已踏上回家的列车，望着窗外不断退去的景物，我陷入了沉思。在那里的日常生活、教学场景，像幻灯片一样一幕一幕地闪过脑海。我的心情平静而又复杂……

开篇

2017 年 7 月 14 日下午，我们一行八人在乌鲁木齐南站出发（田老师和王岩提前出发和海师大同学汇合），在乘坐了将近 20 个小时的火车和近 3 个小时的汽车后，终于在第二天傍晚前到达了我们的目的地——青海省化隆回族自治县金源藏族乡下科巴村。一下车，迎接我们的便是热情洋溢的村民和孩子们，还有一条条象征着纯洁和圣洁的哈达，这让我们在感到亲切和温暖的同时，更感到自己肩上的责任和重担。支教、生活等各项工作由此拉开了帷幕。

生活篇

生活方面，因为有田老师和刘老师细心周到的照顾，我们即使身处偏远山区，也能够吃得饱、吃得好。同时，这也离不开索南大叔、才让叔叔一家对我们支教活动的支持与帮助，为我们提供住所和客人用的被褥，忍受着比较艰苦的生活。在那里，偶尔吃一次泡面大家也会很开心，还有海伦妈妈寄来的食品也让大家食欲大增，每天吃饭过后老师们的"闲聊"也会给大家带来欢笑和思考。在一天的教学工作之后，在因天气不适而生病难受之时，这些 Surprise 也为大家带来了慰藉。这样一种苦中作乐精神也会使我们在今后人生遇到困难、挫折时保持乐观、积极的态度。

教育篇

教学方面，我深刻体会到了站上讲台做一位老师的不容易，做一位好老师的不容易。我所带的高中班是一群懂事活泼、积极向上的学生。在他们身上，我仿佛看到了高中时代的自己，那种对学习的渴望和热情一直都在打动着我。他们为高考而昂扬向上、不懈奋斗的精神一直在深深地感染着我。

受自然条件的限制，山区的教育跟东部城市相比依然比较落后。因此，学生们没有接受更为良好的教育，基础知识的掌握不够扎实，解决难题的能力比较薄弱。但是我想，他们现在意识到了学习的重要性，又愿意付出自己踏踏实实的努力，那么就有机会超越拥有更好条件的同龄人。因为他们比较懂事，我省去了一些维持纪律的时间，从而把更多的时间花在备课和与学生沟通上。在二十多天的朝夕相处中，我和同学们建立了良好的师生关系。尽管有时候他们调皮惹我生气，有时候我严厉批评后他们会有不满和委屈……但这整体上不影响我们在学习、生活方面的相处。虽然高中学习是枯燥烦琐的，但教室里还会时不时地传出我和同学们爽朗的笑声。

在 7 月 30 日后的几天，陆续有同学请假，因为要回家割麦子。教室里一下子空荡了不少，当时心里很是不舒服，感觉她们应该以学习为重。但在和学习委员万么措沟通之后，我了解了她们早已习以为常，因为从小就开始干农活了，家里没那么多人，还得赶在那几天时间里快快收割完。她还说道：以前几次她都只是上几天就不来了，而这次确实是家长要求回家干农活，她想来但实在来不了……这让我很是感动。田老师也告诉我，这里的庄稼很是珍贵！由此，我慢慢地开始理解她们了……升入高三的达瓦卓玛同学从一来就有着非常坚定的考上理想大学的信念，白天认真踏实地听课、做题，晚上还主动请老师们为其补习功课。还有班长周毛措，如果父母出去打工，她就只能一个人生活。从上科巴村走路到我们的教学地点需要近一个小时的路程，在路上她还在背化学方程式……这些故事都让我为之动容。我为她们的懂事、坚强感到骄傲，也为她们的矛盾、无奈处境感到伤悲……时间紧、任务重，他们一直在行动！为理想，早起三更、读迎晨曦、磨枪挫剑，不惧兵临城下！为目标，晚卧夜半、梦别星辰，敛神养气，以备全力以赴！即使我们离开，我相信他们今后即使我们不在那里也会更加懂事、更加刻苦，用坚强意志品质和积极切实地行动，用点点滴滴的日常努力，用汗水和泪水去书写他们最为精彩的人生篇章！

这二十多天的教学、生活，对我个人来说，不仅是教学能力上的考验，更是一次精神上的洗礼。经历过这样一系列的事情之后，深感能力方面还需要进一步提高，有时讲课会突然解释不了了，这还是由于备课的不充分和知识储备不足。另外，自己的格局不够大，之前对有些问题没有更为正确的态度，没有进行深入的思考。这次活动，使得我们将志愿和教育深深地联系在了一起，让我们因此走到了一起。支教工作不但使孩子们得到知识和成长，更使得我们的志愿之心也更加纯洁、坚定！

十年之约，这是一项不图我们个人回报的事业，这是给科巴村带来希望和光明的事业，这也是凯博爱心志愿联盟最为坚定的承诺。从小我就想实现自己的人生价值，但直到现在我依然没能确切地回答到底经历过什么、付出过什么、得到些什么才算实现了人生价值？在科巴，我给高中班孩子带去了必需的知识和对生活学习的激情与梦想，我得到了指导老师的赞许和认可，我感受到自己在发光和发热，能为这个社会做出一点点的奉献和回报，我想这就足够了，这也就是我人生的价值所在。

展望篇

习近平总书记说过，"一个人遇到好老师是人生的幸运，一个学校拥有好老师是学校的光荣，一个民族源源不断地涌现出一批又一批好老师则是民族的希望"。总书记的讲话让我们倍感使命光荣，责任重大！十年树木，百年树人。科巴村的校舍即将建成，我们的教学方式会越来越规范，教学效果也会更加凸显。在田老师、刘老师的悉心指导下，在社会公益人士的支持帮助下，在我们一批又一批的志愿者的持续接力、共同努力下，在科巴孩子们的坚强和努力奋斗下，科巴孩子定会展开飞翔的翅膀，击破长空，拥有更加广阔、美好的蓝天！

遇　见

新疆大学　慕冬冬

中国960万平方千米的土地上，数以万计的村落里，茫茫人海之中，科巴，我终究还是遇见了你！几番辗转、几次思量，我终究还是来到了这里。你以你最好的姿态来拥抱我，我以我之所学回馈你。

出发之前，我和朋友既激动，又不安，对这个即将生活二十多天的地方既向往，又期待。这一次的支教已不单单是我们新疆大学同学们的事情，我们迎来了海南师范大学的新伙伴，在这里我们将共同度过这一次难忘的支教，这也注定是一次不平凡的支教经历。当所有的人不远万里，跋山涉水来到这样一个陌生的地方，天南海北，我们有幸相聚在这里，愿这里的每一个人幸福安康，道一声：扎西德勒！

在火车上的时候，我们讨论我们的迎新以及见面以后一起生活的事项，其实内心也有些许的担心和不安。下了火车的那一瞬间，突然感觉那些担心和不安其实是没有必要的，我来到这里的目的很简单——就是支教，就是将我所学的知识传授给那里需要知识的孩子。相比于这些，其余的东西便都不重要了。去平安驿接我们的村民们一见面就为我们献上哈达，我们能够感受到他们内心深处对知识真正的渴望，希望通过我们的努力，让他们的孩子走出大山，掌握自己的命运。

一路上，看着渐渐远去的城市和逐渐深入的大山，看着后面不断消失的地平线，我们不曾后悔，我们满怀希望。我们渴望开始新的生活，开启人生新的历程……其实一路上我想了很多。俗话说，读万卷书，不如行万里路。有些路，当自己没有走过的时候，它永远是别人的；有些风景，你不曾看过，无论它在别人的照片里有多美丽，它永远是别人的风景，永远不属于你。世界那么大，为什么不趁年轻走出去看看。趁年轻，就现在，不忘初心，当我们背起行囊，等待我们的，永远是更好的远方和自己。

"山环原野阔，碧树绕孤村"。初次相遇，我们来到这样美丽的村庄，在这样一个闭塞的小山村里，通信基本隔绝，虽然条件艰苦，但是这样的环境往往更能锻炼和磨炼一个人，这样的环境给了我一种恍若隔世的错觉，让我像是恍入世外桃源。进入科巴的第一天，似乎没有初来的欢欣，其实感觉从第一天开始每一天都是倒计时。从进入课堂，接触孩子们的一瞬间，看着他们上课时的眼神，那一刻，我似乎懂了，也明白了，那些大山，对于进入的人来说，是照片里美丽的风景，但是对于生活在这里且无法走出去的人来说，却是无法逾越的障碍，是阻碍他们走出去的天堑。不止一次在他们的作文中读到，他们要走出大山，他们也要拥抱明天，而我们就愿意成为帮助他们走出大山的那些"助梦者"。只要你愿意走出大山，我就愿意倾尽我所能地帮助你走出大山，这是我们的初心，更是我们遵循的十年之约。

也还记得与海南师范大学小伙伴们的初次相遇，大家彼此还很陌生，尚不熟悉的感觉让彼此眼中虽有羞涩，但又有相识的渴望。第一次晚饭，虽然大家来自不同的地方，但大家都有同样的信仰和信念。人数虽多，但大家很快就融为了一体，一顿饭的时间大家其乐融融。大家谈笑风生，调侃天南海北，彼此交流各自家乡的风土人情。晚饭后的联欢会，来自海师大的同学为我们展示了南方的热带风情，我们也为他们回馈了大漠西北的热情。一场联欢会下来，双方虽不是心心相依，但至少彼此早已没了初见时的陌生。

虽然后来大家在不同的地方上课，但彼此之间经常互相"串门子"。有空的话大家相互交换听课，彼此交流上课经验，下课时一起在玛尼康里嬉戏玩耍，调侃彼此。大家一起谈论自己家乡的特产，相约有空的时候去对方那里游玩，也曾彼此约定回去后还要保持联系，不可相忘于江湖。我们也曾说要给他们邮寄新疆的葡萄干和干果，也曾开玩笑说乌鲁木齐的大街上满大街跑的都是迪丽热巴，相约一起去大街上看小美女和小帅哥。他们也曾约定给我们邮寄热带水果，除了椰子（因为太重）。但是可以给我们邮寄椰子壳做的存钱罐。那时的我们还年轻，懵懂的时候还不知离别的伤痛。

第一次来到这里，这里的一切都很新奇。也许我们暂时无法帮助他们摆脱物质上的贫困，但至少我们可以丰富他们的精神世界，在他们的精神原野上撒上知识的种子，待它发芽生长，终有一日，待它开花结果，我们相信那时的花一定分外芳香，那时的果实一定分外香甜。

　　每一次和孩子们的接触，他们的单纯都会触动每个人心中最柔软的部分。所以我们始终坚信，我们来到这里，我们不是来拯救这里的孩子，我们是在救赎自己。7月19日参加了藏族的一次聚会，一路上，无论碰到那个人，无论老少，当他们向你行礼的时候，当他们低头的瞬间，那种悠然世外的澄澈真的会有种恍入桃花源的错觉。在这里，当你抬头仰望天空，站在这个离天空很近的地方，一眼望去，蔚蓝的天空有一种澄澈的感觉。那种感觉，是一种永远无法忘却的情怀。科巴的五点半，几个女孩子在麦田中晨读，晨风拂过，清澈的读书声弥漫在苍山麦田之间，那个时候的遇见似乎成了最美的风景。往往是最不经意的一个瞬间，一个场景，却成为你心目中忘却不了的风景。

　　"我爱我的家乡，我想走出大山，但我想马上回来"，一个小学生在她的作文中写到。读到这句话的时候，我已记不清楚内心当时是怎样的心情，只知道我愿倾我所有，为你保驾护航，只为你实现梦想。但对于我们来说，每个初来的人都是一个耀眼的太阳，但经过这样一个过程，也可以称为一种洗礼，你会变为一道柔和的光，指引孩子们前进的方向。

　　转瞬时光匆匆，我们终究还是要面对分离，十几天的相处让大家心心相印，成为彼此最信任也最可靠的知心朋友。十几天的支教很快就结束了，转眼间大家就面临着总结大会，大家虽然口头上说终于结束了，终于可以洗澡了。心里头却始终满怀别的伤痛，不过大家都不曾表露出来，不让对方伤心。大家相约分别的时候一定要笑，因为看到你们的笑容，我才能安心离开。如若看到你的泪眼，我怕我丧失离开的勇气。总结大会上，穿上学生们送来的藏服，大家名义上是说第一次穿上藏服，满心高兴地去合照，实则是用这欢欣来掩饰内心的沉重。我们风雨同舟，相伴左右，一起呐喊高歌，紧紧相拥，总会看到雨后的彩虹。离别在即，捧着圣洁的哈达，带着村民们满满的祝福，踏上归家的旅途。

　　在晚上的联欢会开始之前，我们一群人站在门外，在科巴村犹如名画里般美丽的星空下，星星虽美，终究无心赏玩。天上的星星似乎也在噤声偷听我们的对话。离别的气氛似乎在那一刻更加浓重，泪眼朦胧中不知是谁的眼泪滑落，大家哭成一团。曾经的约定早已抛之脑后，只有离别的伤痛。回到餐桌上，强装出来的笑容掩盖不了红肿的眼睛，大家都很沉默，时空似乎在那一刻静止，只有餐桌上用过的卫生巾在诉说谁曾流过泪。

　　真正的离别时在早上，微凉的空气似乎更加适合离别的氛围。科巴凌晨五点钟的天空，似明非暗，朦朦胧胧中，等待班车的时间里，大家静默，既期望着班车早点到来，又期望它不要到来。但离别总会到来，班车到来时，每个要离开的人都明白此次离别可能是我们人生中唯一一次见面，每个人都舍不得离开，但又不得不离开，彼此之间除了真心的拥抱似乎什么也给不了。但我们至少曾经拥有过，我们不后悔。

离开的时候，我已不清楚该用什么词汇来描述我那时的心情，仿佛昨日还历历在目，但终需一别，但我相信每一个科巴人心中都有这样一个信念，或者说一种理想，在那个"玉带缠山半"的村庄里，终有一日，总会"雾隐现真龙"。科巴，再见，一定再见！

也许每一个人心中都有一个支教梦，但梦始终在心中，不付诸实践，它永远是梦。"读万卷书，不如行万里路。"通过这一次的支教活动，对于我可以说既是一次锻炼，又是一次成长。在这次经历中，我既享受着这个过程，又不断提升自己。短短的二十几天，不过是人生中的沧海一粟，却可以让自己的人生更加圆满，不可谓不是一次成功。"偷得浮生半日闲，了却平生一桩愿"，我希望有机会的话可以和科巴村再约，希望那时的科巴更好，那时的我们也更优秀，遇见更好的风景，也祝愿遇见更好的自己。

梦绕科巴

新疆大学 刘天磊

尚显稚嫩的童音，合成朗朗的读书声，多么熟悉的场景，这次却让我感触良多。

初来科巴，我以为误入另外一个世界，偏远而又闭塞。它是我迷迷蒙蒙乘车在群山中穿行近三个小时之久突然遇见的村庄，美丽却又陌生。我很喜欢这里澄澈的天空和清新的空气，喜欢这里的人们看到我们亲切而欢喜的笑，似乎我们并不是第一次见面也并不是第一次来。落脚的主家、接待我们的塔叶、偷偷打量我们的孩子，我们似乎一下子就变成了熟人，我们来到这里，也就变成了自然而然。

这里的课堂却和我设想的完全不同，没有教室和学校，主家的院子和村子里的玛尼康（寺庙）就成了我们的学校，孩子们自己带来的凳子就成了他们的桌椅，架起的小块黑板就成了我们的讲堂。随着阳光的移动，我们师生也常常搬迁我们的"班级"躲避曝晒。但这似乎并不影响我们上课，学生听得认真，我们讲得开心，这是一种独特的默契。

科巴的孩子们很黏老师，从小学到高中的孩子都这样。他们会编织手环送给喜欢的老师们，喜欢和老师玩游戏，喜欢和老师待在一起。初中的孩子们喜欢看我们的手机相册，喜欢听我们讲外面的事，这对他们来说是另一个世界，无限地吸引着他们想走出去看一看。他们很纯真也很可爱，你会喜欢上他们清澈的眼睛和单纯的笑，也会喜欢上他们对你不含杂质的亲切。他们很聪明，对未知也充满好奇与兴趣，每个人都喜欢学英语，只是他们差得确实有点多，大量的基础知识就是需要他们去努力掌握的目标，真的很让人心疼。但是他们并没有放弃，他们很清楚知识对他们来说是多么的重要，这是他们的渴望与梦想。

科巴的孩子是不过生日的，他们认为过生日对我们而言是一件让人高兴的事，所以他们经常在黑板上偷偷画蛋糕，写上"老师生日快乐"，表达他们对老师的喜爱，这种纯真的感恩方式最能打动人。他们需要被肯定，于是我们就来肯定他们；

他们需要被鼓励，于是我们就来鼓励他们；他们需要帮助，于是我们就来帮助他们，这就是支教的意义吧。

我们回报的方式，似乎也只有更加努力地上好每一堂课，更加认真地备好每一堂课。在青海的茫茫荒山中，来自海南师范大学的南方小伙伴适应不了北方的干燥、昼夜温差以及北方的伙食，很多人都病倒了，但大家还是撑着讲课，感冒发烧就吃点药扛着，嗓子受不了就含片金嗓子，有位小伙伴甚至已经失声了，但还是坚持着走上自己的讲堂。就在这种情况下，大家仍在晚上给部分孩子补课，这大概就是以前没有理解的"蜡炬成灰泪始干"吧。但在看到不通汉语的村民们打着手势送给我们自己都不舍得吃的面饼后，心里却是满足的，因为我们知道，我们的努力一直在被看见。

关于科巴，还有一个美丽的故事——十年之约。那是我们团队的组织者田永清老师和村子里德高望重的老爷子定下的约定，"来，以后还来，只要活着，就坚持十年"。匆匆岁月，十年之约似乎还回响在科巴的群山之中，时光却已经走过了三年。从最开始披荆斩棘除了激情一无所有，到现在不断完善的教学方法和管理秩序；从最开始的孤立无援，到现在海南师范大学不远万里伸出的援手；从无人问津的埋头苦干，到来自社会爱心人士的爱心捐赠；从最开始每一次离开带着的遗憾，到现在每次考核后看到孩子们明显进步后，内心的欣喜与满足。十年之约，还未走完一半，科巴就送出了第一批大学生。科巴飞出去的凤凰，考上了中央民族大学的孩子回来探望我们平易近人的"田校长"时，田老师笑得像一位骄傲的父亲，可能这就是田老师带领着一届又一届凯博爱心社远赴万里，如燕归巢回到这里的原因吧。

临近支教结束，大家会在村子里的篮球场举行结业典礼，村子里的人大多会来围观，他们想看孩子们变成了什么样，而我们想让他们知道孩子们变成了什么样。我们带来了准备很久的表演，小学部孩子们稚嫩坚定的诗朗诵、清脆的儿歌，初中部孩子们青春热烈的长拳方队，高中部孩子和老师合唱的《海阔天空》，都赢得了村民们热烈的掌声。小小的科巴村，变得不再那么偏远，所有人似乎都看得见它未来的海阔天空。我们为所有表现优异的孩子们颁发奖状，田老师畅谈对他们的期望与信任。村子里的老人们和塔叶阿卡，则为我们所有支教老师献上洁白的哈达，表达真挚的感谢。我们互相充满感激和期望，互相坚定目标而又都不懈努力着，这就是大家都想一次再一次回到科巴的原因吧。

　　不舍科巴的人们，更不舍科巴孩子们求知的眼睛！这遥远而陌生的地方，却成了我们魂牵梦绕的情人。破旧的黑板、折断的粉笔、散乱的桌凳，当真要离开时，都成了难以放下的羁绊。我们还会回来，我们还会回来的，就像我们一起唱的歌一样：风雨同舟，相伴左右！

支教感悟

新疆大学 荔小永

　　2017 年 7 月，伴随着清幽的花香、和煦的风儿，我来到了这里，来到了这个我心中永远无法割舍的地方——青海省化隆县金源乡下科巴村。

　　踏上从乌鲁木齐开往西宁的火车那一刻，我心中知道这次的支教之旅开始了。在凯博爱心联盟的组织中，第一次得知支教的消息时内心就早已有了期待。从参与报名、参加试讲，我的内心一直都是既期盼又害怕，直到最终确定名单的那一刻。我从这份名单上看到了老师对我的信任和科巴村孩子们那一双双渴望知识的眼睛，同时从那一刻起我也感受到了将要肩负的责任。既然内心已经决定要做，那就要尽自己所能做到尽善尽美、做到问心无悔！

　　跨过两千多公里，驾车翻过几座大山，历时一天的旅途我们一行八个人终于到达了我们将近两个多月来一直在为它而认真准备的科巴村。

　　初到这里内心有一种想法——这里真漂亮，山川秀美、空气清新，宛若人间仙境。但是冷静下来之后我突然明白，这里的大山虽然美但对这里的孩子而言却是阻挡他们走出去的一道坎，而考上大学对他们来说是走出去的非常重要的一个途径。莎士比亚曾经说过：知识是飞向天空的翅膀。对于科巴村的孩子来说，他们现在缺少的就是飞出大山的这双翅膀。

　　经过一夜的休整，我们按照来之前的分配，各自都进入了自己的角色。从这一刻开始我们不再是一名大学生，对于这里的孩子而言，我们就成为他们的老师，就成为他们了解家乡之外的世界的导师。我们或许没有非常专业的授课经验，但是我们只要尽自己的所能做到最好，在他们的内心播种下一颗向外面的世界飞翔的种子，让它发芽，那我们这次的努力就没有白费。

　　我的内心说实话也是非常忐忑的，因为学习知识和给别人讲授知识完全是两种不同的概念。站在讲台的那一刻，看着讲台下的学生，心中更多的是沉甸甸的责任。

就像我们的带队老师田老师和刘老师说的一样：你在讲台下和你在讲台上完全是两种不同的角色。不管你在台下性格是多么内向，在讲台上的那一刻起你就和平时完全不同了，台下的学生都在渴望你能够给他们讲授知识，即使你不想、不敢说话，从那一刻起你也必须大声、勇敢、自信地说出来！因为，从那一刻开始你已经是一名老师了。而作为一名老师有时你不得不放弃一些自由，约束自己的言行举止，因为学生接触最多的除了父母就是老师，你的一举一动都可能会对他的一生造成无法想象的影响。

回顾二十多天的支教生活，突然发现自己在这短短的二十多天内学到了许多，不管是从心灵还是思想上，变化都是巨大的。心灵的蜕变虽然不可见，但是他渗透进了生活中，让我更加坚定了自己的目标。思想上的成熟才是非常重要的，我变得不再像以前一样只是简单地想问题，懂得了从全面的角度思考问题。这个团队不只是我一个人的团队，它是大家的团队，我们每一个人都应该在这个团队中做好自己的本职工作。责任和集体荣誉感是我最大的收获，但更多的是对孩子们的不舍，走的那天晚上，和几个孩子聊到很晚，可以很强烈地感受到学生的那种期望——期望下一次还能够再见。所以青海不再见，为了那里渴望的孩子们，我一定会再次与他们相见，实现走时的承诺！

再　见

新疆大学　李　静

凌晨六点，大巴车在大山之间穿梭。那是一个下着淅沥小雨，天色未明的早晨，太阳还未升起，在大山的环抱中，一切还是黑蒙蒙的。拖着行李箱，走在泥泞的小路上，不时有雨拍打着脸庞。终于，还是走到了要起航离去的地方。

犹记得最初见到科巴村的时候，只有一个想法：终于到了！在经过了几个小时翻山越岭的车程后，整个胃都在打着退堂鼓。但就像科巴张开怀抱欢迎我们一样，我们也很快融入了进来，这里所有的一切都是美好的样子。

不知不觉，那近一个月的支教生活只剩下了回忆。最想念的还是班里的那群孩子。刚开始大家都有点拘谨，但经过一段时间的相处，我们就不仅仅是师生关系了，更是朋友。记得刚开始，我的学生们都比较害羞，不敢接触老师，上课时也没有积极地回答问题。但在我们朝夕的相处中，彼此都有了更加深入的了解。在课堂上，我能够讲出更加吸引他们认真听讲、回答问题的故事或者笑话，他们呢，能够更全身心地投入课堂。在课间的时候，我们一起奔跑在玛尼康（寺庙）附近的空地上，欢乐充盈在每一个瞬间。作为一名老师，能够体验到这种变化是非常令人欣慰的。现在也真是怀念课间的时候，那一双双牵着我的稚嫩的小手。

一说到我那群可爱的孩子们，有件感动的事就不得不提。那是一次午休后，我们正准备去上下午的课程，班里的几个女生跑过来牵着我的手和我一起去班里。一进去，黑板是反的。他们一直询问我："苏老师（三年级的另一位老师）怎么还没来？"我说先上我的课，老师马上来。片刻后，苏老师进来了。全班同学看着我们，然后把黑板翻了过来，上面写着：祝苏老师、李老师生日快乐。当时我们是懵的，彼此都问是不是对方的生日。直到后面有老师跟我们说："在这边，他们都认为在你生日那天，是你最幸福的日子，所以才会祝你们生日快乐，来表达他们最真挚的祝福。"真的是非常感动，感动他们用心，感动他们接受了我。在后面的时间里，总会接到这种祝福，他们往往会花一个中午的时间来进行绘画，有时甚至会耽误下午第一节课的时间，但真的不忍心去拒绝，又如何去拒绝？

在整个支教过程中，还有五个字让我印象深刻。那是在一个午后，我们去村上的篮球场进行体育课。篮球架后面的白墙上有一排字，那五个字吸引了我全部的目光——扶贫先扶志。确实，在习近平总书记提出的精准扶贫的背景下，我们要有切入点地去进行扶贫。授之以鱼，不如授之以渔。倘若你的毕生追求只是在山中安于现状，又怎能突破自己，实现更高的人生价值。我们必须让他们从思想上淡化"贫困意识"，自觉萌生"不愿穷、不甘落后"的想法，先从思想上"脱贫"，用先进的理论知识来武装头脑。这也是我一直想做的，不得不说，知识的确能改变命运。

支教中，尽管我在很多方面严加管教，但他们给的感动总是出乎我的意料。记得我和同伴们坐上了从化隆到西宁的大巴后，接到了一个电话，电话里没有声音，我们来回拨了好几遍，最后放弃了，实在听不清。直到坐上回乌鲁木齐的火车，电话又来了，打电话的就是调皮的男孩子之一。我非常感动，这真的让我更加深入地体会到了此次支教的真实性，我是真正存在了的。

还有一个人，我从他的身上学到了很多。田校长，是我们的带队老师，是我们的生活服务者，是我们的安全保障。首先从来的时候，校长就教我们要学会感恩，但不能只在纸上谈兵，而要落实到行动上。比如我们住在主家中，该做的就要积极去做，爱护环境，收拾好卫生，不要给别人带来麻烦。其次，我们每天的伙食都是田校长亲手做的，在夏天的高温下，校长对着锅灶满头大汗，吃饭时被烟熏得都没有了胃口，但为了我们的身体，他坚持了近一个月这样的生活。最后，校长在晚上总是坐在院子里等女生洗漱完毕后，确定没有外出人员了才安心进屋休息。晚上女生如果出去上厕所，一定会发现校长就在附近陪着，非常贴心和温暖。我们所碰到的所有的问题和困惑，都可以向校长咨询、请教，就算是光听他闲聊，都受益匪浅。

时间，可贵于它的不可重来。天下无不散之宴席，我们相聚过，就必将面对分离。初来，孩子们才艺展示，唱了张震岳的《再见》，那时的感受只有真好听，但记得在最后一节课时，当他们不由自主地唱起：我怕我没有机会，跟你说一声再见，因为也许就再也见不到你……本来不想让离别的忧愁影响到上课的情绪，而眼泪也真的是拦不住。不想就这样离开，我觉得他们还需要我。我想要教给他们的还没有讲完，我们彼此都还没有变成我内心期待的模样，但再见已经悄然而至了。

　　手里举着伞，牵挂着还未睡醒的孩子们，想着行李箱中那些信里到底是什么内容，还是坐上了离别的车。再见，希望你们一切都好，希望你们能改变自己勇敢追求自己的目标；再见，希望你们记得我是谁，记得我教给你们的知识，学业有成；记得我教给你们的人生道理，不要吃亏。再见，希望有缘再见！

科巴之"十年之约"

新疆大学　申怡敏

再一次回到科巴，心中思绪万千。

还记得冬天时，田老师和族长爷爷定下的十年之约，约定在科巴的这份事业至少做十年！说实话，我当时不懂这份约定所带有的期冀和责任，只是很感动有人会将一件好事一直这么做下去。

今年再次报名时，很多人问我为什么还要来。我说不出具体的原因，其实哪有那么多具体或宏伟的理由，想想大概就是上一次离开时，我从科巴带走了一种莫名的责任和难以放下的割舍！这是心的指引，让我不得不放下各种事情奔赴这里。这时候我终于能更多地理解田老师为什么愿意十年如一日地去做这件事，因为田老师放不下这里的孩子、卸不下心头的责任。

说实话，科巴的条件是艰苦的，对孩子们是这样，对支教团队更是如此。

孩子们渴望知识，但他们没有一个正规的教室，哪里有空出来的房子就在哪里上课，夏天就直接选择室外。冬天时，在我教学的教室里，不仅灯光昏暗，地下还满是积攒多年的尘土，孩子们在下课时稍稍走得快些就必然搞得尘土飞扬、刺鼻呛眼。桌椅板凳也是没有的，孩子们不论冬夏，都用低矮的长条凳作为桌子，自己就跪在地上或是坐在从家里带来的小木桩上，弯腰趴在长条凳上学习。很多孩子家很远，要走几个小时的山路来上课，一手牵着弟弟妹妹，一手提着书本和作为午饭的馍馍，放学回家后还要帮着家里放牛和做家务。每一次看到这些场景都让我不由得心疼他们，现在在城市里这么大的孩子，哪一个不是家里的"王子""公主"，而这里的孩子却承受着生活和环境带给他们的重负。

志愿者们志愿自费跟随老师来到这里，没有宿舍只能借住在当地居民家中。为了让志愿者们在有限的条件里吃得更好，我们的带队老师田老师不辞辛苦去乡里给我们买菜回来再做饭。每一个志愿者的工作都是高强度的，最多的整整一天都要站在讲台上，回去还要批改作业、备课、总结。对高原环境的不适应加上高强度的工作，很多志愿者在中途病倒。但为了孩子们，没有一个人会轻易地丢下自己的课程，所有人都坚定地在讲台上站到了最后一天。

条件虽苦，心却温暖。

来到科巴，尽管我们没有独立的宿舍，却受到了阿卡师傅家族的热情接待，在已经进行了三年的支教活动中，他们都将自家最好的房子提供给支教老师们居住，拿出最好的棉被和食物给我们，可以说没有阿卡一家的支持我们的支教活动就无法进行到现在。我们衷心地感谢主家为我们提供的条件。

科巴村的村民们淳朴善良，虽然他们文化程度不高，讲不出什么大道理，但村里的老老少少依旧明白我们做的是好事情，是为了他们的孩子、为了科巴村的未来。所以每一次在村子里见到支教老师们，即使语言不通，他们也会举起双手报以微笑，表达最诚挚的问候。即使家里条件要靠天吃饭，也想着要多蒸一些馍馍饼子给支教老师们送来。每每看到家长一个接一个地出现在主家门外为我们送来馍馍饼子，我都会深受感动，感到我们的行为是被大家认可的，收获了家长们的信任，他们才会将自己的孩子放心地交给我们啊！

每天上课面对着天真可爱的孩子们，他们对知识的渴望程度让人欣慰，同时不知深浅的顽皮打闹也能让人气得跳脚。即使上课的时候严厉地责骂了他们，下了课他们依旧抱着老师们的胳膊不愿松开，这让我知道，他们虽然天真，但他们明白老师严厉的责骂是为了让他们更好地成长。老师特别生气的时候，孩子们也会怯生生地走来给老师道歉。老师生病了，孩子们比谁都敏感，一张张充满关切的小纸条，一个个糖果和小零食，都让我们的心一点点陷入感动。孩子们的母语是藏语，他们不太懂得怎么用汉语表达对老师的祝福，他们大多数只知道生日快乐，他们觉得生日是个好日子，是快乐的，是幸福的。所以他们经常会在各种地方写下老师生日快乐的句子并画上蛋糕，为了保留住这份天真的幸福，老师经常由着他们去画，并且开心地享受这份祝福。

每一次到了支教老师快离开的时候，孩子们虽然不说，但他们的不舍都在行动里，藏都藏不住。那几天他们会格外多地拉着你手不愿意放开。越到最后一两天他们到校就越早、回家就越晚，一直徘徊在教室和老师住的主家周围。到最后一天的总结大会，他们会想办法借来藏服，让自己的老师有机会穿上感受一下他们的传统服饰。离开的那个清晨，孩子们早上五点多就起来为老师们送行，胆大的再出来见老师一面，胆小的就远远地躲着哭，不愿意让老师看到。我想大概所有来过的老师都从孩子们那里得到了无尽的真情与感动，这也是大家无法割舍科巴最重要的原因。

一起度过这些"革命岁月"，我们支教团队本身也产生了深厚的情谊。在以往的支教活动中，都只有来自新疆大学的成员，大家在支教前就会一起培训，彼此相识。而这一次，我们首次和海南师范大学合作，由田老师和王老师分别带领从新疆和海南出发来到科巴。新的面孔、两个学校、南方北方、两种成长环境、生活习惯的碰撞，这是一次崭新的交融，也是我们支教活动的一个提升。大家虽然来自天南海北却志同道合，迅速地接触磨合，建立了深厚的感情。大家在一起相互配合，生病时互相帮助，圆满地完成了支教任务。由于海师大和新大成员分批离开，送别时大家都无法抑制住自己的眼泪，相拥告别。但我们都明白，就此分别，再见一定是更优秀的彼此。

我们不断的前行，随着时间的积累，除了自身的成长，我们也收获到了属于整个爱心志愿联盟的成果。

今年，科巴走出了13个大学生，其中有一名学生成功考入中央民族大学，而今年刚好是凯博爱心志愿联盟来到科巴的第三年，他们或多或少都接受过支教课程，并且在考入大学后，将消息告诉了我们的带队老师表达了他们的感激之情。我觉得这就是我们最大的收获，我们所做的努力都是值得的。我都不敢想象，十年之后，当有几十个大学生走出科巴、走出大山，又有已经考上大学的学生加入我们继续为家乡做贡献，到那时科巴将是怎样的面貌啊！到那时这个村子就已经彻底被改变了吧！

当然，我们的行为也开始受到社会上爱心人士的关注。我们这一次有一位支教成员尚海伦，是一名在加拿大留学的中国学生。她的妈妈曹慧群女士为科巴的孩子们捐赠了崭新的黑板，并且为我们支教团队捐赠了短袖、冲锋衣和若干食物。西安的爱心人士宋洋先生为科巴的孩子们捐赠了160套书包和文具套装。在此，我们全体凯博人对他们的帮助表示诚挚的感谢。在社会爱心人士的爱心汇聚下，我们的支教活动在一步一步走上更高的台阶。

这一次我们的活动也受到中青网、南海网和《海南日报》的关注报道，这让我们欣喜。这些报道是我们志愿联盟新的平台，他们能扩大我们的影响力，让我们得到更多志同道合之人和社会爱心人士的关注。有更多的人能加入我们中间，让我们的支教活动进行得更好，能让科巴的孩子得到更好的条件，拥有更好的未来！

在未来的日子里，我们所有凯博人，将会继续秉持"爱心认知世界，乐善提升自我"的宗旨，努力做好每一次支教活动，郑重兑现庄严的"十年之约"！为了科巴村民的殷切期望，为了科巴孩子的美好未来，为了不负心中使命。不忘初心，倾力前行！

伍

调研报告

关注民族贫困地区教育现代化发展情况就是在关注民族贫困地区教育的普及和发展情况，也能够体现出该地区在精准扶贫中教育扶贫的现状以及存在的问题。发现问题，才能准确、有效地解决问题。

科巴村农民家庭收支情况

海南师范大学 白惠东

一 调查目的

通过对青海省海东市化隆县金源乡下科巴村的调查，了解藏族村民家庭的基本收支状况。

二、调查对象：科巴村的学生、村民、村干部。

三、调查方式：座谈式、对话式。

四、调查时间：2017 年 7 月 9 日到 2017 年 7 月 29 日。

五、调查内容：

（一）一个藏族村民家庭的基本收入

1. 务农收入。一个藏族村民家庭一般有四五亩土地，最多的人家可以达到七八亩土地，普遍种植小麦、青稞等粮食作物。收成好的时候，每亩地可以收获六七百斤小麦，收成不好的时候，只有四五百斤小麦。务农收入较少，占藏族村民家庭收入份额很小。

2. 养牛羊收入。以奶牛为主，母牛居多。一个家庭一般养两三头牛，用于产奶、生产奶酪。有时候卖小牛犊、公牛和产奶少甚至不产奶的母牛。养牛基本是为了满足家庭日常生活需要，少量用于买卖。极少部分藏族村民家庭养羊，有一个学生家庭养了三四百头羊，主要收入是卖羊绒和羊。

3. 外出打工收入。有的村民去玉树、西宁等周边城市打工；有的村民去北京、上海等大城市。总体来看，绝大部分是在青海境内打工，一小部分出省打工。藏族村民多数从事建筑等体力工作，稍微好些的工作是给老板开小轿车、皮卡车等。外出打工者以年轻人居多，并且打工收入是藏族村民家庭收入的主要来源。

4. 挖虫草收入。一般是三四月去挖虫草，有夫妻一起去的，也有独自去的。女人挖虫草的技术普遍好于男人，一年一般有七八千元收入。挖虫草收入在藏族村民家庭收入中占很重要的份额。同时，挖虫草对藏族村民的身体素质要求很高。

5. 做村干部收入。例如村支书、村主任、村警等。做村干部毕竟是极少数村民，并且收入也不是很多，一年 1 万元左右。

（二）一个藏族村民家庭的基本支出

1. 日常生活支出。一个藏族村民家庭的吃、穿、住、用、行等开支。

2. 人情往来支出。例如参加婚礼、丧葬等活动。

3. 宗教祭祀支出。例如去旦斗寺贡献酥油、油饼等礼品，一次开销有一二百元。一般藏族村民家庭一年去四五次，最多的有十几次。宗教祭祀支出较多，每年至少支出两千元，如果有婚礼、丧葬会更多。丧葬支出一般在 3 万元左右。

4. 建房、买车支出。买个宅基地一般是 2 万元，一排木制房屋一般是六七万元，一般藏族村民家庭建四排。建房、买车支出是一个藏族村民家庭一生中支出最多的项目。

5. 教育支出。九年义务教育阶段的孩子，在本地上学基本不需要学费。如果是去其他县、市的学校学习，则需要支出较高的学费。例如有个学生在化隆县积石小学上学，学费、书本费、生活费等一学期至少开销四五千元。有就读高中教育以上孩子的家庭，家庭开支会较大，负担较重。

调查总结：一个藏族村民家庭的基本收入要大于基本支出，略有盈余。教育支出占藏族村民家庭支出的份额很少。九年义务教育免费，适龄孩子入学率保持在 95% 以上。有就读于高中以上孩子的藏族家庭开销较大，特别是有读大学孩子的家庭。

化隆县十八大以来教育现代化发展

海南师范大学　苏丽霞

一　基本的情况

青海省化隆回族自治县，属贫困县。属于海东市经济、文化、教育较落后的地区。

在经济方面，外出开拉面餐馆人数众多，有"拉面经济"一称。以前极其艰苦的化隆农民，靠着拉面走出大山，开始创业，从而带动了就业。他们从20世纪80年代末开始，在各方支持下在全国各地从事和发展"拉面经济"。2014年化隆县常年在外从事"拉面经济"的人员达到1.24万户7.9万人，当年化隆县农民人均纯收入为6599.7元，其中拉面经济收入占40%，拉面经济收入在农民收入中占有"半壁江山"的地位。

在教育方面，化隆辍学率较高。青海省部分地区全覆盖"十五年免费教育"，部分地区对"建档立卡贫困户"实行"十五年免费教育"。其中包括学前教育三年，义务教育九年，以及高中三年教育。化隆县没有私立学校，职业技术学校也都属于公立。化隆县从小学到高中全部免费，县高中的学费由县财政补贴。在教师及学生方面，教师流动性较大，存在城乡教师资源不平衡的问题。整个海东市的义务教育阶段都不收择校费、不划片入学，学生及家长自由选择学校就读。随着城镇化的发展，乡村学校的学生数量逐年减少，学生普遍向县城学校流动，县城出现教育资源紧张的现象。

二　调查的目的

党的十八大描绘了全面建成小康社会、加快推进社会主义现代化的宏伟蓝图，向全党全社会发出朝着"两个一百年"奋斗目标进军的动员令。以习近平同志为核心的党中央坚定不移地把深入贯彻党的十八大精神作为首要政治任务，明确提出实现中华民族伟大复兴的中国梦，极大地振奋了党心，鼓舞了民心。习近平总书记在最近一系列重要论述中，深刻阐明了对教育工作的总体思路和殷切期望，并对党和政府更加重视教育、教育系统更加办好教育、社会各界更加支持教育，做出了新的重大部署，意义十分深远。民族教育由于受到多种因素影响和制约，一直是教育事业的难题，备受社会和大众的关注。

关注民族贫困地区教育现代化发展情况就是在关注民族贫困地区教育的普及和发展情况，也能够体现出该地区在精准扶贫中教育扶贫的现状以及存在的问题。发现问题，才能准确、有效地解决问题。

三 调查的经过

我们走访了化隆县政府、化隆县团委、化隆县教育局、平安县教育局以及海东市教育局，向以上各部门的相关负责人重点了解了化隆县的教育情况，特别是该地义务教育普及情况，教师流动和教师素质现状，以及宗教信仰对于普及义务教育的影响。还了解了与化隆县邻近的平安区在教育现代化发展上所采用的手段、所实行的政策和普及义务教育的工作方法。

四 现状和问题

从调查结果可以看出，化隆县在教育现代化的硬件方面，也就是教学的信息化、设备化上投入力量较大。乡村学校与县城学校在硬件条件上已几乎没有差别。但差别最突出、最严重的则是在软件方面，也就是在教师的专业素质、专业水平以及学生的基础知识水平等方面。但通过近几年的多方努力，教育现代化的发展以及义务教育的普及情况有了很大的改善和进步，主要体现在以下几个方面。

1. 化隆县教育局开展"控辍保学"行动

化隆县教育局会在每学期开学后的几天内，联合乡镇、村干部一同前往无故辍学的学生家中，动员学生返校上学。并且将住房补贴、低保、退耕还林等政策补贴与义务教育相挂钩，如果家长让孩子在义务教育阶段中途辍学，一系列的补贴将会被取消，以保证九年义务教育的普及。

2. 实行"十五年免费教育制度"

青海省对贫困地区，以及"建档立卡贫困户"实行"十五年免费教育"制度。这样一来，学生就不会因为家庭经济贫困而无法入学或者辍学，大大保证了学生入学和完成学业的机会。就像很多"80后"的女性，年龄不大，却都没上过学，很大的原因是上学要收费。妇女多数在家养殖牲畜、种植农作物来补贴家用，家长们认为花钱让女性上学是不值得的事情。而 2003 年后政府开始严格实行义务教育政策，加大了对农村教育"两免一补"的力度。且开始了电力改造工程，低电价可以降低柴火的用量，同时也是在减少女性的一部分劳作。这几方面措施都很大程度上保证了义务教育的普及。

3. 城区教师到乡村学校进行支教

当地县城的教师会被派去乡村学校进行为期一年的助教。这样可以让县城的教师将较为新鲜、前沿的教学方法、理念传播到乡村学校中去。

虽然上述三个方面的措施确实使得乡村的教育状况发生了很大的变化和发展，但在调查过程中还是发现了一些问题，主要涉及以下几个方面。

1. 城区教师在乡村任教时间短，积极性不高

虽然上级部门会定期将县城的教师派去乡村学校进行助教，但短短一年，效果可能不太显著，且流动性较大。而且有些教师内心存在抵触情绪，从而不能认真、踏实地完成教学任务。且乡村学校的学生数量逐年减少，随着城镇化的发展和家长对于教育的重视程度越来越高，越来越多的家庭选择将孩子送去县城的学校，选择更好的教育资源。流动性大的短期助教还可能使得乡村教师过剩。学生数量逐渐变少，而教师数量依如往常，导致乡村教师资源过剩，而县城却变得教师资源紧张。

2. 城区与乡村的教育质量难以均衡

随着城镇化的发展，越来越多的学生涌入县城的学校，致使县城学校的教育资源紧缺。虽然乡村与县城学校的师生比都为失调状态，但现实情况是截然不同的。乡村学校的师资力量弱，学生少，教师多。而县城学校，师资力量较强，学生过多，教师紧缺，致使县城学校大班上课，校舍等教育资源紧张。

3. 乡村学校状况亟待改善

有些乡村教师的专业素质不高，且教师没有成就感。教师专业素质不高并不是指教师的学历低，而是教师的实际水平达不到与其学历相适应的高度。教师没有成就感体现在乡村学生的知识基础差、学习能力弱，考试、升学情况不理想，以及越来越多的学生选择去县城上学等方面。留在乡村学校上学的学生，很多有以下两种问题：家庭对教育的不重视、学生学习成绩不好。

4. 家庭观念对义务教育的影响

在一些家庭，女孩在十三四周岁就要出嫁。而这个年纪的女孩还处于义务教育

阶段，所以很多家庭都会选择让其辍学。还有因为"拉面经济"的吸引，很多家庭都会外出开拉面餐馆，并将其儿子一同带出去。而这些随家长一同外出开餐馆的男孩，大部分还未完成义务教育。且多数家长都会谎称其孩子在外地就读，其实通过学籍管理查找发现他们并没有转学。这些都影响了义务教育的普及。

五 对策和建议

一是化隆县可借鉴其他县的做法，通过绩效考核激发教师的积极性。对于在乡镇工作的教师进行生活补贴，分配住房。除经济补贴外，还可以实行几年一阶梯的职称升级制度。对教师的绩效进行考核，以多劳多得为标准，可以以中考、高考等考试情况对教师进行奖罚。这样既可以保证教师的工作绩效和教学能力，同时也能以此来提升教师的成就感。

二是定期对乡村教师进行业务和职业道德培训，开展乡村教师与县城教师以及区域外教师的交流活动，促使教师及时更新知识结构、掌握先进教学理念。

三是进一步加强全国联网的学籍管理和"控辍保学"的行动。

四是持续加强社会主义意识形态的宣传教育。

化隆县大学生暑期支教志愿服务活动调查

海南师范大学 莫镕蔚

中央宣传部、中央文明办、教育部、共青团中央、全国学联共同发文指出为深入学习宣传贯彻习近平总书记关于青年成长成才的一系列重要论述，引领和帮助广大青年学生在社会实践中受教育、长才干、做贡献，以青春建功的实际行动，为全面建成小康社会贡献青春力量，以优异成绩喜迎党的十九大胜利召开，2017 年将继续组织开展全国大中专学生志愿者暑期文化科技卫生"三下乡"社会实践活动（以下简称"三下乡"社会实践活动）。支持大学生参加暑期志愿服务是一个互利共赢的决定。而青海省化隆县属于多民族聚集地，更应该通过支持大学生暑期志愿服务活动来增强民族团结凝聚民族力量。我们就对大学生志愿服务活动的看法等相关问题与化隆县政府工作人员进行了座谈。现将情况报告如下。

一 化隆县目前志愿活动团队存在的状况

化隆是一个以回族为主的多民族聚居自治县，全县共有 17 个乡镇（其中 6 个镇、4 个藏族乡），2 个管委会，即：巴燕镇、甘都镇、群科镇、扎巴镇、牙什尕镇、昂思多镇、二塘乡、谢家滩乡、德恒隆乡、沙边堡乡、阿会努乡、石大仓乡、初麻乡、雄先藏族乡、查甫藏族乡、金源藏族乡、塔加藏族乡、李家峡管委会、公伯峡管委会。全县共有 362 个行政村，有着回族、汉族、藏族、撒拉族、土族等 12 个民族，共 30 多万人，少数民族人口占总人口的 83.4%。而被政府所知的大学生志愿活动团队也就只有两个，即大连理工大学研究生团队与中国地质大学志愿团队。大连理工研究生团队属于西部计划志愿者，他们团队专门对接的是化隆县第二中学。中国地质大学志愿团队对化隆县是对口扶贫，他们分布在化隆县的 8 个村中，每个村 10 人。对于其他团队在化隆县展开的活动，化隆县政府则表示不知情。据我们了解，在化隆县的乡镇里开展活动的支教志愿团队有很多，但基本都是通过宗教人员或者民间人士介绍进来的，这些未被政府知晓的大学生暑期支教志愿服务团队中还有外国籍志愿者。

二　政府组织的大学生志愿服务活动的基本情况

因为化隆县交通不便，环境闭塞，大部分家庭都已搬离化隆往平安或其他地区去了，因此本地大学生志愿者回来得很少。化隆县政府组织的大学生志愿服务活动中并不存在支教这一项，且组织大学生参与志愿服务的活动也很少，主要是县里开展大型活动时才会需要大学生志愿者的帮助。

三　县政府对优秀大学生暑期支教志愿服务活动的看法

化隆县政府虽处处友好接待我们这些远道而来的志愿者，但无论是对外来志愿团队还是对本地大学生志愿团队志愿服务，他们在主观上仍持谨慎态度。原因主要为以下几点。

（1）安全系数低。他们要担负着保障志愿服务者、被服务对象或是村民的安危的责任，风险很大，因此防患于未然是一个较好的决策。

（2）管理难度大，管理成本高。大学生志愿服务团队分散，来源广，背景杂。对这些大学生志愿服务活动团队的审核目前没有人来负责，怎么审核也没有一个确定的要求，审核之后又没有明确的人或部门来负责，对于文件的下达也没有人负责，更没有人负责执行或监管，一切的管理任务都需要缜密安排。就算要实行管理，管理成本也无处可寻。

四　开展优秀大学生志愿服务的理由

中央宣传部、中央文明办、教育部、共青团中央、全国学联共同发文表示支持开展优秀大学生假期志愿服务活动。高校支持、大学生家长支持，贫困地区的学生家长也支持。优秀大学生有志于参加教育扶贫工作，贫困地区中小学生有志于学习。志愿便是自愿，大学生来支教是自愿的，学生来接受辅导也是自愿的，不占用教师假期休息时间。

1. 对大学生志愿者来说

在学校接受了许多思想教育理论的大学生们参加志愿服务有助于实现大学思想教育的内化；在活动中既提高了自己的思想道德修养，又丰富了人生阅历和体验，而且在实践中不断增长才干、实现自我价值并在反思中快速成长；大学生在获得教学经验的同时还能切身体会到祖国区域文化的差异性以及锻炼自身的适应能力；参加暑期支教志愿服务活动不仅丰富了自己的文化生活，还能深刻认识到家庭以及团体的重要性；能增强责任感以及懂得感恩，为以后走进社会打拼奠定良好的基础；如果在艰苦的环境中度过假期，还能让大学生志愿者明白生活的不易并更加珍惜自身拥有的生活条件。

2. 对自愿接受志愿服务的学生来说

在各地优秀大学生的帮助下，自愿接受志愿服务的学生不仅开阔了视野，还树立了一些更积极的思想观念，为正确"三观"的形成奠定了良好的基础；能明白到自身的不足并能在志愿者的激励下更加努力地去改变现状；能合理地利用假期时间，学习更多在课堂上接触不到的知识，培养个人综合能力；深刻明白知识改变命运的道理。

3. 对自愿接受志愿服务的地区来说

接受志愿服务降低了假期孩子到处乱跑而引发事故的概率；增强了文化氛围并激发了民族活力；家长在假期能专心经济事务，因此对该地区家庭经济收入还存在一定的影响；能让家长了解到外面世界的丰富多彩，更加重视自家孩子的教育发展问题。

4. 对国家来说

暑期"三下乡"社会实践活动，是青年学生将自身价值与祖国命运紧密相连的重要环节。大学生在完善自我的同时也为祖国增添了一名优秀的教育人才。大学生在暑期社会实践活动中通过不断观察与领悟还能更加坚定走中国特色社会主义道路的理想信念，能更确切地认识国情并积极参与到全面建成小康社会的伟大实践中去，并有能力为祖国建设进言献策。还能为"十三五"脱贫攻坚，全面建成小康社会做贡献，能促进国家的稳定与发展。

五　改善大学生志愿服务活动管理的建议

1. 制定严格的审核要求

可以选择允许或是大力支持有组织的特别是通过团委或是以学校名义组织的大学生志愿者进入学校或地区，充分利用暑假对学生进行辅导。有选择地拒绝无组织支教志愿活动团队，以避免志愿服务团队分散、人员混乱、背景复杂等问题。对志愿团队进行审核，不仅要审核团队的来源，还应审核团队支教的教学内容。如果以志愿团队的名义过来传教或是传播一些不利于民族团结的内容，政府部门就应当及时制止。

对于大学生假期支教志愿活动时长的审核也是不容忽视的。一周太短，两个月又太长，选择有利于政府部门管理、有利于大学生锻炼且有利于学生充分保持学习激情的、能使大家都受益的时长是非常关键的。

2.进行精准的安全评估

政府相关部门应对各个需要开展大学生假期支教志愿服务活动的地区进行精准的安全评估，例如当地的海拔高度是否适合其他地区的大学生进行假期支教，当地的宗教活动中是否有大学生容易触犯的禁忌，或是当地生态环境是否适合大学生展开支教活动等。如果政府因担心安全问题对大学生暑期支教志愿活动一律不支持不欢迎，那么别人自然而然会通过民间组织或是借助宗教团体来开展活动，这种方式也会带来更多的安全隐患。因此政府的作为对管理大学生暑期支教志愿服务活动就显得尤为重要了。

3.明确责任，分工合作

想管理好大学生假期支教活动，必定要明确专门负责审核大学生假期志愿服务活动团队的部门，责任到人，明确由谁负责审核，明确审核要求。审核之后明确负责下达文件的人或部门，明确人员或部门负责执行或监管。从教育局、团委到村干部都应积极配合共同管理。还应明确教育局、团委以及派送大学生的高校或是接受大学生假期志愿服务地区的责任，因为支教属于志愿活动，大部分责任应由高校或是大学生自身承担。经费问题，可以由高校负责通过大学生暑期"三下乡"社会实践活动项目所配套的资金来解决。假期支教大学生的培训问题，也可交由高校全权负责。而政府仅需要提供场所，与高校一同加强管理即可。

青海与海南民族农村地区教育发展现状与困境的研究
——以海东市化隆回族自治县和陵水黎族自治县为例

海南师范大学 林方玉

一 调查背景

2013 年 9 月 25 日，纽约，联合国总部，一个声音向世界传送，深沉而有力："努力让 13 亿人民享有更好更公平的教育。"

改革开放以来，我国社会发展取得了令人瞩目的成就。然而，随着人均 GDP 的增长，城乡收入差距也在不断地扩大。随着我国经济发展加速和不同地区、不同社会阶层之间差距拉大，教育公平问题更进一步凸显，已然成为社会关注的热点。从国家政策方针的变化来看，我们明显地感觉到我国的教育正朝着公平和效率的协调方向坚定迈进：从 2014 年的"优先发展，公平发展"到 2015 年的"促进教育公平发展和质量提升"，再到 2016 年"发展更高质量，更加公平的教育。"

但是，中国是人口大国、农业大国、多民族的国家。关注民族地区，特别是民族农村地区教育发展是当今教育的一个重要课题。教育是发展之本。发展靠什么？靠的是人才！人才的匮乏是制约农村经济发展的一个重要原因。由于农村地区处于偏远地带，受经济、文化落后的影响，农村经济难以发展。经济跟不上，进而阻碍教育发展。如何推动教育的发展就显得尤为重要了，对农村而言就更具时代意义了。

二 调查目的

为响应国家"一带一路"倡议，关注"一带一路"沿线省份的教育发展，了解中国的国情。海南师范大学马克思主义学院发起了以"陆海相依，试飞青琼"为主题的"一带一路"国情考察与教育帮扶暑期社会实践调研团，来到青海和海南两个省份进行实地考察调研。本文以陵水黎族自治县和化隆回族自治县少数民族农村地区为例，通过实地调研考察，了解两地少数民族农村地区教育发展的现状，分析两地农村教育发展过程中面临的困境，并做了初步探究。以期为两地农村教育发展的政策制定与实施提供略有价值的参考。

三　调查时间

2017 年 7 月 2 日至 2017 年 8 月 1 日。

四　调查地点

青海省海东市平安区，化隆回族自治县金源藏族乡下科巴村，海南陵水黎族自治县。

五　调查对象

下科巴村的学生和村民，化隆县政府、团委和教育局相关干部，海东市政府、团委和教育局相关干部，陵水黎族自治县陵水思源中学师生。

六　调查方法

访谈法。

七　调查经过

2017 年 7 月 2 日至 7 月 7 日，海南师范大学"三下乡"暑假社会服务实践活动支教团队在海南师范大学物理与电子工程学院团委书记兼学院辅导员申明远老师带领下，在陵水黎族自治县陵水思源中学进行支教活动并开展社会调研。

7 月 9 日到 7 月 30 日，海南师范大学"陆海相依，试飞青琼"一带一路国情考察与教育帮扶暑期社会实践调研团青海队在青海省海东市化隆县金源乡科巴村进行支教服务和社会调研。7 月 31 日，青海队的志愿者在马克思主义学院院长王习明教授及支教导师刘荣老师的带领下，与化隆县政府、团委、教育局相关领导分别进行了座谈，并实地考察了谢家滩乡马塘村的教育发展情况。8 月 1 日，青海队分别与海东市平安区教育局、海东市教育局、海东市团委负责人分别就基础教育特别是山区农村学前教育和义务教育发展概况、教育扶贫的重要举措、对大学生假期支教活动的看法等三个问题进行了座谈。

八　调查内容

（一）化隆回族自治县和陵水黎族自治县教育发展现状

化隆县自从 1990 年义务教育普及后，2003 年通过了国家义务教育普及验收，达到 99% 以上。目前，化隆县的回族学生义务教育普及率达到了 98.3%。青海省从 2016 年开始在省内除西宁市和海东市外的其他市县实行 15 年免费义务教育，并在"十三五"末实现全省覆盖。

2010 年，陵水县小学适龄儿童入学率为 99.9%，初中阶段毛入学率为 96.1%。2010 年秋季，该县在实施义务教育阶段"两免一补"和职业教育免费教育的基础上，扩大到高中阶段免费义务教育，率先在全省范围内实现小学到高中阶段免费义务教育。

两县都曾同为国家级贫困县。2012 年陵水县才摘掉"贫困"的帽子。化隆县至今仍是国家级贫困县。陵水县主导性产业仍是农业。化隆县是依托农牧业而发展的，近年来依靠拉面发家，形成"拉面"经济。两县以农业占主导，农村人口众多，城镇化率不及 40%，化隆县更是低于 30%。搞好民族教育，涉及民生，关乎稳定。搞好农村教育，是立命之本，安身之道。

（二）化隆回族自治县教育发展困境

1. 城乡教育资源配置不合理

教育资源配置不合理表现在：城乡之间师资力量、学校教育环境、学生生源等存在差距。海东市平安区教育局领导告诉我们："农村地区学校硬件设施已经全面建成，城乡差别也越来越小，并在 2016 年全面通过验收，达到均衡。但不可避免的是，随着城镇化加快，生源不断涌到城区，农村生源越来越少。因为环境差异，大多数教师不愿到农村。"虽然政府采取了一些扶贫手段，在硬件设施上，城乡差距缩小了，但人为因素却无法避免。农村地区条件差，老教师不断退休，新教师又不愿到条件艰苦的地方任教。城区教学资源好，成绩好的学生不断涌入，造成农村生源质量较差，好的地区更好，差的地区更差。城乡差距无形中就存在了。

2. 师资队伍不健全，教师素质有待提高

教师的一举一动会影响到学生。从学生实际出发，才能了解学生的个人成长。

农村地区存在的普遍问题是：教师配置跟不上。条件艰苦，导致教师缺乏。一个老师往往要带一整个年级，还要跨年级、跨学科上课。老教师退休，新教师不愿意来，师资力量没有得到补充。

教师编制存在很大漏洞，造成教学质量不高。而且农村教师老龄化严重，知识老化，知识面窄，没有经过专业学习，文化程度不高，接受不了新事物，新思想、创新意识不强等，也不利于引导学生成长。平安区教育局领导还提到："因为老龄化严重问题，每年都需要招收免费师范生，老教师专业素养跟不上去，专业素质不高，水平一般。"大多数农村地区教师还存在"懒教"现象。上课完就回家，休息时间以打麻将、喝酒为乐。究其原因还是奖惩制度没有落实的问题。

3. 学生辍学率高，厌学情绪严重

孩子是祖国的未来。但是有些家长因为没受过良好的教育，思想落后，认为孩子在学校学不到知识，早早就让孩子辍学回家，在家干农活。以为这样既可以轻减学杂费带来的经济负担和精神压力，还可以带来经济效益。实则是家长们剥夺了孩子受教育的权利。

有些学生产生厌学情绪，主要是因为"读书无用论"在社会上大肆盛行，还有受同龄辍学孩子影响。教师教学方式老套，缺乏创新，也会导致学生积极性不高，产生厌学情绪。有些女生只上学到初一、初二，十五六岁的时候就要谈婚论嫁。

4. 教学点分布不合理

化隆县地势偏远，多高山，交通不便，造成教学点分布不合理。往往一个学校就建在一个村子里，村子有大有小，人口有多有少，容易造成教学资源的浪费。村子是生活生产的地方，也不利于形成良好的学习环境。

（三）陵水黎族自治县教育发展困境

1. 学生缺乏人生理想

陵水黎族自治县相比于化隆回族自治县，受自然环境、宗教因素的影响比较小。但不可否认，在农村教育上也有一些亟待解决的问题。对比化隆县农村学生，调查发现，陵水学生学习兴趣普遍不高，对未来没有清晰的规划，没有树立自己的人生理想。这不仅仅存在于陵水农村地区，而且反映了海南广大农村地区的教育发展现实。这与当地省情也分不开，海南省独占一个岛上，意识比较封闭，而且建省晚，起步晚，优先发展经济，忽略了教育。这也和教学方式有关，老师一味讲授教学知识、重点考点，忽视了学生的成长。应试教育大背景下，培养的是"考试能手"，而非"理想家"。

2. 学生内部差距大

"我不是尖子班的，我干吗要学习？"一个普通班学生如是说。设立尖子班的初衷是把成绩高低排名，根据学生不同程度因材施教。初衷是好的，也取得了一些显著的成效。不过一些学校就此走上了极端化，弊端也被放大了。学生进入普通班就像被判了刑、定了性，放在普通班就是成绩差的，考不上高中大学的。这容易使学生产生各种情绪，进入普通班的学生会产生自卑心理，进入尖子班的会形成自我优越感，从而导致学生思想状况和学习动力的过大差距。

3. 教育投入问题

农村教育投入成为制约教育发展的瓶颈。地方财政对农村教育投入不到位，上下级"脱节"，上有政策，下有对策，使农村地区学校硬件设施差成为普遍现象。"美术室""实验室"等教学场所更是奢侈。家庭对教育投入也存在不足，农村家长文化程度偏低，对孩子的受教育程度重视不够，孩子从小就输在起跑线上。

4. 教育资源的矛盾

很多地区都面临教学资源紧缺和教学资源浪费的双重矛盾。相对于农村，城市教学资源丰富，教学环境好，越来越多的人往城里挤。村里面的想出去，村外面的人不想进来，造成两地存在紧缺和过剩之间的矛盾。

青海与海南民族地区教育发展困境及解决措施
——以化隆回族自治县和陵水黎族自治县为例

海南师范大学　曾鹏辉

一　化隆县教育发展出现的困境

1. 教育扶贫政策"上下脱节"

①教育扶贫上未能精准"识别"，扶贫政策具体实际实施起来有困难。比如个别村子未能精准识别低保户家庭。②语言交流有障碍，乡镇里的一些汉族干部不会讲藏语，无法深入群众。村里大约1/3的人能用汉语交流，以男性居多；1/3的能听懂汉语，不能说；1/3的人完全不能用汉语交流。

解决措施：上级要加强对乡村一级的管理和监督，加强多乡村干部的文化、道德素质教育，乡级干部下村调查时可携带翻译。

2. 义务教育实际普及率低

化隆是全国拉面之乡，全县约30%的人从事拉面生意。许多家长不让孩子上学，跑去外面做拉面生意。有些家庭有3个儿子，父母便会让一个孩子出家当阿卡，导致寺庙里有一些未完成义务教育的小阿卡。

解决措施：①加强正面宣传引导，抓好孩子这关，思想动员，让孩子有兴趣上学。②县教育局、团委要依法进行干预，要求乡、村干部入户对家长进行批评教育，鼓励学生履行义务教育，对于坚决不履行义务教育的家庭不发放国家扶贫补贴金。③相关部门严格检查各饭店、面馆是否有招收童工的情况。

3. 教师职业倦怠，优秀教师流失严重

学生成绩太差，教师长期得不到上级的表扬，因此积极性不高。县财政的收入不足，教师的工资不高，优秀教师跑去西宁任教，优秀教师流失严重。在乡村，情况更为严重。

解决措施：①对在乡镇工作的国家职工给予津贴补助，按职称高低分配金额，

对乡村教师每月发放生活补助 500 元，对于偏远地区的教师首年发放 50 元每月，第二年发 100 元每月，此后以此类推递增，最高到 400 元每月。②"上层制度"改革，肯定表扬老师的成绩，设年终考核，打分评优。

4. 师资力量薄弱，教师素质差

师资质量总体上较差。①有些教师职业素养低，打麻将，经常不备课、不改作业。②老龄化问题严重，以县城中学教师为例，化隆一中教师平均年龄 37 岁，农村则更为严重，平均年龄 49 岁，容易带来许多问题，一是老师的专业素养跟不上，二是年纪大了，没有学习的动力，不肯专研。

解决措施：①加大对教师职业培训的投入，提高教师职业专业素养。②加强师德建设，严禁老师在学校内吸烟、喝酒。③招收免费师范生，为教师队伍注入年轻"血液"。

5. 城区教育资源紧张，农村教育资源闲置

近年来，化隆县城的学校人满为患。在化隆，不按户籍地划片区招生，意味着农村的学生只要交钱也可以来县城上学。农村的家长为了寻求更好的经济条件，带儿女来县城打工，大量的乡村学生涌入县城，乡村学生人数锐减，以化隆县三和镇为例，全镇小学学生仅剩 200 人，教师编制严重剩余。这样导致城区的教师压力大。相反，县政府又优先发展乡村的教学基础设施，更使得农村的教育资源被闲置、浪费。

解决措施：笔者认为，造成这种现象的根本原因是城乡之间经济发展不平衡。这种现象全国各地都有，要解决这个问题，首先得从经济方面入手，就是国家要重点扶持乡村的经济发展，缩小城乡之间经济发展水平的差异。其次，要深化农业体制改革，完善农业发展制度，免除农业税。加强宏观调控，保障好农产品的价格，拓展农产品销售渠道。从而改善农民的收入，使农民愿意重新回到土地上。然后可以根据实际情况适当整合农村的学校，将闲置下来的资源用于其他建设或投入县城中，以满足县城教育资源的需求。

二　陵水黎族自治县教育发展困境

1. "一高一低"的现象

陵水县这几年经济不断增强，财政收入位居全省前列。因此在县政府、县教育局的大力支持下投入的教育资金越来越多，像对民族中学、思源学校的建设等，教

育硬件已经跟其他市县的学校差不多，但是教育方法、教育理念、教师队伍的建设等教育软件却跟不上，呈现一种"一高一低"的畸形态势。如陵水中学作为陵水县的重点中学，它的教育水平直接代表着陵水的教育状况。学校占地125亩，校园规划明确，环境优美，现有教学班65个，其中高中46个班，初中19个班，在校生4000人，硬件设施完善，师职力量均衡。以下是这几年陵水中学高考录取情况，从中我们可看出陵水的教育是达到何种水平。2009年陵水中学高考人数932人，一本入围66人，二本入围229人，一本录取率7.1%，二本录取率24.6%。2010年高考人数912人，一本入围69人，二本206人，一本录取率7.6%，二本录取率22.6%。年年排在全省各市县重点中学的后几名，这说明陵水中学的教育水平跟硬件条件不匹配。

2. 教育不均衡

县城和各乡镇的教育差距越来越大，县城的孩子往往接受教育比各乡镇的孩子要早得多。陵水县是农业大县，乡镇的孩子小时候一般都要做农活或者放牛，而县城的孩子已经坐在教室里面了。这就已经体现出教育的差距。

县城的孩子读重点中学的名额往往多于各乡镇，如当分配给县城小学的名额是300名时，各乡镇只有120名，但是全县有14乡镇，算起来每个乡镇才多少名。这说明城乡教育存在严重的不公平现象。

3. 教育水平落后

当省级重点中学都普及多媒体教育的时候，陵水县还处在应试教育的笼罩下。陵水中学的多媒体教育在起步阶段，65个教学班中只有12个班有多媒体。它们是全校的重点班，而这些班的多媒体工具用到教学中去的很少，大多沦为摆设的工具或者学生的娱乐工具。县重点中学都这样，其他学校会是什么情况？

笔者认为，解决措施如下。

1. 加快发展高中阶段教育

实施优质普通高中学校建设工程，使普通高中学校的教学仪器设备全部达标，创建陵水中学省一级学校，新建思源实验学校高中部，力争"十二五"期间高中阶段升学率提高至87%。

2. 大力发展职业教育

建立健全政府主导、行业指导、企业参与的办学机制，以实践教育、菜单式培训等方式，加强中等职业学校校内实训基地和校外实践基地建设，深化职业技能教育的实用性。围绕旅游岛建设，加强与国内外教育机构合作，创办一批更具市场竞争力的专业，如现代农业、高尔夫服务、游艇服务等，培育为旅游业服务的本地专才。积极培养、引进"双师型"教师，培养"双证"毕业生。"十二五"期间扩建县职业中专学校。

3. 积极探索其他办学形式

鼓励有条件的学校和各类教育机构与国外相关机构开展合作办学和国际交流。支持国内知名大学来陵水设立研究机构及实习基地。支持民间资本兴办各类教育和社会培训机构，建立民办学校的退出机制。健全以政府投入为主、多渠道筹集教育经费的体制，继续大幅度增加教育投入。

4. 稳定和优化教师队伍

通过人才引进、在职研训、名师帮扶等方式优化教师队伍结构，提高教师业务水平。完善教育绩效评价和绩效工资制度，营造适当竞争的良好氛围。制定、完善和落实好教师医疗、养老、住房等政策，积极改善教师的工作和生活条件，依法保证教师平均工资水平不低于或者高于国家公务员平均工资水平并逐步提高。

三　对比化隆县、平安区和陵水县教育发展概况

（1）化隆县学前教育发展十分落后，几乎一篇空白，全县幼儿园仅一所，在县城。意味着乡村所有学龄儿童及县上大多数的学龄儿童无法上幼儿园。陵水县虽与化隆县一样为国家级贫困县，但在2010年时全县就有47所幼儿园，其中，46所为民办。

个人认为最主要的原因是经济水平的差异，陵水县的生产总值是化隆县的近2倍，地方公共财政收入是化隆县的20倍。众所周知，办幼儿园成本是非常之大的，化隆县的地方财政没有能力支付建设幼儿园的巨大成本。而化隆县的邻居平安区有几十所幼儿园，也恰好说明地方经济发展水平决定学前教育的发展。

（2）化隆县经济发展水平、教育发展水平比较低，而陵水黎族自治县经济发展较好，位于省内前列，教育水平却相当落后。难道教育水平的高低与经济发展水平无关吗？

笔者认为教育水平与经济发展水平有着密切的联系。因为教育要发展，实现现代化，背后要有强大的经济基础。有强大的资金才能更新教学硬件设施，才能吸引优秀的教师人才。没有经济基础，就缺乏吸引力，留不住人才。像化隆、平安优秀

教师流失严重就是这个道理。陵水县经济水平发展较好，但教育水平十分落后，重点中学的多媒体教学都还没普及。个人认为县政府对教育的资金投入不高，重视程度不够。

（3）化隆县经济发展水平较低，教学上的硬件设施却很好，连乡村学校都使用多媒体教学。

笔者认为这些设备都是国家对化隆教育发展的扶持，可能还有一些是社会爱心组织或个人的捐赠。

最后，真正实现"试飞青琼"，提高少数民族地区教育水平的前提是坚持中国共产党的领导，关键是维护好民族团结，然后是要有钉钉子精神，坚决打好扶贫教育攻坚战，最后是"撸起袖子加油干"，为实现教育现代化而奋斗！

志愿者对贫困地区的影响

——以化隆县为例

海南师范大学 刘维军

一 活动背景

随着我国大学生志愿者队伍的不断壮大，大学生志愿者对社会各界的影响也日益加深，在促进社会和谐、发展贫困地区文化、传播爱心和正能量等方面发挥了重要作用。共青团中央、教育部、中国青年志愿者协会也高度重视志愿者"进军"贫困地区，发文鼓励高校志愿者为贫困地区的建设添砖加瓦。志愿者在无偿服务的同时，努力传播现代文明观念和健康的生活方式，对转变贫困地区落后的思想观念和思维方式发挥了很大作用。但是，志愿者自身素质参差不齐以及志愿者管理制度不完善等因素造成的消极影响也不容忽视。

为深入贯彻习近平总书记的讲话精神，推动"一带一路"发展新战略的落实与"21世纪海上丝绸之路"沿线经济与教育水平的提升，响应2017年6月，中央宣传部、中央文明办、教育部、共青团中央、全国学联等联合下发的《关于开展2017年全国大中专学生志愿者暑期文化科技卫生"三下乡"社会实践活动的通知》（中青联发【2017】13号）号召，海南师范大学马克思主义学院在校团委和有关部门的组织与支持下开展了2017年"三下乡"活动。在海南师范大学马克思主义学院院长王习明教授和支教导师刘荣老师的带领下，志愿者跨越2800多公里来到青海省化隆回族自治县金源藏族乡某村进行了为期20多天的"陆海相依，试飞青琼"一带一路国情考察与教育帮扶暑期社会实践活动。

二 调查目的

我们希望通过本次实地调查，能够更加深刻地了解我国西北地区教育与志愿者服务方面的情况与问题，为以后的志愿服务团队帮扶贫困地区的活动"打头阵"，总结经验、汲取教训、扬长避短、趋利避害，为贫困地区的发展奉献自己的绵薄之力；全面了解和认识贫困地区的需要，从被服务者的需要出发，总结志愿服务的优势与不足；力争当地政府的支持，为今后在贫困地区的志愿服务活动开辟道路，体现青年志愿者在国家贫困地区发展过程中的重要作用；让当地群众认识到政府在当地文化建设中的作用，提高政府在群众心中的地位和威信；通过访谈形式调查，普及党政知识、促进民族团结、构建社会和谐。

三　调查时间

2017 年 7 月 8 日至 8 月 2 日。

四　调查对象与方法

由于兼顾调研与支教，所以为求方便真实，笔者访问对象大多为化隆县金源藏族乡某村来补习的同学和本村村民，还有海东市、平安区、化隆县各级团委与教育部门。

考虑到本村小学学生汉语水平及理解能力有限，为确保访问对象具有代表性、真实性和普遍性，笔者选择了六年级至高二年级的同学共 12 名。其中六年级 1 名，七年级 1 名，八年级 2 名，九年级 4 名，高一、高二年级各 2 名。由于来补习的学生男女比例普遍呈现女多男少的情况，所以笔者选择了 4 名男同学、8 名女同学作为访谈对象，更加具有普遍意义。作为被服务者，学生最具有代表性和典型性，而村民和政府工作人员则对研究志愿者在贫困地区的影响起到了一个衬托的作用。他们可以分别从受益者、旁观者和管理者的角度为调研提供第一手的参考资料，可以从客观与主观多方面分析大学生志愿者对贫困地区的影响。而且，这些调查对象所呈现的特征对研究其他地区志愿者的影响具有重要的借鉴意义和参考价值。

化隆县属于多民族地区，由于历史原因各少数民族受教育的程度较低，而且汉语水平普遍不高，不宜采取问卷调查方式，所以笔者主要采用访谈形式进行调查。在对村子进行了初步认识之后，根据得到的基本情况设计所需要的问题，尽量采用通俗易懂的语言，避开敏感话题，以友好的态度向他们请教。

五　调查概况

1. 助力贫困地区社会主义和谐社会的建设

志愿服务是社会文明和发展的重要标志，社会主义本质论包含了解放生产力、发展生产力等著名论断，如今文化软实力备受重视，已经成为综合国力的重要表现。近年来，文化生产力也成为一个热词，如何提高文化生产力成为国家和人民关注的重要问题。十一届三中全会后，物质文明和精神文明的发展出现了良好的趋势，这是社会主义和谐社会建设的重要部分。而放眼全国，不管是经济、文化，还是其他方面，都出现了比较严重的不平衡，城乡差距和居民收入分配差距逐渐加大，社会矛盾也日益突出。21 世纪初，国家开始实施西部大开发战略，希望通过政策支持来平衡东西发展。这是和谐社会建设的重要举措，近十年来，志愿者逐渐进入青海省化隆县，重点进行支教等文化方面的扶贫。

从全国来看，西部地区属于相对贫困地区，但是贫困省份内部也存在很大的城乡差距和收入差距。因贫辍学现象时有发生，九年义务教育完成率低下。志愿者在化隆县大多进入贫困山区给学生进行学业指导，虽然志愿者进入这些地区要克服很多的困难，但是也通过努力打破了落后地区裹足不前、不与外界接触的局面，这对贫困地区来讲无异于又一次的"改革开放"，是当地文明与外界现代文化的再次碰撞交流。精神是行动的先导，没有文化往往是造成落后的一个最重要原因，而我们的志愿服务活动，则是帮助贫困地区文明进步的重要力量，目的是通过提高贫困山村的文化水平，缩小贫困地区城乡教育发展的差距，当然这是一个长期而艰巨的任务。

推进和谐社会建设要求大力促进教育公平，以"加快基本公共教育服务均等化、建立全面覆盖困难群体的资助政策体系和帮扶制度为重点，强化政府责任，合理配置教育资源，重点向农村、边远、贫困、民族地区及薄弱学校倾斜，着力保障农民工子女、残疾儿童少年、家庭困难学生平等接受教育的权利，逐步缩小教育发展中的区域差距、城乡差距及义务教育学校之间的校际差距，努力让每个孩子都能成为有用之才"。志愿者虽然短时期内在民族地区发挥作用的空间有限，但是经过多年发展，已经显现出很多成效。西部大开发是国家政策，是宏观政策，而志愿服务属于民间力量，是将政府宏观政策更加具体化、民意化的重要力量。许多的志愿者都是经过专业培训，服务的专业性、技术性也日益增强，能够在贫困地区发挥更大的作用。

志愿服务并不能完全承担贫困地区文化建设的大任，重要的还是要依靠当地人民，马克思主义者认为，人民群众是一切物质文明和精神文明的创造者，所以志愿者可以作为贫困地区文化建设的外部补充力量。通过在贫困省份的部分贫困地区进行支教等文化活动，缩小与个别地区的文化差距，给当地经济政治建设提供更多的文化支持，为当地民主法治、公平正义、诚信友善、充满活力、安定有序的和谐社会建设提供更多的人才，只有广大农村涌现出更多的人才，我国才能有人口大国变为人才强国。

2. 志愿者帮助贫困地区学生在学习上得到了很大的提升

作为大学生志愿者去贫困地区支教，帮助孩子提高学习成绩、促使他们养成良好的学习习惯和行为习惯、让孩子对学习产生兴趣等应该成为志愿者的首要也是最主要的任务。

通过对某村学生的访问调查发现，大多数人的学习成绩都有很大进步，他们说这与几年来接受志愿者的持久辅导有着密切的关系。对被访问同学接受志愿服务前后的成绩和排名进行对比，可以发现他们平均进步名次在10名左右，而且，随着年级的上升，学生的学习竞争性会越强，所以可以看出他们的学习成绩确实有所提升。

大多数同学反映进步最快的是语文、数学、英语等科目。首先是因为学生逐渐认识到语、数、外对他们自身发展的重要作用，其次是因为学生很喜欢教这几科的支教老师，所以对所教课程也产生了浓厚兴趣。高二年级同学周毛措（化名）在补课前在班里排名前二十，寒暑假都在家里玩耍，但是来补课后进步很大，进入班里前十名，而且进入了县民族中学读书。她说自己成绩的提高和假期补习关系密切，支教老师普通话好、有幽默感，而且上课仔细认真，学生非常喜欢。她说很感激来支教的老师，希望他们下次再来。

这样的例子还有很多，在这里就不一一列举了。总体来说，女生比男生进步要大，女生对知识的渴望程度比男生高，上课时的表现也比男生好。在这个相对来说重男轻女的封闭村庄，女生对知识的渴望程度要比男生高，她们也希望通过读书的方式改变自己的命运，所以大都会认真学习，珍惜补课的机会。

3. 志愿活动促进了落后地区社会主义先进文化及教育事业的发展

从事支教活动的志愿者大多是各大高校学生，自身就有较高的文化素养，又来自五湖四海、全国各地，身上带有明显的地方特性。志愿者到哪里，就会将自己的文化无意识地带到哪里，所以化隆县尽管是多民族地区，但也呈现出包罗万象的景象。志愿者在一定程度上促进了不同文明之间的融合，促进了文化之间的交流，让封闭的贫困山区张开双臂拥抱外面的世界。除了正常的上课外，志愿者还会和孩子们做一些娱乐活动，如唱汉语歌、做一些积极向上的活动等，这样一来，孩子们的课余生活也变得丰富多彩。与此同时，志愿者在支教和一些活动中传播的先进文化，促进了社会主义先进文化的普及与发展，弘扬了爱国主义精神；志愿者的引导在一定程度上提升了农村整体文化水平，一些父母为了教育孩子，以身作则，也拿起书来看一看；日益丰富的文化知识的熏陶，加上社会主义先进文化的传播，村民的整体素质有了很大的提升。

新疆大学的凯博爱心志愿联盟已经在某村坚持支教三年，支教活动不仅让学生的成绩得到提高，学生的学习习惯、汉语水平也较之前有了很大改善。今年凯博爱心志愿联盟与我们海南师范大学马克思主义学院在一起支教，毕业典礼也是一起举行，而这个毕业典礼，让我看到了志愿活动在传播先进文化、提升农村整体文化水平、提高村民素质方面的巨大促进作用。四、五、六年级同学朗诵的《少年中国说》激情澎湃，斗志昂扬，充满爱国主义激情。而全体教师和同学一起表演的手语歌曲《感恩的心》，让许多村民深受感动，也让同学们在这首歌中懂得了感恩。凯博爱心志愿联盟负责人田永清老师说："要让学生在活动中得到心灵的触动，得到成长；要让村民在观看活动的过程中受到启发，接受先进文化的熏陶，重视教育，提升村民素养。"

大学生志愿者也激发了孩子们的学习兴趣，为孩子树立了榜样，孩子们也都希望自己通过脚踏实地的努力考上心仪的大学。不仅如此，大学生志愿者也让家长们看到了一个不一样的世界，他们抛弃了以前守旧、重男轻女的思想，让自己的子女好好读书，将来能有一个好的出路。很多家长都认识到知识能改变命运，所以增加孩子的智力投资，无论自己再苦再累，也要让孩子去学校读书，去志愿者补课的地方学习，他们也希望靠自己的子女光耀门楣。调研团队去青海化隆时正值收割青稞小麦的时节，但是家长依然会将孩子送来补课，自己去地里干农活。据他们说，要是几年前，十五六岁的孩子早就已经干了很长时间农活了，而不是像今天一样坐在屋檐下面学习。在化隆县某村，小学的孩子都比较小，纪律比较混乱，而村民会轮流帮支教教师维护秩序。这样的情况是以前从来没有过的，这也说明了家长对教育逐渐地重视。虽然有时候家长的批评方式会比较暴力，但通过志愿者的细心劝导，家长的教育方式越来越文明和规范。

家长也认识到了教育对落后地区面貌的改变作用，开始督促自己的孩子好好学习，避免让孩子过早辍学。据当地教育部门有关人员介绍，近几年辍学率大大降低，女孩子早婚现象也在逐渐减少。藏族家庭90%以上的孩子能完成九年义务教育。

可以看出，志愿者不仅仅给落后地区带去了文化知识，同时，也促进了当地教育事业的发展、多元文化的交流。还促使当地群众改变传统守旧的观念，抛弃重男轻女的思想，增加孩子教育支出，为孩子营造一个良好的学习氛围。

4.志愿者为贫困地区开启了一扇感知外面世界的窗口

大学生志愿者在支教的过程中，为当地学生描述了他们眼中外面的世界，而这个世界往往是美好的。这样就把一颗立志走出大山、立志成就大事的种子埋在了孩子的心里，它会慢慢生根发芽，鼓励孩子努力学习。借着志愿者的眼睛看到的世界往往是很有吸引力的，因为支教老师在他们心里是值得崇拜的偶像，因此走出大山，成就大山就成了这些孩子从小的理想。在调研的过程中笔者问了一名初二同学的梦想，她说是好好学习，走出大山，为家里争光。短短数语，却道出了无数贫困地区学子心中的目标。而在这里，志愿者成为他们梦想的引领者。

现代科技发展速度非常快，好像与贫困地区的发展很不协调，此村更是，电话只有在特定地方有信号。笔者在调查过程中发现，以前这里的孩子特别是女孩子用手机的很少，更别提QQ、微信等交流常用的工具了。但是现在有的同学用上了手机，玩起了QQ、微信。他们说，有了QQ、微信，首先想到要加上老师，笔者也有幸加入他们的一个QQ群，这个群里有几位支教老师，经常会说一些鼓励孩子的话。这也是一个让山区贫困地区孩子认识外面世界的好途径，在调查过程中，一位初三同学说："我很舍不得老师离开，但是他必须回去，不过我们有QQ和电话联系。这样我就感觉他一直在我们身边。"这是一段令人动容的话。QQ、微信等交流方式让志愿者的影响一直存在，而并不仅仅有十几天或二十天，志愿者还可以通过QQ、微信等方式给学生解惑，潜移默化地用先进的思想去教育和引领他们走向美好未来。这也在一定程度上避免了落后地区的孩子在这方面与其他地区孩子的差距过大，以免形成较大的落差，对孩子的生活和心理方面带来恐慌和压力，让孩子产生自卑心理。同时，有QQ和微信的同学大多是初中年级以上的同学，这些同学的年龄大多集中在15～18岁，与我们志愿者教师的年龄相差不大，最多的也就相差5岁吧。这么小的年龄差距，而且都是学生，那他们在学习和生活上会遇到很多相同的问题和挑战，同学们可以通过QQ、微信等工具向老师请教自己遇到的问题，很多问题就可能在这样的情况下被解决，形成了一个远程辅导的模式。

但同时，新的东西也易引起新的隐患。这些同学普遍都对新生事物有很大的好奇心，在学生阶段，千万不可沉迷于网络不可自拔。面对这样的问题，支教志愿者应该以身作则，正确地引导他们，以免他们陷入网络的深渊。

5. 志愿者以身作则，弘扬志愿精神，成为学生榜样

大学生志愿者在支教或做志愿活动的过程中传播社会正能量，以身作则，弘扬志愿精神，为同学们起到了模范带头作用。经过采访发现，同学们大多都愿意在考上大学后回报自己的家乡，而且，也要成为一名志愿者，去帮助需要帮助的人。这是一种无形的精神力量，会激励着一代又一代有志青年回报社会，传播社会正能量。今年某村一位考上中央民族大学的东智同学（化名）说："我能够考上大学，与志愿者的帮助有密切的关系，我以后也一定像各位支教老师一样去帮助贫困地区的孩子。"据了解，东智是六年以来某村村唯一一个考上本科高校的同学，他成了全村学生的榜样，其他同学也都希望好好学习，努力考上大学，将来回报家乡，回报社会。这也是种巨大的正能量，促进了落后地区的人才循环，为贫困地区和乡村发展注入新的活力。

6. 志愿服务在贫困地区的发展与困境

志愿服务作为传播社会正能量、扶持贫困地区经济文化发展的公益活动，现在越来越受到社会的关注，志愿服务也相应地以应有的速度发展着。就青海省化隆县部分地区而言，志愿者已经走进去并且取得了一定的成绩，对当地的发展起到了重要的推动作用。志愿者给贫困地区的学生补习文化课程、传播先进思想、消除文化差异，以及教育在地区间的不平衡，有利于教育公平的发展。个别志愿服务团体已经在当地建立了志愿服务基地，准备进行长期的支教活动，这无疑是落后地区志愿服务的一次飞跃。不仅如此，当地政府也认识到志愿服务是进行地方建设的重要动力，为贫困地区的经济文化建设注入了活力，逐渐地开始认可和接纳个别志愿团体在贫困村落进行支教活动。

由于受传统习俗和宗教信仰等因素的影响，贫困地区一般呈现出比较封闭的状态，对新事物的接受程度较低，所以社会各方面难以有重大的成就，甚至形成故步自封、裹足不前的状况。在这个情况下，首先志愿团队进入贫困地区就成了一个问题，进去之后如何发展又是一个不可忽视的难题。

作为志愿者普遍希望得到当地政府的认可，并渴望获得政府的政策支持与帮助。但政府与志愿团队的沟通渠道尚未达到完全畅通的程度，需要双方进一步加强沟通、配合，加强管理和指导，以使志愿服务活动尽早进入安全、规范、科学、合理、有

效的良性循环状态，并保持不断地健康发展，给社会和人民带来利益是政府和志愿者共同考虑的问题。

六 反思与总结

应完善志愿服务管理体系，加强志愿者培训，让志愿者更加专业化。加强志愿者管理，提升管理能力，实现志愿服务的制度化、现代化。提升志愿者专业水平，使志愿服务更加科学、更加合理，适应当地发展，迎合当地需要。贫困地区由于多种原因得不到有效发展，经济文化相对落后，思想保守，志愿者很难在这样的环境下有效发挥自己的能力。当地传统文化是相对稳定的，不可能随着志愿团体的到来很快发生根本性变化，这就要求志愿团体加强对志愿者的培训，提高志愿者对当地的适应能力。培训方应该让志愿者充分了解当地的风土人情、宗教信仰等，以免行为不当破坏志愿者形象甚至引发民族矛盾，让志愿服务本土化。

当地政府应进行有效的制度借鉴与方法改进。任何事物的发展和进化都有一个互相学习发展的过程，志愿服务也一样。就我国而言，志愿服务也是舶来品，由于其对社会进步和人民发展有极大的促进作用，所以在我国得到了长足的发展，特别是个别正处于较快发展的省份，志愿服务更是发展迅速。海南省于 2009 年 5 月 27 日通过《海南省志愿服务条例》，以有效管理和规范志愿者及其相应活动，其中涉及志愿服务的方方面面，是一个比较完善的适合地区状况的法律法规。笔者认为化隆地区可以根据地方特点制定相应的法律法规，规范志愿服务发展过程中的问题。管理方面不到位，必然会出现许多不能解决的问题甚至瓶颈性问题。现在是制度的发展严重落后于志愿服务本身的发展。所以，建议当地政府做出调整和改革，不仅要调整内部治理结构，而且要实现"对外开放"，将志愿服务管理模式"引进来"，并加以内化，实现制度本土化。增强当地制度的适应性，让相应的制度在志愿者的刺激下活起来，克服制度的刻板性，实现有效的制度借鉴与方法进化。志愿服务要体现当地特色，实现可持续发展。志愿服务一定要适合当地发展的要求，不能出现志愿服务与当地发展脱节的情况，这是志愿服务团体与贫困地区政府共同考虑的问题，双方要考虑以何种发展方式，才能让志愿服务发挥最大的功能。每个地区应该有其共性，也存在其个性，借鉴的是共性，即普遍性，而个性是需要自身智慧的。就化隆地区来说，随着志愿服务团体的不断扩大，志愿者的不断增多，政府也必将出台一系列政策。体现西北特色，适应当地风土人情、宗教信仰，促进当地社会和谐发展是完善的志愿服务体系的应有之义，不断是何种志愿服务，它的目的都是促进社会的进步、人的全面发展。

调研发现，志愿者对贫困地区的贡献有目共睹；提高了当地孩子的学习成绩，让他们养成了良好的学习习惯；为推动贫困地区的教育和社会主义先进文化的发展起到了很大的作用；在落后地区普及党政知识，促进了民族团结与融合；传播了社会正能量。但是，志愿者也给当地带来了很多问题，希望能得到有关部门的重视，以合理合法的程序接纳和管理志愿服务活动，给贫困落后地区营造良好的发展环境，也给志愿者提供一个实现自我价值和社会价值的机会。

十八大以来民族地区现代化发展进程

——以化隆县回族自治县下科巴村为例

海南师范大学　王婧娴

青海省是我国少数民族聚居的主要地区之一，藏族和回族的人口数量更是排在前两位。因此，少数民族的现代化发展不仅关系到少数民族自身的繁荣，而且关系到青海省资源的开发、经济的振兴和社会的进步，更关系到当今中国的民族团结进步与社会稳定发展。本文主要以青海省海东市化隆县回族自治区某藏族聚居区为例，从教育、经济、文化这三个方面探讨自十八大以来的变化和现代化进程。

一　民族自治地区教育的发展与现代化

曾几何时，在青藏高原广袤的藏族游牧区，不但地理生态和气候特点与内地有很大的不同，经济生计模式和文化也有很强的异质性，适应高寒地理的生态特点和游牧的经济生计方式使得寺庙教育成为藏族教育的主要模式。据当地的调查，20 世纪 80 年代出生前的藏族女性基本上没有上过学，不懂汉语，和村子以外的世界交流很困难。一些家庭有"以僧为贵"的思想观念。有些家庭如果有三个儿子，父母可能会送其中的一个或者两个去寺庙里当"阿卡"，也就是僧人。当"阿卡"不仅能赢得村民的尊重，拥有较高的社会地位，而且经济水平和消费能力也高于一般的村民。广大僧侣成为主要的知识分子，寺庙成为最集中的文化中心。

化隆县回族自治区在 2003 年全国普及义务教育后仍然存在辍学率高的现象，尤其是女孩更为严重。一些女孩上初中的时候就被安排婚嫁。男孩长到一定年龄更倾向于进寺庙或者外出经商。据当地教育局的资料，一所中学有七年级女生 100 人，但读到九年级的不到 50 人，辍学率超过 50%。当地发达的拉面经济也有很大的影响，当地人大多开有拉面馆，且一个拉面师傅每年收入在 5 万元左右，家庭更倾向于让男孩去当店里当学徒，或者继承面馆来获得更多的经济收入。

2013 年，全国学籍联网和贫困户建档立卡制度建立，习近平总书记提出了"精准扶贫"重要思想。以化隆县为例，教育扶贫对贫困地区的助教，更多地面向村民。教育现代化硬件设施进一步完善，学校教学楼翻新，教室多媒体和电脑等基本设施都已配备。对不送学生去上学的家庭采取取消贫困补助资格的强制执行方式。并且小学至高中阶段实现全免费。此外，以接受我们志愿服务的村庄为例，自从接受外来大学生志愿者教育服务以来，许多孩子受到新教学方法和思想的影响，渴望走出大山开阔眼界去读大学，学生中读书读到一半出家当"阿卡"的数量也在逐渐减少。另外，义务阶段实现了上学零成本。以化隆县初中为例，除生活费外基本上是全部免费。相邻的平安区2016 年通过"全国义务教育发展基本均衡县"验收，义务教育实行"两免一补"，农村小学硬件设施和城市差距已经大为缩小。

化隆县对全县 44 个贫困村逐个评估，对薄弱地区进行改造，实行城区对接一对一帮扶，定期帮教。对于特殊情况采取正面宣传引导和政府适当干预相结合的举措。这些都有效改善了教育落后问题，加快了当地教育发展的现代化进程。但形势依然不容乐观，城乡教育差距依然较大，教育软件尤其是教师素质跟不上现代化水平，师资力量弱，教师老龄化严重，学生辍学现象依然屡禁不绝，无论教育变化多么迅速，它都无法摆脱与过去的纽带关系，也不可能与过去的历史完全断裂。教育的今天与昨天的历史联系是客观存在的，这也是历史发展的规律。

二 民族地区经济的变迁和发展

"五位一体"是十八大报告的"新提法"之一，经济建设、政治建设、文化建设、社会建设、生态文明建设——着眼于全面建成小康社会、实现社会主义现代化和中华民族伟大复兴，党的十八大报告对推进中国特色社会主义事业做出"五位一体"总体布局。

以化隆县某村为例，当地地势险峻，山区交通不便，资源分配处于劣势地位。这也是大多藏族聚居区经济条件较为落后的客观环境因素。据化隆县第一书记关于精准扶贫的报告，2015 年首先是将通村的道路进行硬化，走访低保户进行精准识别。与此同时，开展"美丽乡村"建设项目，土墙换砖墙，危房改造普惠全乡村。政府投资建设基本设施，当地的太阳能热水器、公路以及自来水设备基本都是由政府出资，村民免费或者出少部分钱进行建设的。

当地村民的生产生活方式也逐步转型，特别是女性地位有了较大提升。20 世纪 80 年代出生的女性大多没有上过学，不会说汉语。在家从事养殖业和种植业：种庄稼、放牛羊、打柴火、捡牛粪。农忙时帮别人割小麦获得一定的报酬。基本上靠从事第一产业获得经济收入。2005 年之后，青壮年劳动力普遍选择外出打工，在西宁、铜仁或者兰州等大城市从事挖虫草或者其他工作。3 ~ 4 月是挖虫草的时节，在这个短暂的季度内能挣到几千元甚至上万元，这也是一年内当地村民最主要的经济来源之一。村里的小轿车数量逐渐增加、村民住房也进行了翻新，经济发展水平得到较大提升。但种植业和养殖业依然是当地村民生产的主要方式。

再以化隆县来说，以前主要是发展制造产业。现在经济的主要支柱是靠出口拉面。化隆县有 30 万人，但有 1/2 的人口在外从事拉面工作，全县目前共计有 15000 个拉面经营主，化隆县政府在各地设外办统一管理拉面馆，组成一个覆盖面广的网络组织体系。并且发放"打工护照"即劳务输出证，外出务工人员可在全国各地通行开店，管理成本和手续费大大降低，农民受到了真正的实惠。一个拉面匠的年收入大概是 5 万元，拉面馆年收入在 10 万元左右。建设"拉面小镇"是当地的特色经济发展方式。

十八大以来精准扶贫在当地主要是精准识别，由贫困户建档立卡、全村互助资金和危房改造以及美丽乡村项目共同组成。以谢家滩乡为例，18 个村中有 7 个贫困村，全乡人口共 10582 人，7 个贫困村人口有 3318 人，全乡任务是在 2019 年之前全部脱贫，2016 年已脱贫 2 个村，2017 年预计脱贫 2 个村。每个贫困村 50 万元互助资金，已脱贫的追加 10 万元。村民通过向村里贷款的方式来发展种植业和养殖业。乡里也在打造精品农业，通过"一村一品"每村重点打造一个品牌产品来促进经济发展。

总的来说，十八大以来当地经济水平和住户生活水平都得到了一定的提升，但是依然以第一产业为主，经济发展的方式仍然比较单一，生态环境较差，而教育落后是贫穷的根本原因。

三　综合问题

第一，教育方面教学软件水平低。在国家支持下，虽说现在实行标准化配备，教学硬件齐全。但教师专业化水平不足，而且农村地区教师资源容易流失。

第二，部分地区学校规模小，学生少，尤其是山村小学达不到国家1∶19的编制要求。这就造成了农村地区教师专业素养跟不上，教学水平差的恶性循环。

第三，城乡教育差距进一步拉大，农村地区生源减少，师资力量偏弱。三镇五乡在乡村一级的学生加起来200多人，大量学生到了城区。城区学校大班教学现象普遍。

四　针对性建议

（一）加强制度设计，改善教师待遇

一些教师不愿意积极进取的主要原因是工资低，得不到社会认同。因此应当从根本制度抓起，以平安县为例，2016年开始实施工资与工作业绩挂钩的绩效工资制度。

（二）合理配置资源，适当调整规模

按照小学就近入学、初中相对集中的原则，人口过于稀少的牧区或者边远山区合并学校、集中办学。同时，对农村小学的教师进行培训和学习，提升教学质量。

（三）用好对口政策，大力引进人才

除了官方指定的大连理工大学、北京邮电大学和中国地质大学外，充分利用对口支援等优势资源，大力引进优秀人才支援贫困地区教育事业。同时，对民间组织加强审核，规范审批标准，准许更多的大学或者民间组织支教，对口建立固定的志愿服务基地进行帮扶活动。

（四）发展优势产业，助力教育发展

除了继续贯彻落实精准扶贫外，还应因地制宜，在切实保护环境的前提下充分发展本地优势产业，合理利用当地的文化特色发展好旅游产业，为教育发展进步提供雄厚的资金支持。

建好基础设施，强化信息畅通。硬化乡村道路切实改善乡村交通条件，落实乡村网络全覆盖，改善乡村信息畅通渠道，为精准扶贫提供人物流、信息流的高速通道。

青海藏族农村妇女社会地位调查报告

海南师范大学　黄黎敏

摘　要： 海南师范大学马克思主义学院的志愿者以志愿教师的身份在青海省化隆县金源藏乡某村开展国情考察和教育帮扶活动。此调查报告主要围绕此次假期参加补课的中小学生及家长对于家庭中妇女社会地位的认识和看法展开，以交流、提问的形式进行。其中涉及衡量妇女社会地位高低等多项指标，以此作为依据，最终得出此村妇女的社会地位一直是低水平的，但也在时代的变迁中逐渐得到升起。虽然通往男女地位平等的道路艰难曲折，但在社会的不断发展和教育建设投入不断加大的过程中，总有一天，藏族妇女能够与藏族男性有着同样的社会地位，能够真正实现自由和平等，活出完整的"人"的意义。

关键词： 妇女地位　社会地位　藏族　指标

2017 年暑假，海南师范大学"一带一路"国情考察与教育帮扶团青海队在化隆开展了为期 22 天的支教活动。此次活动是与凯博爱心志愿联盟联合开展的，地点位于青海省化隆县金源藏乡某村。

凯博爱心志愿联盟是一个公益组织，主要是组织大学生利用寒暑假到少数民族山村开展义务补课，在帮助少数民族学生巩固国民教育规定的知识的基础上，提高其汉语水平，开阔其视野，引导其树立正确的人生观、世界观和价值观，培养其爱国主义的精神和融入现代社会的能力。

作为海南师范大学志愿者的我们能和这个组织一起因志而愿，真的非常荣幸。与此同时，我们在此次活动中也受益匪浅：丰富了人生阅历，加深了对中国国情的认识，磨炼了吃苦耐劳的意志，培养了团队协作的精神，提高了组织协调能力和社会责任感。

这是一个人口超过 1000 人的藏族村庄，位于化隆回族自治县县境东北部小积山深处，距省会西宁 170 公里，距县城 60 公里，距乡政府 15 公里，距藏传佛教后弘期的发祥地旦斗寺 8 公里。

一 访谈过程概述

1. 访谈内容

我们是以志愿者教师的身份出现在这个藏族村的，因此本次访谈主要围绕此次假期参加补课的中小学生及家长对于家庭中妇女社会地位的认识和看法展开。以交流、提问的形式进行，其中涉及衡量妇女社会地位的多项指标，以此作为依据，最终分析出此地妇女社会地位的大致水平及变化情况等。

2. 访谈目的

本次访谈旨在了解并分析土生土长的当地人两代甚至三代妇女的社会地位情况。用指标来衡量妇女社会地位，浅显易懂、直观明白。通过面对面地交谈，可以观察被访者的态度，也便于挖掘更多潜在的信息，最终的结果也比较客观可信，具有一定说服力。

3. 访谈对象

青海省化隆县金源藏乡某村参加暑假补习的学生及家长，具体如下。

（1）学前班学生家长一位。

（2）高一学生一名。

（3）初三学生一名。

（4）初一学生一名。

（5）六年级学生一名。

4. 访谈时间

2017 年 7 月 23 日下午和 7 月 25 日上午。

5. 访谈细节

访谈对象 1：学前班学生家长才让（化名），男，26 岁。

问：哥哥，你们家里有几口人啊？

答：有六口人。（除我外，还有）父亲（54 岁）、母亲（48 岁）、妻子（24 岁）

和两个上学前班的儿子（6岁、4岁）。

问： 那家里人的文化程度是什么样的呢？会说汉语吗？

答： 父亲读到五年级，会说汉语。母亲嘛，没有上过学所以一点汉语都不会。我和妻子都上到了三年级，妻子的汉语比我还要好一点。两个孩子上学前班，都不怎么会说汉语。

问： 这样啊，那为什么才读到小学就不读了呢？

答： 父亲不继续读书是因为他自己不愿意上学了，而母亲是家里认为女孩不用读书，所以不让母亲读书，其实母亲还是很想读书的。

我和妻子都是自己不愿意念了。（不好意思地笑着）

问： 家里人的工作情况是怎么样的呢？谁的收入高？

答： 我父亲现在已经在家里休息了，年轻的时候也去省城打过工。母亲一直在家里放羊，从没出过村子。我和妻子都在省内打工，由于最近收麦子和青稞所以回来了。家里是我赚得最多。（自豪地大笑）

问： 如果是这样的话，家里的活儿是由谁来干的呢？都干些什么活儿？多不多？

答： 因为我和妻子都在外打工，所以都是母亲在干。基本上就是放牛、放羊、照看庄稼这些农活以及洗衣做饭、打扫卫生和带孩子这种日常家务。不过像现在这种农忙季节，我跟妻子回来了，妻子就干得多，母亲就稍微轻松些了。

问： 哇，阿姨和姐姐还真的是挺辛苦的。那她们对于干活是什么态度呢？愿意吗？哥哥你不用干活吗？

答： 愿意啊。她们觉得干活是她们应该干的。我们男的就是休息，活就是女的干。

问：（微微一笑）看来是心甘情愿啊，哈哈。哥哥你们家是谁说话比较管用啊？

答： 听我父亲的。父亲不管的话就是我说了算。

问： 阿姨和姐姐不能发表意见吗？

答： 可以是可以，但决定还是不由她们。

问： 这样啊。我看哥哥你家没有阿卡啊，那你们会不会有想法让两个孩子中的一个去当阿卡呢？

答： 这个嘛还真的有考虑过。准备让小儿子去当阿卡，家里有阿卡比较方便，而且也很有面子。

问： 当时姐姐生孩子有想过生一个女儿吗？毕竟你们家有男孩子了。

答：没有，还是想生男孩。我们家还是看重男孩一些。

问：好的好的，问题问完了，谢谢哥哥愿意把宝贵的时间让给我。

答：小事，不妨碍的。

访谈对象 2：高一年级学生万么（化名），女，16 岁。

问：万么，老师在做调查，所以想问你几个简单的问题可以吗？

答：嗯，可以的。

问：你别紧张，我就随便问问。（笑）你家里有几口人啊？

答：嗯……有六口人。奶奶（63 岁）、爸爸（43 岁）、妈妈（48 岁）、两个妹妹（14 岁、13 岁），还有我。爷爷在我两岁的时候去世了。（面露失落和难过的表情）

问：不好意思啊，老师不是有意的。（轻轻地摸了摸她的头）

答：没关系的老师，当时我还不太懂事。只是现在说起来难免有点……

问：老师明白。这才是孝顺的好孩子应有的反应。那家里人的文化程度怎么样你知道吗？会说汉语吗？

答：奶奶没上过学，不会说汉语。爸爸上到三年级会汉语，妈妈没上过，所以一点儿都不会。两个妹妹也都还在念书。

问：不上学的原因是为什么呀？

答：奶奶和妈妈都是家里人不让她们读书，可能是条件不太好吧，但她们挺想学习的。所以现在，她们就特别支持我和妹妹们，让我们一定要好好读书。我爸爸，是他自己不想读书。（满脸的认真）

问：这样啊，那他们的工作情况怎么样呢？

答：奶奶年轻的时候去外面挖过虫草，现在在家里。爸爸妈妈都在省城打工，爸爸挣钱挣得多。

问：奶奶现在在家里，那平时干活就是奶奶干喽？

答：不是的，所有的活都是我和妹妹们干。

问：那你们想干活吗？那么多的活。

答：不想干啊，可是有什么办法呢？奶奶年纪大了，我们不干也没人干啊。（眼神中充满了无奈和委屈）

问：家里有没有想过让妈妈生个弟弟让他当阿卡呢？

答：他们就是那么想的，不过生了两个都是妹妹。现在应该不会再生了。

问：（有些尴尬又有些心疼地望着她）那你们家是谁比较有话语权？谁管你们仨

多一些呢？

答：按道理说应该是作为长辈的爷爷说了算，爷爷没了所以都是爸爸说了算。学习什么的都是爸爸在管。

问：长者为尊啊这是。我看你家女性还挺多的，那据你观察，在日常习俗和宗教中，你们有没有什么受到限制？就是和男性不太一样的地方。

答：嗯……我想想啊。对了，去寺里对女的是有时间限制的。就像我们这边的寺庙在阿卡们集中学习的时候，就不让我们上去的。还有家里如果来客人了，我们就得坐到地上，不能上炕。

问：(恍然大悟状) 原来还有这么多讲究呢。还有吗？

答：(挠挠头) 想不起来了。

问：哈哈，这样就行了。谢谢你啦，去玩儿吧。

答：不客气的，老师。

访谈对象 3：初三年级学生拉毛 (化名)，男，17 岁。

问：拉毛，过来过来。老师问你几个问题。

答：嗯……行。(害羞一笑)

问：你家里有几口人啊？

答：四口人。爸爸 (40 岁)、妈妈 (39 岁)、姐姐 (22 岁) 和我。

问：爷爷奶奶呢？不跟你们住吗？

答：嗯，我们分家了。

问：这样啊，行。那我接着问了。家里人念书情况是什么样呢？会说汉语吗？

答：我爸爸念到高三了，妈妈自己不愿意，所以没念过书，不会汉语。姐姐现在在念高二。

问：哇，叔叔好厉害，没念了是不想上了吗？

答：(害羞又尴尬地挠挠头) 不是，没考上大学。

问：(略感惋惜) 这样啊，那还挺可惜的，但是真的已经很厉害了呢。爸爸妈妈的工作怎样？谁的收入高些？

答：爸爸妈妈都在省城打工，爸爸赚得多。

问：那爸爸妈妈不在家，家里的活儿怎么办？牛羊没人管啊？

答：我家没有牛羊。(抿嘴笑) 家里的家务都是姐姐在干。爸爸妈妈如果回来的话就是他们一起干。

问：那还挺好的，和谐生活。家里没有阿卡吧，爸爸有没有想让你或者想让妈妈再生个弟弟当阿卡？

答：没有。

问：那爸爸妈妈对待你跟姐姐一样吗？

答：一样啊，爱我也爱姐姐。（十分笃定地语气）

问：（开心地笑）真幸福。家里是爸爸说了算吧，也是爸爸管你多一些吗？

答：就是这样的。

问：在村子里，你有没有遇到男性和女性会有差别待遇的某些事？

答：这个嘛……爸爸说话，妈妈不能插嘴。家里人在一起吃饭，必须爸爸先动筷子。

问：那上寺庙对女性有时间上的限制，这个你知道吗？

答：（想了一会）没错，有这个规定。

问：哈哈哈哈，我不提示你，你怎么想不起来。好了，我问完了。谢谢你哟。

答：（不好意思地笑了笑）一下子没想起来呗。老师再见。

访谈对象 4：初一年级学生谢热（化名），男，15 岁。

问：谢热，你怎么在罚站啊？

答：忘了写昨天的作业，数学老师让我站着。（脸涨得通红，有些羞愧）

问：下次可要记得按时写作业啊，要长记性听见没？那你这节自习下了别乱跑，我来问你几个问题。

答：好。

（下课后）

问：我开始问喽。你家有几口人啊，谢热？

答：（认真地掰着指头开始数）七口人。爷爷（69 岁）、奶奶（67 岁）、爸爸（39 岁）、妈妈（37 岁）、我，还有两个弟弟（14 岁、8 岁）。

问：人还挺多的。那家里人的念书情况怎么样？都会汉语吗？

答：爷爷奶奶都没念过书，都不会汉语。应该是家里条件不好，没法让他们读书。爸爸读过，读到一年级。妈妈没读过。两个人都不会说汉语。爸爸不读书是自己读不进去，妈妈是家里条件不允许。两个弟弟，一个在念小学，一个没有上。

问：另一个弟弟几岁了，干吗不上学？是家里想让他去当阿卡吗？为什么啊？（超级不能理解）

答：（认真地看了我一眼）8 岁了，爷爷和爸爸想让他去当阿卡。他们觉得阿卡比较好，又有面子收入又高。

问：这个理由也太……好吧，那家里人的收入呢？

答：爷爷放羊，奶奶种地。爸爸妈妈在省城打工，爸爸赚得多些。

问：爷爷也干农活啊！

答：放羊还好，其余的活儿基本都是奶奶干，妈妈很少回来嘛，所以一般都是奶奶干八成。

问：这么多活儿，奶奶愿意吗？你们不帮奶奶吗？

答：奶奶愿意呀。家里人不让我们干活。家里想让妈妈生个女孩，让她干家务和农活。可是生的都是弟弟。（一丝苦笑）

问：这样看来，家里是爷爷或者爸爸说了算的吧？

答：嗯，一般是爷爷说了算。

问：是谁管你和弟弟们的呢？爸爸吗？

答：不是，是爷爷。

问：那你知道女性在什么情况下有不平等的待遇吗？

答：嗯……吃饭的时候要先盛爷爷和爸爸的饭，必须等爷爷先动筷子。一同进门的时候，爷爷必须先进，而后是爸爸，后面才是奶奶、妈妈。

问：哇，还是蛮讲究的呢。谢谢你谢热，我问完了。噢对了，下次别再忘了写作业。

答：哈哈，行，一定。

访谈对象 5：六年级学生拉吉（化名），女，13 岁。

问：拉吉，问你几个问题呗？

答：没问题啊，老师您问吧。

问：太好了，坐坐坐，你家里有几口人啊？

答：七口。（除了我，还有）爷爷（63 岁）、奶奶（60 岁）、爸爸（36 岁）、妈妈（40 岁），还有两个哥哥（16 岁、15 岁）。对了，其中大一点的那个哥哥是阿卡。

问：他们的文化程度怎么样？会汉语吗？

答：爷爷读到五年级，奶奶没读过书。听爷爷说他不读书是因为没有藏文版的书，读不懂了。奶奶是因为家里不让读书。爸爸也读到五年级，家里条件不好，妹妹给人了，所以让他放牛、放羊。妈妈没读过书，不会汉语。她说是因为家里人不让、并且自己也不愿意读。

问：那家里人的工作呢？收入好不好？

答：爷爷有收入，在省内打工。奶奶在家里放牛放羊。爸爸妈妈在外省打工。爸爸收入最高。

问：是奶奶干活对吧？都干些什么啊？

答：对，基本都是奶奶干。洗衣服做饭、放牛放羊、拜唐卡、念经、挤牛奶……这些。

问：（惊讶）真多啊。那奶奶愿意干这么多的活？

答：对呀，奶奶愿意干，也不让我们干。

问：看奶奶多心疼你们。为什么让哥哥去当阿卡？

答：当阿卡好啊，反正我们这边是很重视这个。家里人都想让有个阿卡。

问：你觉得你家对你跟哥哥们一样吗？

答：才不一样。（毫不犹豫）他们都更喜欢哥哥们，哥哥们欺负我，他们都不管。他们其实也希望我是男孩。（眼底闪过一丝落寞）

问：（拍了拍她的肩膀）怕啥啊，你自己要好好努力。不知道妇女能顶半边天啊。家里是男性说了算？

答：对，爷爷、爸爸，还有当阿卡的哥哥，说话都有分量。

问：家里是谁管你们的学习和生活的？

答：是爸爸。

问：那你觉得在哪些事上明显感觉女性地位低些？

答：进寺庙啊，一起吃饭和进门时候的先后顺序。还有生孩子的时候，一般是要在娘家生的。

问：这是什么来头？

答：不是很清楚，反正说在娘家生的孩子好养活。听说好多在自己家里生孩子就坏了。

问：……好吧。听上去有点害怕，还感觉有一丝丝迷信。结束了，谢谢你呀小拉吉。

答：不客气呢，有什么事儿就来找我。（微笑）

二　访谈结果分析

首先很感谢热情好客的他们，愿意接受我的访谈。他们为我的调查提供了特别多的有效信息。通过分析他们的采访内容可以挖掘出很多隐藏在浅显表相背后更为深刻的东西。

1. 从文化程度看妇女地位

村中爷爷奶奶辈的大多没读过书，若是有，也是男性读书多一些，且大多都不会说汉语。出生于 20 世纪 50～60 年代、受教育在 20 世纪 60～70 年代的他们当时所处的社会背景——中华人民共和国已经成立许久，又正兴文化教育建设，所以当时国家政策是不用交学费。但这里仍然比较封闭，发展停滞，封建思想根深蒂固。在思想稍微开放点的家庭中，女孩子就读过几年书。但更多的是家庭中存在封建腐朽思想，坚守着"男尊女卑""男主外、女主内"等一些抬高男性贬低女性的所谓"信条"，不愿意让女性读书，并让她们作为劳动力，被束缚在家务活和土地上。

但是爸爸妈妈这一辈（20 世纪 70～80 年代出生，80～90 年代受教育）就有了很大的变化。20 世纪 80～90 年代，正值我国改革开放的黄金时期，各地忙着发展经济，因此国家在教育尤其是藏区教育上的投入少了很多。这个时代的他们，文化水平普遍提高。或多或少都读了几年书，而且夫妻双方很多都是会说汉语的。时代在进步，他们的思想观念也在不断地变化，他们也逐渐明白了教育的重要性。但仍有很多女性只上了几年就选择退学。当时受教育是要交学费的，对于一些落后贫困，家里孩子又多的家庭，无疑是不小的负担。然而家庭条件让女性无法继续学习不只是客观原因的迫使，也是她们自己的选择。不愿意让家里因为她们而负债累累，不愿意父母为自己辛苦不堪……不管怎样，享有受教育的自主选择权，是妇女地位得到提高的具体体现。

2. 从经济收入看妇女地位

20 世纪 50～60 年代出生的老一辈，很多都是男性在外打工赚钱，而女性从未踏出过村子半步，就在家中干农活干家务。这里明显体现出了妇女在生产劳动中作为"运转轴心"的特殊作用，但同时也体现出妇女过于低下的社会地位。她们必须通过承担起家庭与生产劳动的两副重担，才能体现出自己在这个家庭中的价值——仅仅是在这个领域中的价值。

而 20 世纪 70～80 年代出生的一辈，基本都是夫妻双双在外打工，将自己的下一代和上一代留在大山里。两者相比,男性劳动力赚得多,由于经济基础决定上层建筑,所以女性地位远不如男性。但是女性能够走出大山,外出打工,经济上有所独立,不用完全依靠男性,也体现了妇女地位的提高。

3. 从劳动强度看妇女地位

据这次的访谈了解到,因为年轻的父母双双在外打工,所以不是年迈的奶奶在家干活,就是仍在念书的女孩子在家干活。就算农忙时候父母回村,田间地头也都是妇女们的背影。当儿媳不在家时,基本上就是婆婆承担所有的生产劳动。儿媳回家后,就由儿媳来顶替婆婆的工作。家里有女孩的也会让她参与劳动,有时甚至会成为家庭的主要劳动力。

由此可以看出,20世纪50～60年代出生的女性社会地位还是相当低下的,她们将自己的一生都奉献给了生产劳动。70～80年代出生的有所好转,因为不用再一直被束缚在土地上,不用再一直围绕着家转,而是可以解放出来,与丈夫一起为更好的生活而共同奋斗。

4. 从劳动态度看妇女地位

不管是奶奶还是妈妈,只要是妇女,基本上都是自愿劳动,认为这些活就该自己干,丈夫就应该袖手旁观。说明这里的妇女受封建社会"男主外、女主内"传统思想的束缚仍很严重。把高强度劳动的束缚和压迫当作理所应当和上天馈赠的礼物,让人觉得无奈和惋惜,同时也是妇女地位仍然处于低位的根本原因。

5. 从生男生女看妇女地位

很多家庭都以生男孩为衡量是否再生的标准,"直到生出儿子为止"。生多少没关系,但一定要有儿子。自古就有"重男轻女"这一说,全国很多地区,仍有十分腐朽的"重男轻女"封建思想残余:"嫁出去的女儿泼出去的水",而生男孩子就可以继承家业,延续香火,说不定还能有所成,光宗耀祖。

所以,生了女孩之后,家里人就会给儿媳施加压力,让她再生个孙子。如果第一个生的是孙子,会还想再要一个去当阿卡。对一个家庭而言,生一个女孩干活,生两个儿子——一个当阿卡、一个继承家业,这是他们的理想状态。这时,妇女就成为生育机器。好在时代在发展,随着人们受教育程度的提高,重男轻女思想不再那么严重,人们的观念在不断更新,开始平等对待夫妻双方的每一个爱的结晶。

他们对生孩子的地方也有说头,说是在娘家生的孩子好养活,在家里生的孩子金贵容易夭折。站在现在科学的角度,真的很迷信,这也从对娘家的评价中体现出对妇女的不尊重。

6．从话语权、决策权看妇女地位

首先，长者为尊。家里只要爷爷还在，就是爷爷掌握着最大的话语权和决策权，万事都凭爷爷做主。若是爷爷过世的，就是长子为大；若是父辈分家出去生活的，就是"父天下"。

一般情况下，家里的妇女是没有发言权的。就算可以发言，也只是提出建议，作为参考，最终的决定权还在男性手中。而且开家庭会议时，男性说话，女性不得接话、插嘴。

7．从宗教习俗看妇女地位

在宗教习俗上，妇女的平等自由也受到了诸多限制。就算是今天，也有很多很多的规矩。例如，进寺的时间上有限制；家中来了客人，只有男性可以陪客人上炕，女性只能在厨房里甚至只能坐地上吃饭；吃饭的时候，盛饭、动筷和进门都讲究一定的顺序，按威望高低来……这些都能看出男女地位相当的不平等。

三 总结

衡量妇女地位的指标其实有很多，在这里用了七个指标来衡量青海省化隆县金源藏乡某村的妇女地位，最终得出——此村妇女的社会地位是低水平的，但也在时代的变迁中不断提高着。

一个群体的社会地位，可以折射出政治、经济、文化、宗教等方方面面的问题。在我们看来，附加给地位低下的妇女的一切都是那么难以接受，而她们却并不认为有什么，心甘情愿，从没有对这一切说"不"的念头。

其实，思想对她们的影响远比我们想象的要深太多。祖祖辈辈都信奉和坚守的"男尊女卑""重男轻女"的观念对于他们而言怎能不是信条般的存在呢？所以没有人会去质疑、反对。

所以，加大当地的教育建设力度十分必要。没错，他们自有的意识形态是很坚固，但是当今的他们身处于这个政治不断民主、经济飞速发展、文化交流碰撞的和谐社会，他们也知道不能再把自己封闭在与世隔绝的小村庄里。所以他们告诉自己的下一代，一定要好好学习，走出大山。理所应当地，教育在这个时候起着至关重要的作用。"从娃娃抓起"，帮助他们的孩子从小树立正确的、先进的、科学的思想观念，而不是等到考大学考出去以后，那时候就晚了。毕竟从小的教育跟不上，考出大山的人也是寥寥无几。

退一万步来讲，就算没有从小接受多少素质教育，因为要打工赚钱，选择出村。而走出这里必定会与外界接触，会在思想文化交流中受到影响，发现自己的思想已经与这个时代脱节，在外部环境的迫使下，人们不得不做出改变，剔除他们陈旧的观念。这样一来，不论怎样，"男女平等"的思想终将会深入他们的内心。

老一辈的思想可能很难被改变，也许本身他们也不愿被说服。但是年轻的一代不一样，他们还有时间，他们的未来还长。

虽然这条通往男女地位平等的道路很漫长很艰难，我坚信总有一天，藏族妇女能够与藏族男性有着同样的社会地位，能够真正实现自由和平等，能够活出完整的"人"的意义。

化隆县大学生假期志愿服务活动调查

海南师范大学　温小英

调查背景

青年学生是志愿服务的主力军，他们青春昂扬、活力四射，富有远大理想抱负，是中国特色社会主义事业的建设者和接班人。中共中央宣传部、中央文明办、教育部、共青团中央、全国学联共同发文指出，为深入学习宣传贯彻习近平总书记关于青年成长成才的一系列重要论述，引领和帮助广大青年学生在社会实践中受教育、长才干、做贡献，发挥青年学生的优势，以青春建功的实际行动，为全面建成小康社会贡献青春力量，喜迎党的十九大胜利召开，2017 年将继续组织开展全国大中专学生志愿服务暑期文化科技卫生"三下乡社会实践活动"。

2017 年 7 月 8 日至 8 月 2 日，海南师范大学"陆海相依，试飞青琼"一带一路国情考察与教育帮扶暑期社会实践团队的志愿者在王习明院长、专业指导教师刘荣老师的带领下，远赴青海省化隆回族自治县金源藏族乡某村进行支教和社会调研，深入基层了解国情民情以及教育志愿帮扶等情况。

化隆是一个以回族为主的多民族聚居自治县，有回族、汉族、藏族、撒拉族、土族等 12 个民族。各民族在教育、文化、经济发展等方面存在一定差异，县里的不同地区、不同村落以及不同少数民族之间大学生志愿服务活动尤其是支教服务活动的发展亦存在一定的差异。

调查目的

此次调研的目的是深入了解我国基层贫困地区——化隆县假期大学生志愿服务活动的情况，尤其是化隆县对大学生支教服务活动的态度、化隆县大学生支教服务活动的现状以及存在的问题。同时，也是响应国家组织的全国大中专学生志愿者暑期文化科技卫生"三下乡社会实践活动"，发挥青年学生主力军的作用，促进大学生更好地为化隆县、为社会提供志愿服务，推进大学生志愿服务的发展；让大学生在志愿服务活动中提升自我，积累社会经验，丰富阅历，在改善自身的同时更好地为社会服务，促进民族间的交流和团结，为构建和谐社会奉献自己的一份微薄之力。

笔者就化隆县大学生假期志愿服务活动尤其是大学生支教服务活动的情况等相关问题与化隆县有关部门的人员进行了座谈以及对一些大学生志愿者团队进行了调查。以期能为化隆县更好地组织大中专学生志愿者利用假期闲暇时间，更好地开展文化科技卫生"三下乡社会实践活动"，提出个人的建议，为促进当地的教育发展、民族团结、社会和谐，贡献自己的绵薄之力。

以下为此次调查活动的主要收获。

一 目前大学生志愿服务组织活动的基本状况

通过这次国情考察与教育帮扶活动了解到，化隆县目前主要有两个大学生志愿服务活动团队，即大连理工大学研究生团队和中国地质大学志愿服务团队。这两个团队是官方组织和认可的，也是目前化隆县规模较大、支教时间较长的两个志愿服务团队。其中，大连理工大学研究生团队属于西部计划志愿者队伍，在化隆县坚持志愿支教已长达 19 年。他们每年会派四个支教志愿者前来支教，团队的成员主要以研究生为主，专门对接化隆县第二中学。他们除了在化隆县第二中学做支教，每人需负责一门课程外，还会提供心理辅导和物质捐助等帮助，每一届的支教期限为一年。而中国地质大学对化隆县实行的是对口帮扶，他们 2017 年有 10 个团队，有一个团长专门负责与官方机构联系，分别分布在化隆县的 8 个村中，每个村有 10 名志愿者，规模比较大。

据我们所知，在化隆县的乡村开展志愿支教活动的民间志愿团队有很多，比如：已经在化隆县某村坚持支教近六年的热梦科巴团队；还有已经在某村坚持寒暑期都支教的凯博爱心志愿联盟团队，据了解 2017 年已经是凯博支教的第三年第六期，并且未来几年他们都将不忘初心地继续将这爱心接力棒传下去。

这些团队中有些是民间自发组织而成，有些是通过宗教人士介绍而来，团队管理水平参差不齐，政府部门对这些团队的全覆盖、制度化、规范化管理还有待进一步加强。

化隆县是国家级贫困县，经济的发展、教育的发展、交通便利程度等各方面相比其他市县落后。大部分有条件的家庭已搬离化隆县到西宁或平安区等相对发达的地区，无论是本地的大学生还是工作人员在假期很少返乡，基本上都愿意在西宁附近居住，当地青年学生的一些志愿活动尤其是支教活动无法组织。县政府或团委组织的大学生志愿服务活动相对较少，所组织的大学生志愿服务团队也基本限于在县一级单位开展一些大型活动，比如关爱留守儿童活动，未组织本地的大学生进行支教活动，前来支教的志愿者基本上属外地大学生。

二　大学生支教服务活动存在的主要问题

（一）活动缺乏有效的管理、监督和组织

在此次调查中，我们发现化隆县存在一些非官方非营利的外来民间志愿服务团队，在这些民间组织的志愿服务团队中，有些团队是通过宗教人士介绍而来，也有些团队完全是自发性的，这类组织往往缺乏有效的管理和组织，没有基于正确的规范提供志愿服务，缺乏核心的领导人物和正确思想的指导。有些团队中还存在一些不明境外人员，服务动机不明，服务的内容带有随意性，服务项目比较单一，教学内容没有经过认真的准备，存在一些教学方法问题。少数非官方的民间志愿团队存在管理漏洞和一定的安全隐患，还需要有关部门多加以关注了解，加强其管理和组织，查漏补缺，使其更加规范、合理。

（二）大学生自身素质和素养有待提升

大学生利用自己的业余时间去服务他人、服务社会虽说值得鼓励和支持，但志愿服务需要的更多的是一批有素质、有素养的大学生，如此才能更好为他人、为社会服务，提供高质量的服务。

但在此次调查中发现，有些大学生志愿者是通过网上报名参加支教活动的，支教团队成员中有本科生、专科生甚至还有中学生，他们大多没有经过严格的选拔和专业的培训，缺乏专业知识和能力，支教中对学生的关爱、关心意识不强，不能很好地与学生进行心理沟通。在志愿服务活动中，由于服务时间长，志愿者的服务热情容易殆尽，毅力和耐力不够坚强，使得志愿服务活动逐渐流于形式，出现工作懈怠和精神涣散，组织性、纪律性变弱的情况。虽然有些志愿者做足了心理和思想准备，但还是不太适应支教的环境，有些志愿者甚至因此生病。可见，大学生的专业素养和身体素质等方面还有待提高。

（三）有关部门对大学生志愿服务活动的管理需进一步加强

政府部门对于组织大学生开展志愿服务活动的次数和项目比较少，接纳的大学

生志愿服务团队也比较少，目前就只有大连理工大学研究生团队和中国地质大学志愿服务团队这两个官方志愿服务团队，2017 年才成立社会实践基地为前来支教的大学生提供方便。

但对于外来的一些民间志愿团队，有关部门尽管进行了专门的走访、了解，但受各村情况不一、个别人员不报告等因素的影响，还尚未做到全覆盖、全管控、全规范，也难以向真正的志愿团队予以切实的保护和提供必要的物质、精神上的支持。另外，由于组织意识的淡薄，很多民间志愿团队的大多数成员缺乏主动向当地政府报告的意识，认为只要做好支教，能得到家长以及学生的肯定和欢迎，能为他们解决教学地点、住宿场所等方面的问题就"万事大吉"了。

大学生志愿服务活动有序健康地开展，离不开有关部门重视和支持以及广大社会群众的关心和配合。要保证志愿服务活动有序健康地开展，政府有关部门应发挥主导作用，进一步加大对志愿团队的管理和支持力度。

（四）志愿服务主体的权利保障尚不完全到位

在志愿服务活动中，大学生作为志愿服务的主体，其安全保障和权益保障存在一定的缺陷。在对某个团队的志愿者的调查中，我们了解到有不少的大学生是通过网上或其他一些非正规的渠道报名参加志愿服务活动，没有与有关部门签订安全保障、生活经费等方面的协议，比如路费、餐费、保险费等完全是自理。即使有些志愿者是通过正式方式报名，跟随高校而来，也仅是得到了高校提供的安全保障。但有关权益方面，不少志愿者完全是先自掏腰包，等到组织募集到资金后才有可能得到一些补贴。虽然大学生志愿服务活动是一种自愿性、无偿性、公益性的活动，不以追求任何物质报酬为目的，但大学生在经济上还未完全独立，让大学生自筹经费会加重大学生的负担，会影响大学生参与志愿服务活动的积极性。考虑到大学生的经济能力和为鼓励大学生积极参与志愿服务活动，有关部门以及高校应进一步完善大学生志愿者的保障机制。

三　化隆县对待大学生志愿服务的态度及其成因

由于化隆县是一个多民族聚居地，宗教氛围比较浓厚，各民族的信仰不同，各级政府部门需要考虑的问题比较多。加之部分地区地势比较险峻，政府有关部门出于对大学生志愿者和被服务者的安全考虑，对于外来大学生志愿团队只接纳走正规程序而来的高校组织团队，对于一些非营利的民间组织团队以及一些自发组织的高校志愿服务团队采取的是比较谨慎的态度，基本上不愿多接纳。此外，由于大学生志愿服务团队中成员来源广，背景难以审核落实，服务动机与实际的志愿服务活动目的是否一致也难以确认，而且志愿者服务团队中的成员来自五湖四海，文化饮食等方面存在差异，团队管理难度较大，成本较高，后勤工作难做，加之对于大学生自身的专业素养也是有所担忧，所以化隆县对大学生支教持谨慎态度。

出于种种考虑，化隆县有关部门对于大学生志愿服务活动所持的谨慎态度应当说是正确的和完全可以理解的。

组织大学生志愿服务活动的意义如下。

(1) 实践是认识的来源和基础，大学生志愿服务是社会中必不可少的一项社会实践活动，志愿服务活动可以深化大学生对志愿服务内涵、志愿精神的认识，使之更能积极并乐于投身志愿服务活动，更好地将社会主义主流意识内化于心，更好地践行社会主义核心价值观，传播奉献、互助、友爱等精神。

基于化隆县是一个多民族聚居地，各民族在思想文化上存在一定的差异，大学生志愿者的到来可以传播社会主义意识形态，宣传社会主义核心价值观，在一定程度上可以形成共识，缩小民族差异，促进民族的交流和团结，引起情感上的共鸣，对构建和谐社会有推动作用。而且从发展的眼光来看，大学生志愿服务尤其是支教服务活动的开展，既有利于弥补当地教育的薄弱环节，又有利于向社会传递正能量，带动周围人一起加入这个友爱、互助的大家庭，不断前进发展，营造良好的社会氛围。

(2) 志愿服务是一个自我服务、自我成长、助人自助的实践活动，志愿者在活动中能不断发现自身存在的问题，修正自身的缺陷，净化心灵，提升自我的思想觉悟和品德修养，开阔视野，树立正确的"三观"，更好地服务他人。志愿者作为实践活动的主体，在实践中更能深入了解他人所需，尽自己所能，实现自我价值，让心中的"小爱"化为"大爱"，心怀他人、心怀天下。特别是对于那些将来要从事教师这个职业的大学生志愿者来说，可以从支教志愿服务活动中积累能力、吸取教训、总结经验，为将来从事国民教育行业奠定基础，这有助于从整体上提高国民教育教师的素质和专业水平。

(3) 大学生志愿服务，尤其是支教服务活动是一项互利共赢、互助提升的活动，大学生志愿者在改善自身的同时也在影响着服务的对象。化隆县作为国家级贫困县，教育发展相对落后，义务教育普及难度大，尤其是少数民族群众对教育的重视不够，教育资源较为缺乏，教师流失较为严重。组织大学生假期志愿服务活动尤其是支教服务活动在一定程度上可以改变教育落后的面貌，替补教师在假期的空缺，弥补服务对象知识的空缺，巩固学生的基础知识。组织大学生志愿服务活动还可以减轻一些农村家庭在假期补课上的经济支出，减轻农村家庭尤其是贫困家庭的负担；通过志愿者的视角，可以提高贫困地区学生对外界的认识，开阔视野，避免思想上的狭隘，这在一定程度上可以激励他们发奋图强、砥砺前行，增强学习信心、提高学习成绩，从而让他们看到希望的火苗，自觉养成良好的学习习惯；通过思想上的激励启发，还能达到扶志扶智脱贫的效果，为全面建成小康贡献青春力量。

四 完善大学生志愿服务活动的建议

（一）加强管理、审核和指导

目前大学生志愿服务团队存在许多漏洞和隐患，需要政府出面加强管理，强化团队的纪律性、组织性，并协调各部门加强合作和协商，查明每一个前来支教的志愿者的背景，摸清底细，认真审核志愿者支教的内容，了解志愿者的服务动机和服务项目，确保他们都是"正常无害化"、是真正行善做善。

大学生开展志愿服务是在做善事，利人利己，政府各部门应在确保支教团队的可靠性前提下适当地"松口"，有选择地接受一些官方组织的大学生志愿服务团队，为其提供支教定点等方面的支持。对于民间自发组织的志愿团队也应加以关注和监督，正确指导志愿者有条不紊地开展志愿服务活动，做到管理的规范化、合理化，这样既能最大化降低"不法分子"潜入破坏民族团结的概率，还可极大地提升志愿服务的质量和发挥大学生志愿服务的作用。

（二）完善各项保障机制

无论是政府还是高校，都应为大学生志愿者提供安全及其他应有的保障，比如与其签订安全协议，购买多重保险，对志愿服务团队和大学生志愿者提出具体要求及注意事项等，强化他们的安全意识，以减少或避免不必要的麻烦。至于活动经费等其他费用支出，学校以及政府部门应加大资金支持力度，共同分担大学生志愿服务的费用，亦可向社会募资，寻求社会的支持，最大化减轻大学生志愿者负担，为学生提供充足的资金保障。

（三）完善招募工作和服务培训

政府有关部门以及高校，在招募大学生志愿者时应通过正规的程序，根据志愿服务的内容、服务地区的环境要求，严格选拔并考核一批符合条件的、有素质的大学生志愿者，通过自上而下的方式，组织本地大学生开展志愿支教服务活动。高校应成立专门培训大学生支教的机构，以提高大学生志愿者专业素质、教学能力和教学效率，防止支教时出现服务不到位、服务需求缺失等尴尬局面，做到真正地为他人、为社会所服务。

（四）建立奖罚机制

在开展志愿服务活动，尤其是长时间的支教服务活动时，大多数大学生志愿者刚开始都是元气满满，认真对待志愿服务，尽心尽力地帮助别人，但日复一日，很多大学生志愿者慢慢地会激情燃尽，对志愿服务活动有些敷衍了事，逐渐懈怠，以至于志愿活动慢慢地流于形式。面对这种情况，在志愿服务活动开始前就需要高校建立激励机制，根据志愿者在志愿服务时的表现进行考核和评估，对表现突出者给予表彰，以此激励志愿者自始至终地认真对待志愿服务活动并使之从中真正受益。对于懈怠活动的志愿者要及时提出批评和给予适当的惩罚，以保证整个志愿服务活动的质量和效果。

总　结

大学生志愿服务活动是一项有意义的社会实践活动，对弘扬和培育中华传统美德、践行社会主义核心价值观、传播先进文化、全面建成小康社会具有十分重要的意义；为提高大学生志愿者的思想道德素质和品德修养，促进大学生自身的发展提供了重要的载体；为贫困地区的人们带去了希望、带去了温暖和关怀；为贫困地区减少了教育上的经济支出。总体来说，大学生志愿服务活动对于个人、他人、社会都是有大的益处，政府有关部门、高校以及社会应鼓励、支持大学生志愿服务活动，对于服务开展应多加管理、监督和指导。

心的参与，才是真正地参与
——关于大学生志愿者服务心态的调查

海南师范大学 游贤梅

摘 要： 本文通过问卷调查、访谈与文献资料分析相结合的方法，对当前在校大学生志愿者的服务心态做了一次调查。主要从对参与志愿服务活动的态度、对志愿服务与志愿精神的认知、参与志愿服务的行为动机、如何看待和解决志愿服务活动中的困难与挫折这四个方面对当前在校大学生志愿者服务心态的现状进行了考察，又在此基础上指出了存在的问题心态及其影响，分析了问题心态产生的原因，最后提出了一些建议。

关键词： 大学生志愿者 志愿服务 心态

自 20 世纪 90 年代以来，青年志愿者行动一直是我国共青团中央重点推动、扶持的事业，直至今日，这项事业已经取得了不凡的成绩。2013 年 12 月，为庆祝中国青年志愿者行动成功实施 20 周年，国新办特举行新闻发布会。其公开发布的《中国青年志愿者行动 20 年报告》指出："截至 2013 年 11 月底，全国所有的省区市和市地州盟、2763 个县市区旗，以及 2000 多所高校建立了青年志愿者协会，并建立了 13 万个志愿服务阵地，形成了比较完善的组织体系；经过规范注册的青年志愿者达 4043 万。"① 从这些数据中不难看出，我国的青年志愿服务工作已具有相当规模。

为了巩固志愿服务工作取得的成果，也为了进一步立健全志愿服务制度，中央精神文明建设指导委员会以及包括中共中央宣传部、中央文明办、民政部、教育部

---

① 《授权发布：中国青年志愿者行动 20 年报告》，中国青年网，http://news.youth.cn/gn/201312/t20131202_4315905.htm，2013 年 12 月 2 日。

等在内的 8 个部门分别于 2014 年 2 月和 2016 年 7 月下发了《关于推进志愿服务制度化的意见》《关于支持和发展志愿服务组织的意见》两份重要文件。除此之外，国家对青年志愿服务的重视还体现在出台一系列文件来更好地指导和服务志愿者本人上。2013 年 12 月，国家修订了《中国注册志愿者管理办法》，也颁布了《中国青年志愿者行动发展规划（2014—2018）》。

依靠国家力量对志愿服务组织及志愿者做出工作指示，是从外部为继续推动我国青年志愿服务工作创建良好的发展环境。但对于具有志愿性、无偿性、公益性、组织性这四大特征的志愿工作而言，仅仅有完善的外部机制还不够，还必须要积极挖掘内部推动力，即要充分调动青年志愿者的自主积极性。

一　导言

近年来，随着大学生志愿服务队伍持续壮大，大学生成为我国志愿服务开展的主力军。随着国家教育部门及高校对青年志愿者行动的日益重视，大学生志愿服务得到了包括政府部门和企事业单位在内的社会多方力量的指导和支持，已经成为我国社会生活中不可或缺的一部分。

习近平总书记曾对青年做出过高度评价：历史和现实都告诉我们，青年一代有理想、有担当，国家就有前途，民族就有希望，实现我们的发展目标就有源源不断的强大力量。[①] 行为取决于态度，理想和担当源自内心的肯定与认可。因此，要想充分有效地从内部推动志愿服务工作进一步发展，那就必须要重视提高作为青年志愿者行动主体力量的大学生参与志愿服务的积极性。归根到底，目前我们的志愿服务工作应该要更关注大学生志愿者的服务心态，让他们真正从内心热爱志愿服务。

出于以上考虑，笔者特以问卷和访谈相结合的方式开展了一次关于大学生志愿者服务心态的调查。笔者采用自编调查问卷对 83 名大学生志愿者进行了调查，并对 2 名大学生志愿者、2 名大学生志愿服务活动负责人分别进行了深度访谈。问卷调查开展过程如下：首先，在问卷星网站上制作好电子问卷；其次，利用自身参与支教之便请队员帮忙填写，同时，积极联系有过支教经验的同学；最后，利用滚雪球的方式，在队员和同学的帮助下，将电子问卷转发给其他符合要求的省外高校志愿服务团队及成员。为便于采集信息和提高采访效率，在征得被访者同意的情况下，访

---

① 姚奕、常雪梅：《习近平同各界优秀青年代表座谈时的讲话（2013 年 5 月 4 日，上午）》，人民网，http://cpc.people.com.cn/n/2013/0505/c64094-21367227.html，2013 年 5 月 5 日。

谈主要借助 QQ 平台。志愿服务活动非常注重持续性，所以对有过长期志愿服务经历的在校大学生志愿者进行采访，比广泛地调查所有大学生志愿者更有针对性。因此，此次调查和访谈对象均是通过正规渠道参与正式组织并有过至少一次时长在一周以上的志愿服务活动（主要是支教和农业帮扶）经历的在校大学生志愿者，涉及的高校、组织或社团主要有：海南师范大学"陆海相依，试飞青琼"一带一路国情考察与教育帮扶实践团、新疆大学凯博爱心志愿者联盟、江苏大学"大眼睛"公益团队、山西农业大学大学生支农队、四川农业大学资阳支教服务队等。

二 大学生志愿者服务心态的现状

心态由认知、情感和意志这三部分构成。具体来说，积极心态就可以分为积极的认知状态、积极的情感状态以及积极的意志状态。在此认识基础上，综合问卷和个人访谈结果，此次调查主要从对参与志愿服务活动的态度、对志愿服务与志愿精神的认知、参与志愿服务的行为动机、如何看待和解决志愿服务活动中的困难与挫折这四个方面对当前在校大学生志愿者服务心态的现状进行考察。

（一）大学生志愿者服务心态的积极体现

1. 愿意主动了解，参与志愿服务活动的积极性高

总体来看，当前在校大学生志愿者普遍非常关注志愿服务活动，并拥有很高的参与积极性。在填写了问卷的 83 名大学生志愿者中，超过 85% 的志愿者是在大学一年级就开始正式参与志愿服务活动，还有将近 15% 的大学生志愿者表示自己在高中甚至初中就已经成为一名志愿者。在对 2 名志愿者进行访谈时，他们也都表示自己是主动了解志愿服务相关信息，并积极报名参与志愿服务活动。在回答问卷中"您对学校组织的志愿活动持怎样的态度"这一问题时，59.04% 的志愿者选择了"积极，会主动留意这方面的信息"这一选项，同时，选择"做不做都无所谓"以及"厌烦、厌倦，被逼着去的"的志愿者占比低于 2.5%（见图 1）。

2. 综合考虑各方面因素，侧重关注服务内容和服务对象，对参与志愿服务持谨慎态度

除了参与热情高涨之外，谨慎对待与有选择性参与志愿服务活动也是当前在校大学生志愿者服务心态的积极体现。在此次问卷调查和访谈中，笔者发现当前大学生志愿者在选择志愿服务活动项目时，不是随意、盲目地决定而是会综合考虑自身能力、爱好与志愿服务规模、要求、内容等各方面的因素。同时，值得注意的是，

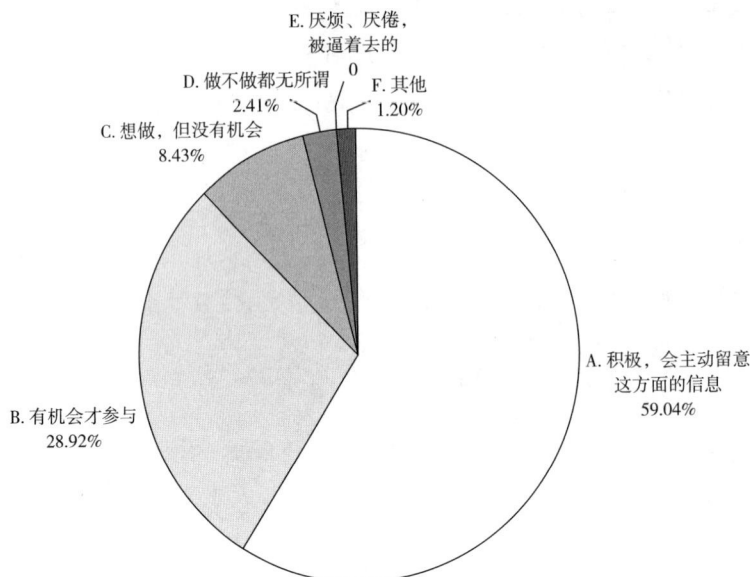

图1　在校大学生志愿者对学校组织的志愿活动的态度

相较于"劳动强度"和"活动规模和知名度"，当前大学生志愿者更看重志愿活动本身的特点。此次问卷调查中，在"在客观条件（如时间、交通）允许的情况下，什么因素会影响您去决定是否要参加某项志愿者活动（不超过三项）"这一问题中，选项被选频率最高的是"服务内容"，其次是"服务对象"（见图2）。

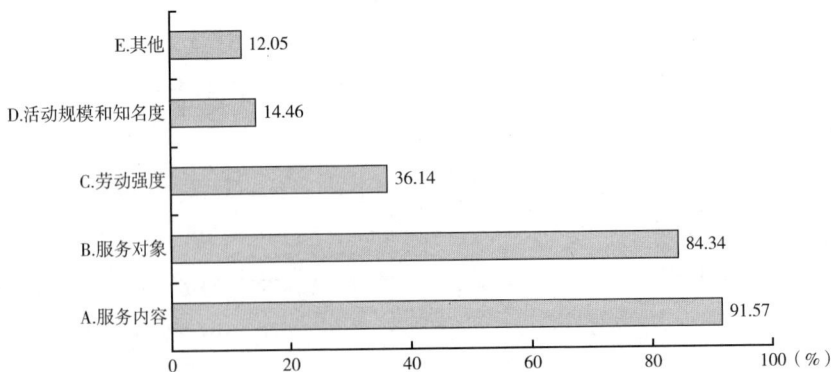

图2　影响在校大学生志愿者决定参与某项志愿者活动的因素

（二）大学生志愿者服务心态中存在的问题

在校大学生志愿者愿意主动了解、积极参与志愿服务，并关注志愿服务活动本身特征，这是非常值得肯定的。但通过此次调查，笔者也注意到在大学生志愿者中存在的一些消极的、不健康的心态。这些心态问题主要体现在志愿行为动机、对志愿服务与志愿精神的认知以及对自身的定位这三个方面。

1. 志愿行为动机：利己动机高于利他动机，功利心较重

作为亲社会行为的一种表现，志愿行为是一种长期的、有计划、有组织的帮助他人的行为。[①] 在现代社会，与危难关头的"见义勇为"相比，志愿行为在我们的日常生活中扮演着更为重要的角色。现如今，越来越多的大学生投身志愿服务活动，这为社会志愿服务工作带来了新的活力，也成为社会生活中为人们所喜闻乐见的一道亮丽风景。在欣赏这片风景的同时，人们不禁也对他们参与志愿服务的动机和目的产生了好奇：到底是什么，让他们愿意付出时间和精力而又不计报酬地帮助他人呢？因此，越来越多的学者开始注重对大学生志愿者的行为动机的研究。

动机是人基于某个目的从事相关社会活动的内在动力，从这个意义上，我们可将志愿行为动机视为志愿者从事志愿活动的根本目的。志愿行为动机是理解志愿行为的重要因素，它能够体现出志愿者的道德修养与品质，也决定其在志愿服务中所做出的行为。同时，动机总是复杂多样的，不同的动机会使志愿者采取不同的行为表现。

在此次问卷调查中，笔者用关键词对大学生志愿者的不同行为动机进行了归类，最终将其归纳为三种类型：利己动机、利他动机和其他动机。利他动机的关键词包括：责任感、奉献、同情、帮助等；利己动机关键词包括：提高自身能力、增加社会阅历或拓展眼界、提升工作竞争力、提升人际交往能力、自我实现等；其他动机关键词包括：认为志愿者崇高、随大流、热爱等。

在"参与志愿服务的初衷"这一问题上，接受调查的83名大学生志愿者也做出了自己的选择。统计数据后发现，被选频率从高到低依次是"增加社会阅历""帮助有需要的人""可以认识更多的人""这是大学生的职责，无所谓目的不目的""认为志愿者很崇高""其他""增加将来工作的竞争力""从众心理，看着别人去做，自己也去"（见图3）。另外，有12名志愿者还明确表示自己接触志愿服务也是为了达到

---

① S.E.Taylor、L.A.Peplau、D.O.Sears：《社会心理学》，谢晓非等译，北京大学出版社，2005。

学校的要求，以此来获得相关志愿时数奖励。根据上述关键词法分析数据，以及综合问卷调查情况可得出结论：虽然志愿服务工作一贯强调奉献，大学生参与志愿服务的积极性也非常高，可在实际中，大学生志愿者的利己动机通常要高于利他动机，有较重的功利心。

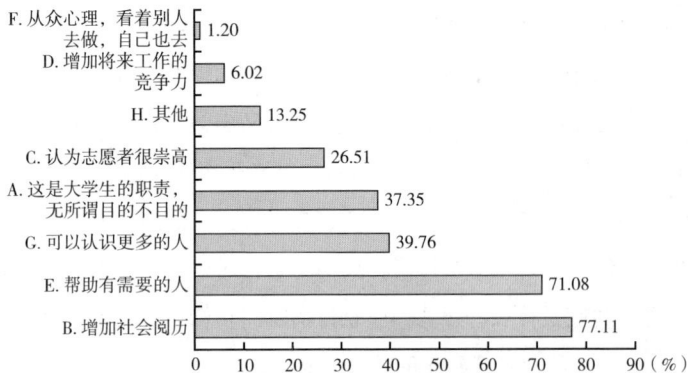

图3　在校大学生志愿者参与志愿服务的初衷

2. 对志愿服务与志愿精神的认知：志愿是纯公益性的，志愿服务＝"献爱心"

除行为动机外，对志愿服务及志愿精神是否有正确的认识也是志愿者服务心态的一个体现。联合国前秘书长科菲·安南曾在"2001 国际志愿者年"启动仪式上发表讲话，其中对志愿精神有过一段论述："志愿精神的核心是服务、团结的理想和共同使这个世界变得更加美好的信念。"① 这句话指出了志愿精神的本质，将其概括起来就是"八个字"——奉献、友爱、互助、进步。

笔者在采访山西农业大学大学生支农队的一名负责人时，针对如何理解志愿服务及志愿精神这一问题，这位拥有丰富志愿服务及志愿活动组织工作经验的优秀大学生志愿者也说出了自己的看法："这几年也看了不少志愿服务类的社团，许多是纯公益类的，但其实这样的纯公益只局限在献爱心，没有对自身充分的反思和对社会充足的认识。"这位大学生志愿者所言，不仅是他在志愿服务过程中实际观察和切身体悟到的，同时也是笔者和众多志愿者的共同感受。

仅仅把志愿服务等同于"献爱心"，那就没有关注到志愿服务的影响及实效，

① 上海科技馆：《心中飞出的歌上海科技馆志愿者风采》，学林出版社，2006。

也没有关注到志愿者自身从中获得的成长。"献爱心"没有义务的要求，也不用考虑承担责任，它只是个人单方面的行为；而志愿服务强调权责统一，追求互助和进步。

3. 对自身的定位："救世主"

救世主心态是指个人自认为是救世主并期待能救苦救难。有研究者对大学生志愿者的"救世主"心态做出过描述：他们不会过多地去考虑自身能力的局限性和社会现实的残酷性，而将自己在当地社会发展中所起的作用，估计得异常重要以至于把当地社会视为有待自己去占有的对象，认为当地社会是可以直接满足自我欲望的对象即以"主人"的姿态去征服整个当地社会。①

对于大部分大学生志愿者来说，他们参与志愿服务主要有两个方面的目的：一是为了锻炼自己；二是为了促进服务地的发展。这在此次问卷调查和访谈中得到了验证。这两个目的可以被视为个人目的和社会目的，它们的产生源自志愿者对个人价值和社会价值的追求。志愿者想获得"双重价值"，这看似无可厚非，但他们往往带有"救世主"心态倾向。而对于志愿服务来说，志愿者和被服务对象应该是平等的，它追求的是在平等基础上的互助。

三 大学生志愿者的问题心态带来的负面影响

有什么样的心态，往往就会有什么样的行为，对于志愿服务来说，事实也是如此。正是当前大学生志愿者群体中存在不健康的服务心态，所以导致一些消极的、不良的志愿行为出现，给大学生志愿者本人和整个团队以及志愿服务活动都带来了负面影响。

（一）对大学生志愿者自身的负面影响

大学生志愿者的问题心态对其自身的负面影响，主要体现在产生了一些不良行为。

1. 动机不纯导致态度不正、行为懒散、行事敷衍

有的大学生志愿者在参与志愿服务时持完全功利性的志愿行为动机，以至于他们往往倾向于采取"敷衍塞责""应付了事"的方式来完成工作任务。因为对于他们而言，目的只在于完成任务，而不是高质量完成任务。他们看重的不是自身能获得真正的成长，更不是奉献自己、服务社会。至于实现目的的方式，他们认为最好就是轻松、省事。怀有"救世主"心态的大学生志愿者在志愿服务过程中普遍会眼高

---

① 曹兴、姜丽萍:《青年人类学》，吉林人民出版社，1989。

手低、好高骛远。没有正确的、坚定的行为动机，他们难以拥有端正的态度，也难以一心一意从事志愿工作。心，没有安定，意志就不能坚定，行为也就自然变得懒散。在对两位有过志愿服务管理工作经历的大学生志愿者进行采访的时候，他们也都表示确有此种情况发生。

2. 对自身和志愿服务认识不足、定位不准，使得难以适应环境和克服困难、信心容易受挫

不管是把志愿服务仅仅当作奉献爱心，还是认为自己是"救世主"，这些不正确的观点和心态都反映出当前大学生志愿者的一个问题：对志愿服务和自身认识不足、定位不准。一方面，大学生志愿者对当下社会志愿服务的相关信息了解得还不够，对其本质的理解也是片面的；对所参与的志愿服务活动本身的条件、状况的看法也仅凭个人推测。另一方面，大学生对自己的能力、素质、特长与缺陷还不能完全认识清楚，无法对自己完成任务的情况进行合理的预估。正是出于这两方面原因，大学生志愿者在投身志愿服务活动的过程中往往能体会到现实与理想之间的莫大差距。这时，他们便会开始怀疑自身，甚至产生自卑心理，信心也渐渐丧失，也就越发禁不起打击。

"他们主要的一个心理问题就是有一个落差。就是在出发前满怀希望、满怀憧憬，想传递给孩子们很多东西，但是到了那边之后讲的又是有限的东西，没有办法一直帮助学生。这个也是支教社团的通病吧，也是每个团队需要解决的问题。""基于对自我和现实的理解，一般老队员的心态都不错，但真正面对现实时仍有无力感、孤独感存在。"这是笔者在采访两位公益支教团队的负责人时，他们对自身团队中的大学生志愿者同样存在的困惑分别做出的说明。

（二）对志愿服务团队的不良影响

1. 内部：以自我为中心，造成团队纪律松散、团结性差

在志愿者群体中，相比其他类型的志愿者，在校大学生往往更容易形成"以自我为中心"的行为处事方式。总体说来，这主要有两个方面的原因：一方面，大学生志愿者的行为动机包含个人考虑，有时并不一定与团队目标完全吻合；另一方面，自身具备的外在优势使大学生志愿者有强烈的个性展示欲望，有时可能对组织的安排有意见。正是这些原因，使得他们在团队中只顾自己、完全不顾他人，既不遵守组织纪律，又不团结队友。

对于参与外地（主要是西部落后地区）志愿服务的大学生志愿者来说，情况更

是如此。"作为外来的大学生，他们的文化程度要比当地人高即具备学历优势。由于绝大多数人来自外地，甚至来自经济相对发达的省份，况且，他们都是在城市接受高等教育的。因此，他们的视野明显比山里人开阔，他们自然能在工作中为当地人提供一些新的思路。学历和视野上的优势使得他们'高人一等'。"[1]

就这一问题，一位曾在西部山区支教半月的受访志愿者也和笔者说起了自己的经历："我们队里是按组来分别安排每日的煮饭、买菜人员，可有的时候没人买菜或菜不够。原因就是有的人想自己做自己的事，没人干活。我们队就曾因洗碗分工问题而发生过内部矛盾。"受访的一位负责人也说："许多志愿者不成熟，受不了委屈，也处理不好与队员的关系。他们身上带有小资习气，把志愿服务当旅游。纪律性差，给团队带来不好的影响。"

2. 外部：破坏团队的整体形象，降低团队的社会影响力

对于志愿服务组织或团队来说，是否拥有良好的公众形象，关乎组织或团队能否拥有发展壮大和进一步成长的机会。志愿服务的开展本身就是面向全社会的，因此，志愿服务团队一旦有了负面形象，那么其社会影响力也就会大打折扣。不能得到社会认可的志愿服务团队，往往很难保证其所开展的志愿服务能够具有长期性和持效性，因而往往也是失败的。

（三）对志愿服务活动的不良影响

在大学生志愿者自身盲目、困惑、受挫以及志愿团队纪律涣散、内部不团结的情况下，志愿服务活动的实效性到底该如何发挥又能有多大程度的发挥是一个非常值得探讨的问题。无论是从个人，还是从整体的角度，无论是考虑外部，还是考虑内部实际状况，都可以发现处于上述情况下的志愿服务活动徒有其"形"而无其"神"。

处于"内外交困"状态下的志愿服务活动往往容易步入"形式主义"的泥沼，如若不加以整治，长此下去必将深陷其中而无法自拔。志愿服务活动以服务社会、奉献自己为宗旨，追求的是实效，倡导的是实干。而在志愿者和团队都发生"离心"倾向的状况下，迫于要承担相应的社会责任的压力，志愿服务活动就自然演变成"走秀"。同时，在形式华丽的包装下，"虚假"的这些志愿服务活动仍然可以获得一定的关注度和支持。这样一来，相关志愿组织或主管部门不仅不会深刻反思过错，反而还会进一步地误入伪装的、形式主义的歧途。

---

[1]　黄金结：《谈大学生志愿者的救世主心态——基于对 L 县西部计划实施情况的调查》，《江西师范大学学报》（哲学社会科学版）2014 年第 6 期，第 25～29 页。

图 4 是此次调查问卷中"您认为在当前大学生志愿服务活动中自身存在的问题有（不超过三项）"这一问题的答案分布条形图。根据统计数据可知：在填写问卷的 83 名在校大学生志愿者中，有 62.65% 的志愿者选择了"服务过于形式"，有 46.99% 的志愿者选择了"服务意识不强"。这说明，大学生志愿者的问题心态导致志愿服务活动"淡意识化"和"形式化"已经成为一个在大学生志愿者群体中被普遍接受的观点。

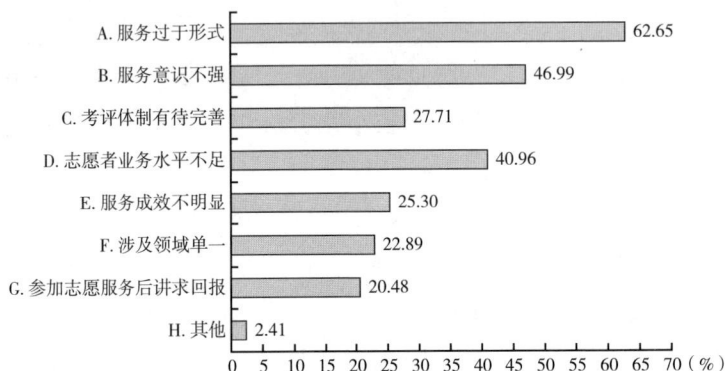

图4　当前大学生志愿服务活动自身存在的问题

四　大学生志愿者的问题心态产生的原因

当前在校大学生志愿者的服务心态是在外界环境、现行志愿服务引导机制运行影响下所形成的，那么，其心态中出现的问题也必定是由其所处的不利外部环境和现行志愿服务引导机制的缺陷所致。具体到实际，我们可以从家庭、学校、社会以及志愿服务团队管理机制的角度来探究当前在校大学生志愿者的问题心态产生的原因。

（一）家庭原因

1. 家庭教育方式的影响

民主型的家庭教育方式往往能营造出温馨、和谐的家庭氛围，能给孩子最大的安全感和自信，并易使孩子养成尊重他人、独立的性格。与之相反，暴力型、溺爱型的教育方式则对孩子的身心健康产生不利影响。处于此类家庭教育环境之中的大学生志愿者也容易有孤僻、叛逆，独立性差、不尊重他人之类的问题。

2. 家庭引导在志愿服务中的缺失

一方面，大学生志愿者与其家长之间存在思想、观念上的不同；另一方面，普遍说来，家长对志愿服务的关注和认知不够。这两个方面的原因使得部分大学生志愿者并不能在参与志愿服务过程中或遇到困难、遭受挫折时得到家庭理解、支持和鼓励，更难以得到来自家庭的有效引导和建议。在此次调查的 83 名在校大学生志愿者中，有 15.66% 的大学生表示自己在参与志愿服务中受到的主要障碍就是家里人的反对。也有志愿者表示，尽管家人支持，但他们并不能为自己解决问题提供有针对性的建议，这也让他们感到非常苦恼。通过与部分志愿者的交谈，发现家人的反对理由在于：一是父母不认可志愿服务的重要价值；二是对相关志愿服务团队或组织的规范性以及能保证志愿者安全持怀疑态度。

（二）学校原因

1. 重物质性激励，文化、道德激励被忽视

为了鼓励学生参与志愿服务，许多高校都采取了一定的激励手段。一般来说，高校较多采取物质激励的方式，或以与学生学业密切相关的志愿时数、学分、评奖加分等诱导学生参与。与之相反，文化和道德方面的鼓励却被忽视。许多受访的大学生志愿者都表示：学校在动员学生参与过程中，很少涉及对志愿文化、志愿精神和志愿工作重大社会意义的说明，这让他们并没有过多地感受到志愿服务的价值。这种没有结合文化、道德激励的单纯的物质性激励方式在无形中提升了大学生对物质的关注程度，反而更易让大学生产生功利性的志愿行为动机，并进一步导致大学生志愿者志愿精神的失范和信仰的缺失。

2. 重规模和成果宣传，大学生志愿者个人的成长需求和困惑被忽视

作为一种社会性行为，志愿服务需主动面向社会并求得社会的关注与支持，因此，高校对志愿服务的宣传非常重视规模和公布积极成果。一方面，随着志愿者人数的增加和志愿服务规模的扩大，大学生志愿者个人在集体中的存在感和受关注度降低；另一方面，学校宣传也只重视志愿服务活动的积极成果和良好社会效应，而对大学生志愿者个人的成长需求以及在参与志愿服务过程中遇到的困难、挫折和困惑等心理问题缺少关注。这些都使大学生志愿者在参与志愿服务过程中易感到失落、抑郁，从而也就影响了他们的工作积极性和效率。

3. 重义务要求，大学生志愿者的权益保障被忽视

在志愿者及志愿服务管理上，高校目前也片面强调志愿者的义务，而较少在保障志愿者的权益方面采取规范性措施。具体来说，在校大学生志愿者期望学校能在以下三个方面给予支持和帮助。首先是物质、经济保障。根据此次调查，在填写问

卷的83名志愿者中：有31.33%的大学生志愿者表示自己在志愿服务过程中遇到的主要障碍是"经济因素"，"参加团队志愿服务还要花钱"让他们感到不满、有压力；有46.99%的被访大学生志愿者认为当前志愿服务活动存在的外部阻力是"活动经费不足"。其次是安全保障。在访谈中，部分志愿者表示自己的人身、财产安全曾遭到威胁，这让自己的情绪受到影响。最后是缺乏权责统一制度保障。无论是法律，还是学校制度，在这方面都有缺陷。一来，这让大学生志愿者在参与过程中存在很多担忧，也不知道权益受侵犯时该如何维权；二来，没有对积极完成任务和消极怠工的大学生志愿者进行区分、奖惩，没有对志愿者义务做出明确规定，使得大学生志愿者的积极性受到影响。这次调查中，有45.78%的大学生志愿者认为"志愿服务的工作制度不够健全"是当前大学生志愿服务活动中存在的外部阻力；27.71%的志愿者认为"考评体制有待完善"是志愿活动自身存在的问题。

（三）社会原因

1. 缺乏人文气息浓厚的志愿服务文化氛围

受甚嚣尘上的娱乐消费文化、"拜金主义""享乐主义""物质主义"等的影响，人们对个人私利过分关注，不甘于付出，导致当下社会整体的志愿文化氛围颇为淡薄，人文气息不浓厚。学校与社会处于"半隔离"状态，这在一定程度上降低了大学生思想被干扰和误导的危险，但也不能完全避免。在此次调查中，有39.76%的被访在校大学生志愿者也支持"社会上缺乏志愿服务氛围"是当前在校大学生志愿服务活动存在的外部阻力这一观点（见图5）。

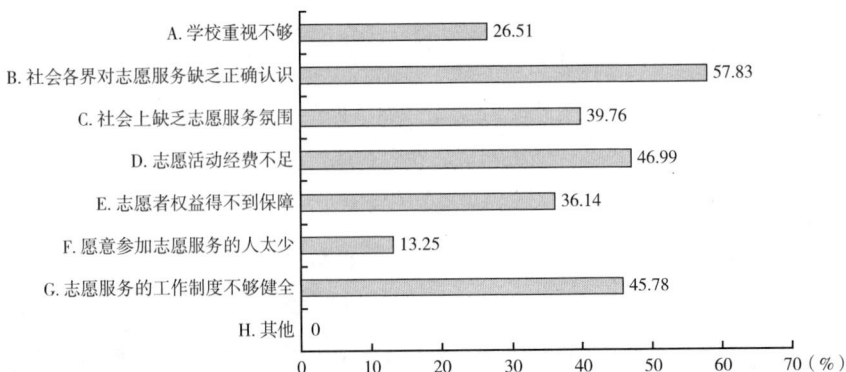

图5　当前大学生志愿服务活动中存在的外部阻力

2. 社会各界对志愿服务缺乏正确认识，社会整体支持力度不够

在参与此次问卷调查的 83 名在校大学生志愿者中，有 30.12% 的大学生志愿者表示自己在参与志愿服务活动的过程中受到的主要障碍是"社会因素，多数人对志愿者有偏见"；有 57.83% 的被访者认为"社会各界对志愿服务缺乏正确认识"是当前大学生志愿服务活动存在的外部阻力。除此之外，笔者从自身暑期支教实践中还发现，相比在本地，在外地（省）开展志愿服务受到的外部阻力更大。因为涉及行政、少数民族、安全等问题，许多地区的相关行政部门把外来志愿服务组织或团队"拒之门外"。这些都说明，当前大学生志愿服务的影响力还非常有限，社会对其价值的认可程度以及开放程度还有待提高。

五 引导大学生志愿者形成积极服务心态的建议

通过分析当前在校大学生志愿者的问题心态及其原因，笔者觉得要想引导在校大学生志愿者形成积极的服务形态，一要依靠家庭，二要依靠学校，三要依靠社会。只有在家、校、社三方形成协调一致的推动机制的前提下，大学生志愿者才能在有效的外部环境作用下积极调整自身，从而摆正服务心态。而要真正地联通三者，学校及志愿服务组织或团队是关键。具体来说，我们要从宣传、内容与形式、志愿者管理与服务这三方面来大力发挥学校及志愿服务团队在引导大学生志愿者形成积极服务心态上的重要作用。

（一）宣传方面

宣传工作既要贯穿整个志愿服务活动的全过程，又要涉及内部与外部两个方面。

1. 采取多种宣传方式积极动员、正面激励

在校大学生志愿者的许多问题心态往往产生在活动正式开始之前的动员阶段，因此做好这个阶段的宣传动员工作非常重要。首先，宣传方式要尽可能多样，最好是能结合传统方式（各类纸质媒体以及走访）和时下流行的新方式（网络及广播电视）。在此次调查中，受访的两位大学生志愿服务团队负责人都表示用"线上 + 线下"宣传方式更有影响力。其次，宣传要注重说明、解答活动各方面情况，力求让大学生能够对该活动有一个较全面的了解。对于已经开展过的活动，比较可行的办法就是召开宣讲会，请有过相关服务经验的志愿者"现身说法"。最后，要结合物质性和精神性、人文性激励手段，多涉及对志愿服务及志愿精神的说明。

2.榜样的宣传既要注重正确价值观的引导，又要注意可学性

许多高校在宣传志愿服务活动时，较常采用榜样示范，但是要注意两个方面：一是在榜样的选择上要"严要求"，力求挑选出综合素质高的榜样，使其能传递正面价值观；二是要注重可行性，不能只报道部分能力超群的代表，因为普通大学生更关注与自身能力大致相当的志愿者的成长经历。榜样的宣传要具有可学性，要尽可能多地报道那些在力所能及的范围内做出突出贡献的志愿者。①

（二）内容与形式方面

在校大学生参与志愿服务的热情和积极性时常还与志愿服务活动的类型相关，内容与形式是他们非常关注的一个问题。目前，志愿服务普遍集中于支教、敬老院献爱心、扶贫等较传统的活动，而时兴的农助农增收、环保、生态、心理咨询等较少有规范性、实效性地开展。在此次调查中，22.89%的大学生志愿者认为当前大学生志愿服务存在"涉及领域单一"的问题。

2017年暑假，海南师范大学"陆海相依，试飞青琼"一带一路国情考察及教育帮扶实践团走进青海，不仅在金源乡下科巴村开展义务支教，还在课余闲暇时间及支教结束后进行个人调查和团队集体调研。就支教期间的教学而言，不仅包括知识传授，而且涉及感恩教育、健康教育、卫生习惯教育等与学生生活和个人成长相关的内容。通过调研，大学生志愿者们对当地的基础教育、精准扶贫、志愿服务的工作实施情况有了深入的了解，对国情也有了更直观的认识。

（三）志愿者管理与服务方面

1.建立完善的培训、考评、筛选一体化机制

为了使参与志愿服务的在校大学生志愿者能够具备志愿服务活动所需的各项素质，为了使其在整个过程中能够始终保持乐观、积极的状态，建立完善的培训、考评、筛选一体化机制非常有必要。培训要有针对性和专业性，侧重实践模拟；考评的前提是要所有团队成员均同意各项细则，可以借助民主评议会、总结会等形式；对于人员充足且开展的是长时段志愿服务活动的团队，可以将一定比例的时间作为筛选期，淘汰实践过程中确有不能克服问题的志愿者。此次受访的"大眼睛"公益团队的一位负责人就表示自己团队就因为采取"边开展、边淘汰"的方法而取得了不错效果，使得最后留在支教团队中的大学生志愿者意志和实力均比较强。

---

① 吴鲁平：《志愿者的参与动机：类型、结构——对24名青年志愿者的访谈分析》，《青年研究》2007年第5期，第31～40页。

2. 有差别地明确分工，无差别地落实奖惩

对于分工，应该根据志愿者的特长和意向进行。一旦确定，就要落实责任和义务。至于奖惩，则应该一视同仁。这样，更容易在团队中形成民主、平等的氛围，并且能减少由区别对待引发的内部矛盾，也能让大学生志愿者在有序的竞争环境下更积极地参与志愿服务。

海南师范大学"陆海相依，试飞青琼"一带一路国情考察与教育帮扶实践团就因为明确分工、权责统一而取得了较好实践效果。在教学上，根据个人自主申请和协调分工，每位志愿者都能负责自己擅长科目的教学，也能使得大家都能各司其职、各负其责。在生活上，帮厨和打扫卫生都是按组每日轮换，既保证了公平，又保证了后勤工作顺利进行。

3. 落实对大学生志愿者的各项保障

要想对大学生志愿者的权益进行保障，一方面需要国家、各地行政部门与高校制定相关制度、法规；另一方面要依赖于志愿服务组织自身的相关部门和专职人员来负责志愿者的人身、财产、维权等工作。说到底就是要依赖于团队或组织的权威性和规范性，如此才能给参与其中的大学生志愿者最大的安全感，让他们没有"后顾之忧"。在海南师范大学"陆海相依，试飞青琼"一带一路国情考察及教育帮扶实践团与新疆大学凯博爱心志愿联盟联合开展的"科巴支教"活动期间，由于有多位带队老师负责照料和管理大学生志愿者的人身及财务安全，又积极与村民沟通，使志愿者们的权益得到了保障，也让教学工作开展得颇为顺利。

在学校官方大力支持与团队权益保障工作到位这两点都满足的情况下，志愿服务活动的开展便较能获得大学生志愿者家长及志愿服务所在地官方与民间的认可，也能使志愿服务的开展获得更多可利用的有效资源。

4. 构建助力大学生志愿者成长的引导机制

志愿服务最终想要实现的是"进步"，所以高校、志愿服务组织和团队应该要重视构建利于引导大学生志愿者成长的机制。选派专业老师带队指导和定期召开例会（含报告会、总结会、评议会、表彰会、分享会、交流会等）都是切实可行又高效的方式。在海南师范大学"陆海相依，试飞青琼"一带一路国情考察与教育帮扶实践团与新疆大学凯博爱心志愿联盟联合开展的"科巴支教"活动中，就采取"开课啦"（带队老师或大学生志愿者本人就某一感兴趣话题做主旨演讲）、"分享会"（可分享支教感悟和教学问题）、"调研会"（讨论各项调研工作）、教学示范课（优秀支教志愿者

录制示范课视频供其他志愿者学习）等方式，从而使团队成员的理论知识和实践水平都有了进步和提升。

六　结语

作为志愿精神的本质，"奉献""友爱""互助"和"进步"这八个字本身就向我们阐明了对一名志愿者的要求："利他"心态要高于"利己心态"；志愿服务往往不是个人的事，需要志愿者相互团结与扶持；志愿者与被服务对象是平等的，因为双方都能从中获益；志愿服务看向的是未来，关注的是理想和价值的实现，追求的是志愿服务过程中所有人的进步与成长。除做好特定服务外，未来志愿服务的开展应该至少要追求两个目标：一是在规划活动项目时要考虑适应当下社会的实际需求，更充分地发挥志愿服务的社会价值；二是要创新内容和形式、完善各项体制，使身处其中的大学生志愿者能在奉献中真正获得成长。志愿，因志而行，因愿而动。大学生志愿者本人、高校和志愿组织及社会都应该明白：只有心的参与，才是真正地参与。

大学生志愿者假期跨省支教与调研的尝试

海南师范大学 刘 荣

2017 年 7 月 8 日至 8 月 2 日，海南师范大学"陆海相依，试飞青琼"一带一路国情考察与教育帮扶实践团队 11 名学生志愿者在王习明院长、专业指导教师刘荣的带领下，远赴青海化隆县金源藏族乡下科巴村进行支教和社会调研，被人民网、新华网、《海南日报》等多家媒体报道，产生了良好的社会影响。

社会实践活动中，志愿者们展现出高度的热情和责任感、使命感，践行社会主义核心价值观，发扬奉献、友爱、互助、进步的志愿精神，克服了路途遥远、水土不服、饮食不适应等种种困难，开阔了眼界、磨炼了意志，提高了理论水平，增长了实践技能，学到了书本上学不到的宝贵知识和经验。支教团队也为海南师范大学进一步跨省开展志愿服务活动积累了宝贵的经验。

一 精心策划，充分准备

这次活动由海南师范大学马克思主义学院发起，得到了校党委宣传部、校团委和校教务处的大力支持。活动目的在于以习近平总书记系列重要讲话精神和治国理政新理念新思想新战略为指导，推动"一带一路"倡议落实，提升"21 世纪海上丝绸之路"沿线经济与教育水平，发挥师范生的特长，使之在支教和调研的过程中拓宽视野、了解国情、深化认识、增长才干。

本次活动从 2017 年 4 月开始酝酿，在院领导的周密部署下，形成了较为详细的活动方案。5 月，院长主持并启动了志愿者选拔工作。全院师生踊跃报名，经过数轮淘汰，遴选出的志愿者在 5～6 月共经过 4 次全面系统的培训。志愿者们通过开设讲座、集体讨论，阅读相关材料、撰写心得体会等方式，做了充分的思想、理论准备。

志愿者团队形成以后，指导老师带领大家根据社会实践工作特点进行了分工，分为文字工作小组、摄影小组、后勤保障小组等不同的小组，每组选举负责人员，明确部门分工，严格制定纪律和规章制度，保证各环节、部门衔接顺畅，同时建立了QQ群，为支教团队在组织、制度、物资、资金等方面做好了充分的保障。

二　圆满完成任务，成效显著

（一）教学实践活动

志愿者们于2017年7月9日风尘仆仆赶到目的地青海省化隆县金源藏族乡下科巴村，10日就马不停蹄地开展支教工作。接受志愿服务的藏族学生共计170余人，分别来自省会西宁、化隆县城、下科巴村及其附近的村庄，分作学前班、小学6个年级、中学5个年级一共12个自然班。受场地限制，志愿者们因地制宜采取复合式教学的模式，每天工作时间为上午8：00～12：00，下午3：00～7：00，晚上还要为高中、初中等升学班级加课两小时。开设课程涉及国家规定的在校中小学生所有的文化课和素质教育课。志愿团队遵循教学规律，完成了摸底考试分析—制定教学计划方案—讲授课程知识—强化练习巩固—测验评估效果等一系列完整教学环节，志愿者们白天上课、辅导，晚上备课、批改作业考卷、补课，没有休息日，在高强度的工作压力下斗志昂扬、奋发努力，没有任何人退缩。

在补课期间，村里再也看不到孩子们泥猴一样满村疯跑的度假方式，取而代之的是每天按时到校上课的井然秩序、郎朗书声和知书达理。接受支教服务之后，藏族学生学习成绩显著提高。由于凯博爱心志愿者联盟之前已经进行了连续3年的寒暑期补课，2017年学生高考取得优异成绩，李家东智以超过录取线90分被中央民族大学计算机专业录取，索南仁青等5名同学被三本录取，这是科巴村近十年来没有过的成绩。

（二）捐赠活动

本次社会实践活动得到海南师范大学校领导、马克思主义学院领导的大力支持。在实践过程中，得到社会各界人士普遍认可，尤其是海南师范大学为下科巴村捐赠的电脑、打印机等教学设备，解决了其教学设备短缺的燃眉之急。在志愿者们繁忙的补课间隙，总会有村民络绎不绝地为志愿者送来馍馍、饮用水，想方设法为志愿者的生活提供方便。志愿者们也从家乡带来文具、小礼品、小食品，作为奖励给予藏族学生。远在珠海的留学生尚海伦作为社会人士加入支教团队，为藏族学生补习英语、排演节目，她的母亲发动朋友，为本次活动捐赠志愿者制服、食品、教学用品，为本次志愿活动做出了非常大的贡献。

（三）志愿团队建设的探索

志愿者在近一个月的教学工作中，还开展了教学方法研讨、民族团结教育与国情社情调研。在王习明院长主持和督促下，围绕教学工作、社会调研和思想工作共计开展了8次会议：3位带队教师分别主讲的报告会、4次团队分享交流会、1次总结表彰大会。志愿者们在王院长的督促下勤于思考、笔耕不辍，每人共计完成思想汇报3篇、调研报告或社会实践总结1篇；搜集了大量关于教学活动、社会状况和当地风土人情的宝贵图像资料和访谈资料。在本次活动的过程中，逐步形成了志愿者选拔、管理的办法和制度，并集中呈现在汇编成册的志愿者统一管理《支教手册》和《海南师范大学马克思主义学院志愿者管理办法》等规章制度汇编中。

支教团队以这些丰富翔实的材料为素材，在共青团中央主办的《中国青年网》、《海南日报》（纸版、网络版）、《南海网》、《志愿海南》以及海南师范大学内部网站、微信平台，发表了近十篇相关报道和新闻稿件，并由王院长带领志愿者们加班熬夜，编撰成两万字图文并茂的《海南师范大学2017年暑期大学生志愿服务青海活动简报》，作为本次活动的文字推介材料，分别赠送青海省团委、海东市团委、海东市教育局、平安区教育局、化隆县扶贫办、化隆县团委和海南省团委、海南省中青公益环保志愿者协会等单位保存，促进了社会实践活动的宣传推广。

（四）志愿团队的文字材料整理

对于多数没有离开过海南岛的志愿者来说，这一个月的工作生活可谓大开眼界。他们告别家人，放弃安逸的暑假休养，勇敢地走出岛外，跨越祖国万里疆域来到青藏高原，在艰苦的工作和调研学习中磨炼了意志、开阔了眼界、提升了技能，坚定了报效祖国的信心。支教团队在经验并不丰富的条件下，吸收了来自不同背景的志愿者，在如何更好地发挥每个志愿者的聪明才智和发挥团队集体从事公益活动的优势方面进行了有益探索，在志愿者甄选、培训，规章制度设计、加强组织纪律等方面积累了诸多经验、提高了认识水平，为志愿者管理、志愿团队建设积累了宝贵的经验。

本次活动的后期成果计划整理成以下几类：

（1）志愿者个人的思想汇报、心得、日记和支教总结；

（2）志愿者参与社会调研报告汇编；

（3）有关志愿者选拔、培训和管理的规章制度汇编；

（4）有关志愿团队建设、志愿活动功能和意义、建设志愿活动长效机制的理论研究系列学术论文。

三 为进一步开展支教活动奠定了坚实的基础

（一）促进藏区民族交往交流交融，诠释了中华民族命运共同体的内涵

志愿者们深入农村基层，与当地群众同吃同住，学藏语、唱藏歌、跳藏舞、喝酥油茶，主动学习西藏民族宗教历史，融入当地群众。在志愿服务期间，志愿者们通过课程教学，将党的路线、方针、政策，沿海地区各项事业的发展，中华民族传统文化和美德，传递到雪域高原学生心中；把各民族之间的友好感情，互相离不开、共同发展进步的思想和相互尊重、关心、爱护、帮助、包容的文化认同感植根到藏族少年儿童心窝里去。志愿者们还将自己的亲身经历，通过宣讲讨论、个人微博、微信朋友圈等方式，与藏族青少年深度互动，从微观、生动更有亲切感的角度增进了汉藏民族之间的认识和了解，为构筑中华民族命运共同体、加强民族团结做出了贡献。志愿服务拓展民族间帮扶关系，宣传藏区和谐稳定、民族团结、宗教和睦、民生改善、生态良好、党建加强、边疆巩固的大好局面，充分发挥了志愿活动在社会治理过程中的社会整合和文化交流作用，为加强民族团结和社会稳定做出了重大贡献。

（二）丰富了志愿者知识阅历，提高了志愿者服务社会的能力

志愿服务活动属于复合型的社会实践，志愿服务作为公共服务的重要"补充"，是大学生实现自我价值的重要途径，具有贴近生活、贴近群众、贴近实际和实践育人、情境育人、体验式教育的显著特征，因而是培育和弘扬以"奉献、互助、团结、进步"为核心内容的志愿精神的有效途径，是志愿者心理素质全面协调发展和优良品德形成的养成教育，是显性教育与隐性教育的有机统一，是知行合一的教育。通过志愿服务活动，也有助于其立志奉献社会、服务人民，成为践行社会主义核心价值观的推动者。

第一，促进了志愿者品德认识提高。志愿服务活动提高了青年学生对国情、社情民意的认识，对人的生命意义和价值的认识，对改革开放和社会主义现代化建设成就的认识，对我国国力的强盛、国际地位大大提高的认识，是思想品德教育理论课的生动实践再现。

第二，熏陶感染志愿者品德情感。志愿服务活动本身是生动活泼丰富多彩的情

境式教育，志愿者在西部民族地区的社会大情境中受到情景的熏陶、感染，在奉献中受到服务对象的认同和赞赏，增强了自我价值实现的成就感，也增强了社会责任感、使命感，增强了公民意识和主人翁意识。这些健康的情感体验成为催生他们不断奉献爱心的强大动力。

第三，磨炼志愿者顽强品德意志。志愿者在社会服务实践中遇到了许许多多始料不及的困难，然而他们迎难而上，展现了巨大的耐力、顽强的毅力。通过志愿服务活动，学生志愿者变得更加勇敢、顽强，大大增强了自己的适应能力和战胜各种困难的意志力。

（三）对思政课社会实践平台建设的探索，丰富和拓展了高校思想政治理论课的教学体系

我们在提供志愿服务的过程中，发现在与被支援地区主管部门沟通、取得被支援地区各界支持和认可以及在志愿者选拔、培训、组织和激励等方面存在一系列问题，需要进一步磨合、沟通、调整、化解。但是，对于将大学生志愿活动作为思想政治理论课教学实践平台建设的初步探索，本次支教活动迈出了可喜的一步，发现并解决了一些问题，为下一步工作奠定了基础，积累了宝贵的经验。

作为人类共同精神财富的志愿精神，不仅蕴含着"平等、民主、进步"的价值追求，还蕴含着人们对"和谐、文明"的价值取向。大学生思想政治教育的生活化，就是用社会普遍认同的社会主义核心价值观引领大学生的思想，用大众化的文化来引导大学生树立正确的社会认知。大学生志愿服务活动具有丰富的思想教育内涵，既是一项社会实践活动，又是一种社会化、大众化的教育方式，具有服务他人、教育自我的育人功能。

志愿精神来源于开展志愿服务活动的社会实践，它是在不断认识世界、服务世界的基础上逐渐形成的。此外，志愿精神又被广泛运用到服务他人、奉献社会的实践中，在改造客观世界的同时也改造个体的主观世界，志愿服务作为一种服务社会实践的活动，其实质为主动履行服务他人、奉献社会的一种社会责任。志愿精神本身蕴含着主体较强的自愿性和主动性，是个体履行社会责任的精神动力。"自愿、不为报酬、利他"的志愿精神是志愿服务本身无私奉献的价值体现，实质为"关爱、互助"，对促进社会和谐发展、践行社会主义核心价值观具有十分重要的意义。

本次志愿活动充分体现了志愿活动是生活化的思想政治教育方式。在支教活动中，志愿者们通过为藏区学生义务补课，体验了思政课教学中学到的理论知识和专

业知识，教育资源源于现实生活，教育过程产生于生活实践，教育成效服务于现实生活，实现了思想政治教育方式由知识传授型向参与体验型转变，极大地发挥了社会育人、实践育人的效用。志愿服务活动也有利于消解大学生思想政治教育与社会现实之间的隔膜，大学生通过对国情的观察和调研，活化了书本上的理论知识，实现了思政课的教学目的。

（四）传播意义

志愿者为民族地区教育扶贫，优化了人际关系、改善了社会风尚、促进了社会和谐。志愿者们通过志愿服务实现"作奉献，受教育，长才干"的自我教育，而受助的人们除了感谢、感动外，更能深受教育、感染，体会到"大爱无疆"的高尚情怀，接受服务对象在走出困境的同时，也决心参与志愿服务行动，甚至还动员家人、朋友来做志愿者，把爱传递给更多的人。志愿者队伍中，有不少是曾经接受过支教服务的贫困地区的学生，他们从志愿者身上学到了改变自身境遇和命运的本领，更为志愿者奉献、团结、服务的精神所感动，在有条件的情况下，也加入志愿者队伍，为其他需要帮助的人提供帮助。志愿者提供的无偿服务，在社会各界获得一致的赞同和认可，人们纷纷为志愿者点赞、提供精神和物质的支持。本次支教活动获得的各种捐赠、支持，都体现了志愿活动在传播社会美德和社会主义核心价值观方面取得的传播效果和教育效果。

四　本次活动发现的问题和遇到的阻力

（一）社会重视程度高，但是支撑机制匮乏

依法治国是我国的基本方略，是构建社会主义和谐社会的重要目标。志愿服务活动作为一项利国利民的社会公益事业，应当贯彻依法治国和构建社会主义和谐社会的基本要求。一直以来，许多志愿活动特别是大学生志愿服务活动，在很大程度上是靠志愿者个人的热情和积极性来支撑的，可随着越来越多的大学生志愿者的加入，大学生参加志愿者活动过程中遇到的问题层出不穷，保障机制就显得格外重要。然而，我国志愿服务的相关法律制度还比较欠缺，存在志愿组织的性质和定位不清晰、权利责任不明确、组织发展方向模糊，志愿组织与成员关系含混，与服务对象法律地位不清晰等问题，对于志愿者所面临的风险管理也不能给予完善的对策。这些问题对于志愿组织和个人的成长，有着很大的影响，制约着志愿活动的效果和社会影响，不利于志愿活动顺利开展。

（二）志愿活动主管部门多，缺乏协调配合

就大学生志愿活动管理的主体来说，有团委、宣传部、青年组织、妇女组织、教育行政部门、民政部门，但这些部门之间缺乏协调；从管理的内容来看，有志愿者管理、志愿组织建设管理、志愿项目管理，涉及宣传、动员、组织、评价、考核、激励等一系列管理过程闭环循环过程，更涉及人力、资金、物资、活动的策划等被管理要素，是跨部门、跨单位的协调组织控制工作的系统工程，但目前没有建立部门配合机制。

（三）大学生对志愿者活动内涵的认知不足

第一，大学生参与意愿强烈，但对志愿服务内涵理解不到位。

大学生参加志愿活动的积极性和热情高涨，但是对志愿活动的认知还比较肤浅，认为志愿服务主要是对受助对象的帮助，对奉献的"不计报酬、不求名利、不要特权、不求回报"、友爱的"不分高低贵贱"、互助的"互相帮助、助人自助"、进步的"个人和社会共同发展"缺少深层了解，缺乏对志愿者坚定的人道主义、强烈的社会责任感和乐于奉献的崇高伦理精神的整体了解。这种理解不到位在一定程度上影响了志愿服务活动的质量和持久性，与志愿团队的稳定性、高效率目标背道而驰。并且出现随着年级的提升，学生参与志愿服务的热情逐渐降低的现象。

第二，对志愿服务精神认可度高，参与志愿活动动机多样。

志愿者们对"奉献、友爱、互助、进步"的志愿服务精神有一定认知和认同，志愿服务动机层次多、综合而复杂，主要看重志愿服务促进自我成长和对社会做贡献，同时评奖评优等功利型、好玩等快乐型动机也存在。

从提交的自我介绍来看，对"为什么去支教"的回答，多在于开阔视野、提高自身实践能力、增加社会经验等。对志愿活动的认知限制在关注自身的感知和收获，而对志愿精神的首要关键词"奉献"的关注度不够。有些同学的目的也在于获得荣誉证书、对评优或者出国有帮助。甚至呼朋唤友的"好玩"或者"从众心理"也占到一席之地。很多志愿者抱着体验式、旅游式心态，极易导致志愿活动流于形式，也是志愿者本人不能正确对待困难和批评，不能坚持的原因。

第三，志愿者工作热情高涨，但是缺乏相关能力和技能。

大学生志愿者服务能力的高低，在很大程度上决定了开展志愿服务行动的成效。大学生知识层次较高，其提供的服务质量比较令人满意。但涉及专业技能方面的需求时，大学生一般很难满足服务需要。某些活动需要具备专业素质才能保证质量，扶贫支教服务除了需要具备教学方面的知识、技能和经验，还需心理学、礼仪、沟通等方面的专业知识。大学生尚处于理论学习阶段，社会认知有限，动手实践能力不足，在支教过程中常常遇到很多尴尬局面，比如有的志愿者不懂孩子们的心理，不能正确引导和尊重孩子们，教学手段单一，教学技能生疏，导致课堂呆板、对孩子们态度毫不留意的局面。

第四，志愿团队成员成长短板制约志愿团队建设。

当前大学生志愿者群体多为"95后"新生代，这代年轻人具备的群体特征在志愿团队建设上打下他们所属时代的烙印。他们有独立自主和勇于创新的鲜明个性，优越的成长环境养成了他们将物质追求与个人价值等同起来的错误价值观，同时又依赖网络且行为带有功利性色彩，"95后"基本都是家里唯一的孩子，特别是在有隔代教育介入的情况下，形成了很强的自我意识。在服务过程中，部分大学生志愿者尤其是一些独生子女暴露出纪律涣散、自我中心、与人沟通能力欠缺、不能正确对待集体和个人的关系、无法融入团队、不擅长独立处理问题等弱点，严重影响了大学生志愿服务的质量。

第五，志愿项目数量多，主题内容单一，缺乏质量和深度。

从目前开展的志愿活动内容来看，主要集中在捐赠、救助、支教等传统志愿服务领域。项目重复、周期短，项目应有的服务功能、教育功能、社会治理功能和志愿传播功能都没有得到很好地表达和发挥。目前，我国社会力量已经成长，如企业社会责任正在与国家战略、慈善发展、全球环境、高校捐赠有效结合，中国慈善组织正在以参与全球议题的高端论坛、设立海外平台、对外慈善捐赠、进行灾害救援、国际认证、国际颁奖等方式快速融入全球慈善版图，体现出中国社会治理参与全球治理的组织形式多样化、关注领域多元化和活动地域扩展化的特点。央企、民企、外企等各类企业纷纷将精准扶贫作为企业社会责任的重要方向。15家网络信息企业与中国互联网发展基金会、中国扶贫基金会联合成立了网络公益扶贫联盟，协同网络公益资源，促进精准脱贫。中国首个信息技术公益联盟发起成立，公益云计划为社会组织提供云计算以及大数据支撑。这些都为大学生开展志愿活动提供了新机遇和创新空间。我们可以通过志愿支教活动完善志愿活动的发生机制和发展过程，打造志愿服务团队，为志愿活动向多领域、多层次和深度发展奠定良好的人员、组织、制度和理论基础。

五　进一步做好跨省支教活动的建议

党的十八大明确提出，深化群众性精神文明创建活动，广泛开展志愿服务，推动学雷锋活动、学习宣传道德模范常态化；开展人民群众便于参与的志愿服务活动，推动志愿服务由以青年为主体的相对松散的、偶尔的阶段性活动，向全社会成员共同参与的经常性、规范化活动转变。为了更好地培育弘扬志愿服务精神，进一步提高大学生志愿服务的效果，必须采取切实可行的措施。

第一，健全统筹协调机制。与民政局、团委、文明委、工会、妇联加强沟通，利用志愿服务平台的资源优势，协调政府服务、市场运作、志愿服务三者的关系，使之相互衔接、相互促进、合作共赢、良性运行，同时探索志愿服务活动国际合作的道路。

第二，加强校内宣传教育，提高大学生对志愿服务活动重大意义的认识。利用思政课的教学平台把培育公民意识、社会责任感的教育同培育弘扬志愿服务精神结合起来，建立专业技能培训机制。利用专业课平台加强志愿服务活动事前、事中的培训，提高服务的专业化水平。

第三，将评选表彰优秀志愿者和思政课教学实践活动相结合制度化，并大力开展多种形式的学习活动。与社会组织和社会力量联合，建立志愿者激励机制。

第四，多渠道筹措志愿服务基金和慈善基金。为志愿者提供团队建设、基本工作条件和改善交通、误餐补贴等志愿活动保障机制。

第五，呼吁注重法制建设，提供法律保障。从高校的情况看，大学生从事志愿者活动的权利和义务是模糊的，志愿活动组织管理者对大学生志愿者参与活动过程中的管理、培训和项目评估不足，缺乏预防处理风险和事故的能力，学校很少为志愿者提供人身意外伤害保险。例如，明确校内志愿者组织的性质、地位、权利和义务；对慈善志愿者捐款的管理和使用，对慈善基金的运作应做到透明，使捐助者明白；对因志愿服务而受伤和牺牲者给予医疗救助和抚恤等。

第六，在校内建立志愿服务信息化机制，建立健全各种志愿服务网络。适时发布志愿服务供需信息，动员和组织志愿服务活动，搞好活动的对口安排和统筹协调，以提高志愿服务活动效率效益，避免盲目性。

陆

媒体报道

补课的学生自带板凳，所谓的板凳是木头桩，而桌子就是低矮的长条凳。甚至有的学生蹲在地上还保持一个姿势听课。两个年级20多个学生只能挤在一个屋子里，围坐在炕上，而有的年级只能在屋檐下上课。学前班到六年级都在一个讲经堂里，而讲经堂只有两间屋子可以用来教学。老师讲课只能用手扶着黑板写板书，没有一块完好的黑板。

马克思主义学院开展"一带一路"国情考察与教育帮扶团青海活动

为全面贯彻落实习近平总书记系列重要讲话精神和治国理政新理念新思想新战略，着力推动高校学生日常思想政治教育和思政课建设深度融合，将思政课实践教学与暑期社会实践活动结合起来，引导大学生正确认识中国国情、时代责任和历史使命，我校马克思主义学院发起了"陆海相依，试飞青琼"一带一路国情考察与教育帮扶志愿服务活动。

海南师范大学"一带一路"国情考察与教育帮扶活动旨在发挥师范生的特长，组织大学生利用暑期到海南、青海等教育落后的农村支教和调研，从而引导他们在支教和调研的过程中拓宽视野、了解国情、深化认识、增长才干，并对思政课的理论内容、价值判断等展开深入、客观的思考。本次活动主要包括两个阶段：7月1日至7月8日主要在海南定安、陵水等地农村支教和调研，参加学生有200多人，带队的领导是马克思主义学院党委书记黄忆军和校团委书记陈正强，指导老师有马克思主义学院辅导员谢丹、物电学院辅导员申明远等；7月9日至8月2日主要在青海省化隆县支教和调研，参加的学生有十多名，带队的领导是马克思主义学院院长王习明，指导老师为马克思主义学院副教授刘荣。

海南师范大学"一带一路"国情考察与教育帮扶团青海组于7月9日到达青海省海东市化隆县金源藏乡。金源藏乡位于青海省化隆回族自治县县境东北部小积山脉，海拔2900米，距西宁4.5小时车程，被崎岖的山路与外界隔开。人口0.6万，以藏族为主（95%以上），辖14个村委会。支教地点在下科巴村，全都是藏族，有村民200户左右，参加补课的学生年级分布从学前班到高二，共有150名。上课地点在讲经堂和村民家，补课分年级设在不同的地点。教学条件极差，没有桌椅，也没有黑板等教学基本用具。补课的学生自带板凳，所谓的板凳是木头桩，而桌子就是低矮的长条凳。甚至有的学生蹲在地上还保持一个姿势听课。两个年级20多个学生只能挤在一个屋子里，围坐在炕上，而有的年级只能在屋檐下上课。学前班到六年级都在一个讲经堂里，而讲经堂只有两间屋子可以用来教学。老师讲课只能用手扶着黑板写板书，没有一块完好的黑板。但科巴的孩子们对知识非常渴望，也特别能吃苦。他们明白只有通过学习、去寻求更好的接受教育的机会才有可能走出大山，拥有美好的未来。

尽管条件很艰苦，但在青海支教的志愿者都很有热情，做事很认真，也有团队精神。志愿者们希望通过义务补课，帮助少数民族山村学生巩固义务教育规定的知识，提高汉语水平，开阔山村民族学生视野，增强其融入现代社会的能力和对中华民族的自信心。志愿者也希望在青海度过一个更加充实、更有意义的假期，在支教过程中磨炼意志，修正自身缺陷，培养团队精神和社会责任感，传播爱心、奉献热心，为增进中华民族的团结和推进全面小康建设贡献力量。

海南师范大学官网主页 2017 年 7 月 18 日报道

马克思主义学院师生暑期社会实践：一场生动的民族团结思政课

为了深入贯彻海南省第七次党代会精神，引导海师学子发挥自身专业特长，深入调研国情社情，增长建设美好新海南的才干，海南师范大学马克思主义学院暑期社会实践"陆海相依，试飞青琼"支教团队一行 13 人，由院长王习明老师和概论教研室刘荣老师带领，跨越两千多公里，远赴青海省化隆县金源乡下科巴村，重走丝绸之路，开展为期 22 天的义务支教活动和社会调研实践活动。

支教团于 7 月 9 日到达下科巴藏族村，受到老乡们热烈欢迎。村民们献上洁白的哈达，烧好热腾腾的奶茶，送来干粮、水果、饮料，热情款待支教团。团员们不顾旅途劳顿和生活艰苦，还没来得及安顿好生活，就组织村里的孩子们报名分班，排课表。支教活动于 7 月 10 日正式展开。本次参加暑期补课的学龄少年儿童除了本村生源，还有很多是从远在 60 公里外的县城、金源乡以及周边村镇慕名赶来的。支教团开设学前班到高二的各门文化课，共计 170 名左右的藏族中小学生参加补课。

科巴村坐落在小积山山脉深处，被层层大山包围，与繁华的城市生活隔绝，水资源匮乏，生活条件比较艰苦。马克思主义学院的志愿者们多是土生土长的南方人，他们克服水土气候和生活习惯种种困难，打地铺、吃农家饭，在没有网络、不洗澡等艰苦条件下，发扬志愿服务精神，白天上课八小时，晚上在院长和带队老师的带领下，讨论、总结，还要备课，批改作业。虽然工作强度非常大，但是志愿者们仍然保持昂扬的斗志，努力工作，细致观察，勤于思考，在完成补课任务之外，深入开展围绕目的地的社会调研，增进了对西部少数民族贫困地区社会发展状况的认识，实践了民族团结理论；无论在专业水平、思想觉悟、社会阅历、生活经验等方面，进步都非常大，收获非常多。

本次支教活动是与新疆大学凯博志愿爱心联盟联合开展的，在此之前，已经有六期，先后 120 人次志愿者接力对科巴村开展教育扶贫的义务支教服务。从三年前只有六七十个学生参加补课、高中几乎完全辍学，到今天一名学生以超过分数线 69 分被最高民族学府中央民族大学录取，两人被一本录取，预计三人被二本、三本录取。科巴村的学习风气日渐盛行，村容村貌正在慢慢发生变化。志愿者们深深感受到教育扶贫的重要性，立志继续发扬志愿精神，纷纷表示：支教促进大学生志愿者成长，将思政课学到的理论知识和专业技能学以致用。以后要更加努力学到更多的本领、知识，有机会再来支教，为帮助藏族贫困学生考上大学、改变西部少数民族地区的面貌和全面建成小康社会继续贡献自己的力量。

海南师范大学官网主页2017年7月27日报道

海南师范大学：走向社会·深入志愿·筑梦未来
——海师开展"陆海相依，试飞青琼"一带一路国情考察与教育帮扶暑期社会实践活动

为深入贯彻习总书记讲话精神，推动"一带一路"发展新战略的落实与"21世纪海上丝绸之路"沿线经济与教育水平的提升，在校团委的指导和支持下，2017年7月8日，海南师范大学马克思主义学院院长王习明教授、专业老师刘荣教授带领着12名志愿者积极响应号召，在海南陵水思源学校结束了10天的教育扶贫活动后，跨越2800多公里来到青海省化隆回族自治县金源藏乡科巴村继续进行为期一个月的"陆海相依，试飞青琼"一带一路国情考察与教育帮扶暑期社会实践活动。

宁静的寺庙、漫天飞扬的黄土、飘扬的经幡，它们的背后是艰苦的条件和极为简陋的教学环境，这虽然超越了志愿者们的想象，但阻挡不了志愿者们的决心。志愿者们为学校送去了自己筹款购买的电脑，更为那里的孩子们送去了希望。和最善良的孩子们为伴，在与世无争的地方去体会为人师表的快乐，去体会教学的本质，让那些孩子走出深山，放眼外面的世界，开拓一片从未体验过的人生。在这短短一个月相处中，师生受益匪浅。

课上的循循善诱，课下的嬉戏打闹，来自海南师范大学马克思主义学院的普云同学以自身行动获得了孩子们的爱戴。体育课中，孩子们会蜂拥到他身边，拉着他的手一起做游戏；音乐课上，他们也不再害羞，大声唱歌给普老师听。坐在青海的阳光下写教案的时候，还会有很多调皮的男孩子透过门缝大声叫："老师好！普老师好！"当孩子们可以肆无忌惮地用小手搂住扮演"鸡妈妈"的志愿者时，唯愿在他们内心深处的内向可以从此少一点，对未来的自信多一点。

遵循教育教学规律，正确处理好学生学习与因材施教的关系，是素质教育向教师提出的严格要求之一。马克思主义学院的曾鹏辉同学在了解到学生们的英语学习情况后，为同学们制定了高效的学习方法。他凭借自己的英语特长和幽默风趣的语言让学生们在英语课程学习上取得了显著的成效，并深受同学们的喜爱。在科巴村小学的日日夜夜，

志愿者的心被爱填满。他们第一次觉得自己如此强大，相信可以燃起这些孩子的希望之火；也是第一次觉得自己如此渺小，感到无力改变他们的人生。但是，志愿者们会尽其所能去做，做好能做的每一件事。

海师志愿者在室外给学生上课

山，雪域，与世隔绝。神秘的语言，高亢的歌声，萦绕在碧空下猎猎作响的经幡，那是圣域之地。暑期"三下乡"社会实践活动，是对当代五四青年开创的"走向社会，深入志愿"光荣传统的新延续，是青年学生将自身价值与祖国命运紧密相连的重要环节。海南师范大学马克思主义学院学子们付诸实践，筑梦未来，一直在行动！

海南共青团官网 2017 年 7 月 28 日报道

南海网 2017 年 7 月 29 日、中国青年网 8 月 2 日转载

相拥逐梦，梦约科巴

——海南师范大学马克思主义学院"陆海相依，试飞青琼" 一带一路国情考察与教育帮扶暑期社会实践活动

2017 年 7 月 10 日，海南师范大学暑期三下乡实践活动走进青海省化隆回族自治县金源藏族乡下科巴村。在马克思主义学院院长王习明教授和专业老师刘荣副教授的带领下，12 名志愿者开展了为期一个月的"陆海相依，试飞青琼"一带一路国情考察与教育帮扶暑期社会实践活动。

据悉，金源藏族乡是青海化隆回族自治县三个最贫困的乡之一，教育环境极其落后，村里被崎岖的山路与外界隔开，很多孩子成了"飞不出去的小鸟"，这里将近有 170 余名农村子女不能享受到跟同龄孩子相平等的教育，缺少关心、缺少学习物资是这里的普遍状态。

为了改善孩子的学习条件，海师的志愿者们为学校送去了自己筹款购买的电脑，带去了打印机，让孩子们通过网络看到外面的世界；在地理课上，志愿者们通过讲解中国各地的美景帮助学生理解，让走出大山的向往充斥在他们心中；在英语课上，志愿者们因材施教，通过幽默风趣的语言讲解如何快速记忆单词，加深理解。

而我们的志愿者在忍受将近 20 天不能洗漱的环境下进行支教，在此次活动中，他们学会了在照顾自己的同时照顾他人。在他们身上我们也看到了海师学子的海师精神！

暑期"三下乡"社会实践活动，是青年学生将自身价值与祖国命运紧密相连的重要环节。海南师范大学的学子们付诸实践，用实际行动在传播优秀五四精神，发扬海南精神。

志愿海南 2017 年 7 月 30 日报道

跨越 2000 多公里的支教

　　海南师范大学马克思主义学院暑期社会实践"陆海相依，试飞青琼"支教团队一行 13 人，跨越 2000 多公里，远赴青海省化隆县金源乡下科巴村，开展为期 22 天的义务支教活动和社会调研。

　　本次参加暑期补课的学龄少年儿童除了本村生源，还有很多是从远在 60 公里外的县城、金源乡以及周边村镇赶来的。

　　本次支教活动是海南师范大学与新疆大学凯博志愿爱心联盟联合开展的，此前已开展六期，先后 120 人次志愿者接力对科巴村开展教育扶贫服务。

《海南日报》2017 年 8 月 1 日 B07 版报道

人民网海南频道　2017 年 8 月 1 日转载

海师师生跨越千里执教山村孩子 170 余名藏族同胞参加补课

7月8日，海南师范大学马克思主义学院院长王习明教授和专业教师刘荣教授带领 12 名志愿者，跨越 2800 多公里来到青海省化隆县金源藏乡科巴村继续进行为期 22 天的"陆海相依，试飞青琼"一带一路国情考察与教育帮扶暑期社会实践活动。

本报记者 吴祝好

鼓励孩子走出"围城"

科巴村坐落在小积山山脉深处，被层层大山包围，与繁华的城市隔绝，这里水资源匮乏，生活条件比较艰苦。眼前的一切虽然超越了志愿者们的想象，但更加坚定了志愿者们支教的决心。支教活动于 7 月 10 日正式展开。本次参加暑期补课的学龄少年儿童除了本村生源，还有很多是从远在 60 公里外的县城、金源乡以及周边村镇赶来的孩子。支教团开设学前班到高二的各门文化课，170 余名的藏族中小学生参加补课。志愿者们为学校送去了自己筹款购买的电脑，用行动温暖科巴村的孩子们，点燃他们求学的希望。

在这短短 22 天中，志愿者们将和科巴村善良的孩子们为伴，在与世无争的地方体验为人师表的快乐，体会教学的本质，引导受教的孩子勇于走出深山，放眼外面的精彩世界，开拓一片从未体验过的人生。

当孩子们可以"肆无忌惮"地用小手搂住扮演"鸡妈妈"的志愿者时，他们发出童真的欢笑声，眼睛里流露的喜悦已经取代了陌生感。课下的嬉戏打闹，课上的循循善诱，志愿者普云同学以自身行动获得了孩子们的爱戴。体育课中，孩子们会蜂拥到他身边，拉着他的手一起做游戏；音乐课上，他们也不再害羞，大声歌唱，献给老师。当他坐在青海的阳光下写教案的时候，还会有很多调皮的男孩子透过门缝大声叫："老师好！普老师好！"

设计课程因材施教

志愿者们多是土生土长的南方人，他们克服水土气候和生活习惯等种种困难，打地铺、吃农家饭，在没有网络、不能洗澡等艰苦条件下，发扬志愿服务精神，白天上课八小时，晚上在院长和带队老师的带领下，讨论、总结、备课、批改作业。虽然工作强度非常大，但是志愿者们仍然专注于当前的工作，在完成补课任务之外，深入开展社会调研，增进了对西部少数民族贫困地区社会发展状况的认识。

遵循教育教学规律，正确处理好学生学习与因材施教的关系，是素质教育向教师提出的严格要求之一。志愿者曾鹏辉了解到学生们的英语学习情况后，为同学们制定了高效的学习方法。他发挥自己的英语特长，利用幽默风趣的语言让学生们在英语课程学习上取得了显著的成效，并深受学生们喜爱。同时，他也是第一次觉得可以学以致用，他相信通过自己的努力，可以燃起这些孩子的希望之火。

据悉，马克思主义学院支教科巴村的志愿活动，得到海师校团委的指导和支持。该活动是对当代五四青年开创的"走向社会，深入志愿"光荣传统的新延续，是青年学生将自身价值与祖国命运紧密相连的重要环节。同时，该活动也在一定程度上提升了"21 世纪海上丝绸之路"沿线经济与教育水平，为"一带一路"发展新战略的落实贡献了一份力量。

《海口日报》2017 年 8 月 2 日第 15 版报道

新华网海南频道 2017 年 8 月 2 日转载

我校大学生暑假社会实践青海队深入青海调研少数民族地区
基础教育和精准扶贫

　　近日，我校"陆海相依，试飞青琼"一带一路国情考察与教育帮扶暑期志愿服务团青海队在结束支教活动后，在马克思主义学院院长王习明教授、专业指导教师刘荣副教授的带领下，又深入青海化隆县、平安区、海东市调查研究山区农村教育发展情况、教育扶贫情况及大学生志愿者支教情况。

　　7月31日，大学生志愿者与化隆县副县长白浩、团委副书记赵新梅、教育局团委书记高建军分别展开了座谈，并实地考察谢家滩乡马塘村的精准扶贫情况；8月1日，与海东市平安区教育局、海东市教育局、海东市团委负责人分别进行了座谈。大学生志愿者在实践中了解了当地教育发展情况和教育扶贫的一些举措及取得的成效，受到很大的教育和启发，同时，也了解到当地依然存在城乡教育资源不平衡、教师老龄化严重、农村孩子特别是女孩辍学等问题，这些问题让大学生感受到了自己的责任与担当。

　　每天调研结束后，在王院长和刘老师的指导下，志愿者都要围绕自己的调研课题，将调研材料进行整理，针对一些热点问题还要进行讨论，分析其原因及可以采取的措施。志愿者对自己调研课题的完成充满了信心。

　　在实践调研期间，青海队支教活动得到了化隆县团委的表彰，获得"优秀志愿服务团队"荣誉称号。

荣誉证书

海南师范大学
一带一路教育帮扶与国情认识志愿服务团青海队：

在 2017 年度暑期志愿服务活动中被评为

优秀志愿服务团队

共青团化隆县委
2017 年 7 月 31 日

青海队支教活动得到了化隆县团委的表彰，获得"优秀志愿服务团队"荣誉称号

海南师范大学官网主页 2017 年 8 月 3 日报道

海南师范大学志愿者跨越2800公里赴青海支教
为藏族孩子送去爱与梦想

志愿者和五年级的孩子们在一起。图为受访者提供

本报记者　王培琳　实习生　许书慧

从椰风海岸到黄土高坡，相隔2800多公里，海南与青海两地风土人情完全不同，但志愿者们心怀教育梦，与青海省海东市化隆回族自治县金源藏族乡一个小山村的孩子们结下了难舍的缘分。7月31日，海南师范大学"陆海相依，试飞青琼"一带一路国情考察与教育帮扶暑期志愿服务团青海队结束了首次省外支教活动。对于海南师范大学的11名志愿者来说，为期20多天的支教是一次难忘的心灵洗礼。

认真教好每一个孩子

7月9日，志愿者们如约到达青海省海东市化隆回族自治县金源藏族乡下科巴村。抵达的第二天，志愿者们就迅速投入教学活动中。这次他们提前招收了170名学生，这些学龄少年儿童除了本村生源，还有很多是远在 60 公里外的县城、金源乡以及周边村镇的孩子。

科巴村四周都是光秃秃的高山，海拔 2900 米左右。面对气候、饮食和生活习惯的不同，来自海南的志愿者们努力适应。但最让志愿者们感慨的是，即使在恶劣的自然条件下，这里的藏族孩子们依然有着热烈的学习劲头和天真无邪的笑脸。

一张 1 米长宽的矮方桌，十多个学生拿着小马扎围坐一起，这就是志愿者游贤梅的支教"教室"。游贤梅教五年级的语文和数学课程，班里有 10 名学生。

"虽然条件不好，但是孩子们都特别认真，每天上课都是早早过来等在那里。"游贤梅说。

支教志愿者们都住在村民的家里，有的睡大炕，有的打地铺。即便这样，大家都会在晚上认真地备课。每位支教志愿者都要承担一到两门课的教学。支教志愿者们主要是给孩子们补习最近这一学期所学的内容，查缺补漏，如果有学生基础好的话，再帮助预习下学期要学的内容。针对基础差一些的同学，志愿者们会主动在晚上 8 时后帮他们补习。

志愿者莫镕蔚教的是二年级，与游贤梅的班级类似，莫镕蔚班里也有 10 个学生，两张小长椅当课桌，学生席地而坐。没有黑板的时候，她只能念题后再一个一个地看他们记录的问题是否正确，解题过程也是一个一个地讲解。

"虽然这些孩子的基础很差，但是他们上课的时候特别认真。"莫镕蔚说，有很多孩子家住得比较远，中午只能待在临时教室里，吃着从家里带来的馍。

对孩子的陪伴更重要

在支教的 20 多天里，每名志愿者都跟孩子们建立起了深厚的感情，孩子们也心存感激，在支教结束时，盛装出席为志愿者们送上当地特色的歌舞演出。"这里的孩子很聪明，刚开始我以为要帮助他们学习更多新东西，后来发现陪伴他们或许更重要。"游贤梅说。

当地不算富饶的土地上生长着青稞和小麦，这并不能维持当地村民的生活所需，因此很多正值壮年的人都出门打工了。莫镕蔚曾经问过班里的 10 个二年级学生："你们之中有谁是有爸爸妈妈在身边陪着的，请给我举一下手。"

答案出人意料，没有一个人举手。当地的孩子们大多跟爷爷奶奶生活在一起，由于长年缺水，大多孩子经常小手黑乎乎的，每次做完试卷，原本洁白的卷子就沾满了灰色的印记。

艰苦的条件和极为简陋的教学环境，超出了志愿者们的想象，但丝毫没有影响志愿者们的热情。

让孩子知道知识的可贵

由于贫困、闭塞，科巴村的教育水平也较为落后，孩子们普遍文化基础比较差。

每天跟藏族孩子们在一起，志愿者普云百感交集。他说："作为一个志愿者，我们能做的就是把自己有限的知识尽最大的努力教授给每一个孩子，让他们感受到我们的认真负责，用自己的实际行动让每一个孩子知道知识的可贵。"

"大山环绕的天空很美，但是天空下的科巴村却是另一番光景。我不知道我能给这个大山深处的村庄带来一些什么改变，但是我会尽自己最大的努力引领这些大山里的孩子走进知识的海洋。"莫镕蔚在自己的支教日记中，认真地写下了这段话。

据海南师范大学支教团队带队老师刘荣介绍，本次支教活动是海南师范大学与新疆大学凯博志愿爱心联盟联合开展的，在此之前，已经有六期，先后有120人次志愿者接力对科巴村开展教育扶贫的义务支教服务。

在地方政府和支教志愿者们共同努力下，从三年前只有六七十个学生参加补课、高中几乎完全辍学，到今年一名学生超过分数线69分被中央民族大学录取、两人被一本录取，科巴村的学习风气日渐盛行，村容村貌正在慢慢发生变化。

海南师范大学的11名志愿者们深深感受到教育扶贫的重要性。他们纷纷表示：支教促进大学生志愿者成长，以后大家要更加努力学到更多的本领、知识，有机会再来支教，为帮助藏族贫困学生考上大学、改变西部少数民族地区的面貌和全面建成小康社会继续贡献自己的力量。

《海南日报》2017年8月15日第15版报道，新华网、凤凰资讯转载

附　录
新疆凯博爱心志愿联盟简介

新疆凯博爱心志愿联盟（以下简称"爱心联盟"）成立于 2014 年，由新疆大学马克思主义学院教师刘荣老师发起，以热爱社会公益、乐于奉献的新疆大学师生组成。爱心志愿联盟秉承"爱心认知世界，乐善提升自我"为宗旨，以开展公益讲座、讨论，举办读书会为平台，以加强管理、打造团队为依托，以提升志愿者思想觉悟、理论水平和社会服务能力为落脚点开展了多项公益活动。截至 2017 年 11 月，联盟先后招收成员 600 多人，经过层层选拔组成小组，常态化的工作有以下几方面。

一　义务支教

2014 ～ 2017 年期间，爱心联盟利用寒暑假，组织志愿者赴青海省化隆县金源藏族乡下科巴村共完成四期义务支教任务。先后有 100 多位志愿者参加，共计支教时间 180 天左右，吃、住、学习在农家，累计提供义务辅导学时 25000 小时。教授中小学生总量达到 1000 多生次，开展文化课、思想政治教育课、公民与思想品德课，教授汉语，培养少数民族学生的祖国认同和现代观念，传播正能量。参加辅导学生在校成绩显著提高，在临近的循化县、化隆县一带反响强烈。

二　义务帮教

2015 年 10 月，爱心联盟正式受聘为乌鲁木齐市公安局收容教育所所外辅导机构。本着为"用爱心温暖、用教育点亮"的指导思想，深入监狱、看守所开展辅助教育活动。2014 至今已经为收教所义务提供帮教活动 40 多次。活动形式为联欢、民汉互学语言、法律讲座、心理辅导、实用技术辅导、礼仪培训、政治与社会话题，为管教民警开设"中国共产党的理论和历史""'两学一做'系列辅导""社会热点问题面对面"等专题讲座。结合节日、纪念日，志愿者们组织被监管学员开展"浓情五月天，感恩母亲节"，背熟"弟子规"，"新年新气象"等主题活动，提供义务帮教累计达 500 多个小时，帮助教育拘留人员 1000 多人次。多次受到乌鲁木齐市水磨沟区行风监督局、乌鲁木齐市公安局的好评。

三 筹集善款物资

爱心联盟支教目的地青海省化隆县金源藏族乡下科巴村地处偏僻，学习生活条件艰苦，教育水平滞后。志愿者们了解当地实际情况后，主动捐款捐物，自愿发起捐赠物资和资金的活动。同学们通过新疆大学学生会、朋友圈广泛宣传，共收集到衣物、学习用品六批，收到善款 5 万余元，全部作为支教团队的生活费用、交通费用和改善支教地山村中小学生学习条件的费用。

四 成立读书会

爱心联盟成立一段时间以来，主办者发现志愿者的生源地绝大多数是内地的各个省份，志愿者们对新疆的历史文化、风俗传统和美丽风光缺乏了解和认识。鉴于这种情形，2015 年 9 月，在志愿者邢凯涛、宋斌和樊湘鹏的提议与组织下，以"读新疆游新疆"为主题的"凯博读书会"在爱心联盟内部成立。读书会成立以来，主要开展了"历史上的新疆"系列讲座三次，志愿者们围绕新疆话题展开了热烈的讨论。组织志愿者们参观新疆维吾尔自治区博物馆、科技馆，参观游览了乌鲁木齐南山景区、昌吉市、石河子市和五家渠市。读书活动成为爱心联盟志愿公益活动的系列项目。

五 完善各项管理制度

打铁还需自身硬。为社会提供优质公益活动是志愿者自身能力和素质、团队管理水平和效率的综合体现。为了保质保量地做好公益活动，爱心联盟的组织者始终将志愿者团队建设放在突出位置。成立之初就通过集体讨论的方式拟定了章程，规定了爱心联盟的宗旨、任务、管理规范和发展方向，并在历次活动中发扬民主精神，不断完善章程的未尽之处。每次公益活动任务下达前，都制定活动手册，统筹人员配备、资源调动和程序流程，以便确保公益活动的质量。不断建立完善管理制度已经被纳入凯博爱心联盟的日常工作。

六 开展志愿者培训

爱心联盟的内涵在于提升志愿者的社会服务觉悟，教育志愿者将自觉自愿为他人奉献作为人生追求。虽然爱心联盟由乐于为社会、为他人奉献爱心的人士组成，但是志愿者们文化程度、成长背景和入社动机不同，认识水平的差距在长期的志愿服务工作中表现为工作水平和质量的差别。为了统一思想，提高大家对公益活动的认识，爱心联盟的另一项常规工作任务就是磨合和打造团队。自成立以来，爱心联盟形成例会制度、选拔制度、奖惩制度，严格把控志愿者个人素质。在历次支教活动、帮教活动中，爱心联盟活动前进行教学规范培训，活动后进行讨论分享和总结，最后每个志愿者总结自己的公益活动表现，进行思想汇报，以文艺作品、理论作品的形式发表在爱心联盟微信平台上。

七　配套宣传教育活动

为了感化、号召更多的爱心人士从事公益活动，爱心联盟从成立之初就非常重视宣传工作。抽调宣传专职志愿者，2014 年底利用新媒体，创建微信公众号，定期推送爱心联盟活动新动态 150 多期，2015 年初设计印刷画册、海报。积极做好志愿者选拔和录用、培训过程、活动实况的宣讲和报道，目前已经见诸媒体的相关报道有《新疆经济报》报道帮教活动、《新疆大学校报》报道毕业纪念活动"新大，我不想走"和赴科巴支教的相关文章。

短短三年时间里，志愿者们默默奉献，凯博爱心志愿联盟团队由最初的十几人发展到五百多人。继续在建设致力于社会公益，打造爱心事业的非营利性公益组织的道路上砥砺前行。志愿者们在这个团队里耕耘付出，收获快乐和满足。相信我们一定会在爱的路上携手一生，找到人生目标，实现自我价值。

图书在版编目(CIP)数据

无法忘却的澄澈：青海科巴支教纪实 / 刘荣等著
. -- 北京：社会科学文献出版社，2018.8
ISBN 978-7-5201-2074-6

Ⅰ.①无…　Ⅱ.①刘…　Ⅲ.①不发达地区 - 教育工作
- 概况 - 青海　Ⅳ.①G527.44

中国版本图书馆CIP数据核字（2017）第327398号

无法忘却的澄澈：青海科巴支教纪实

著　　者 / 刘　荣　王习明　谢　丹　等

出 版 人 / 谢寿光
项目统筹 / 恽　薇
责任编辑 / 孔庆梅

出　　版 / 社会科学文献出版社·经济与管理分社（010）59367226
　　　　　　地址：北京市北三环中路甲29号院华龙大厦　邮编：100029
　　　　　　网址：www.ssap.com.cn
发　　行 / 市场营销中心（010）59367081　59367018
印　　装 / 三河市尚艺印装有限公司

规　　格 / 开　本：787mm×1092mm 1/16
　　　　　　印　张：19.25　字　数：336千字
版　　次 / 2018年8月第1版　2018年8月第1次印刷
书　　号 / ISBN 978-7-5201-2074-6
定　　价 / 79.00元